KB272319

중식에 빠지다

김진방 지음

일러두기

1. 현대 중국어의 발음 및 표기는 보통화와 간체자로 했습니다. 필요한 경우 한국어 한자 독음을 병기했습니다.
2. 국가명은 한국 표기를, 지역명은 현대 중국 보통화 발음을 따랐습니다.
3. 책에 나온 주소 및 전화번호, 기타 정보는 2026년 상반기가 기준입니다. 현지 상황에 따라 변동될 수 있습니다.

중식에 빠지다

김진방 지음

마르코폴로

차례

개정판을 내며

‘돌고 돌아 다시 중국’

나의 첫 책인 『대륙의 식탁, 베이징을 맛보다』의 개정판이 나온다니 감회가 새롭다. 이 책은 3년 넘게 중국 각지를 돌며 직접 경험한 식도락기다. 겉모양은 음식 책이지만, 사실 중식을 빌어 중국에 대한 오해를 풀어보고자 야심 차게 집필했다. 큰 포부만큼 그 목적을 달성했는지는 독자들이 판단할 몫이다. 작가의 관점에서는 아주 만족스러운 성과를 냈다고 생각한다. 요즘 같은 출판 불황 시대에 3쇄 약 4천 권의 책이 완판됐다는 것은 그 자체만으로도 의미가 있다. 게다가 풋내기 작가의 첫 책이라는 것을 감안하면 책의 겉모양보다 내실이 좋았다고 자평하고 싶다. 특히나 책을 낸 뒤 지금까지도 중국으로 파견된 주재원이나 국가 공무원들이 “큰 도움받았습니다”라는 메시지를 음으로 양으로 보내는 것을 보면 나름 보람을 느끼기도 한다.

이 책은 앞서 밝힌 바와 같이 반중을 넘어 혐중으로 치달은 국민 정서를 조금이라도 풀어보고자 하는 마음에 출판했다. 그래서 음식이라는 외피를 입혔지만, 내용 자체는 중국이라는 가깝고도 먼 이웃을 이해하는 데 초점을 맞췄다. 책이 처음 나온 2020년과 비교하면 마라탕과 탕후루, 딤섬, 훠궈 같은 본토 중식이 익숙해진 작금의 상황이 얼떨떨하기도 하다. 당시만해도 본토 중식의 이름을 대면 외계어를 들은 것처럼 반응하는 사람이 태반이었다. 그래서일까 변화된 요즘 상황을 보면 한중 민간 교류에 뭔가 일조한 것 같아 뿌듯함마저 느낀다. 이 책이 처음 세상에 나왔을 때 독자들은 중식하면 짜장면, 짬뽕, 탕수육을 먼저 떠올렸다. 이제는 상호 무비자 정책이 시행되면서 상하이로 미식 여행을 떠난 사람들의 쇼츠가 SNS를 뒤덮고, 더 나아가 유명 셰프와 미식가들이 앞다퉈 중국 맛의 고장인 청두成都와 광저우广州를 찾아 미식 콘텐츠를 선보이기도 한다. 심지어 초등학생들이 참새가 방앗간 들르듯 하는 학교 앞 무인 편의점 매대에 중국 간식인 설곤약雪魔芋과 라티아오辣条, 마라더우푸麻辣豆腐를 쉽게 볼 수 있다. 개인적으로 가장 주목할 만한 현상은 드디어 얼궈터우주와 옌타이구냥주를 벗어나 시펑주西凤酒와 루저우라오자오泸州老窖 같은 중국의 명주가 한국 시장의 문을 두드리고 있다는 점이다. 그야말로 격세지감이 아닐 수 없다.

바야흐로 '중국은 싫지만, 중식은 좋아'의 시대가 온 것이다. 이런 시점에서 중식 입문서를 표방하는 『대륙의 식탁, 베이징을 맛보다』의 개정판을 (아무도 요구하지 않았지만) 새로 내야 한다는 모종의 사명감을 갖게 됐다. 지난 6년 동안 코로나19와 미중 무역전쟁 등을 겪으며 세계 경제가 심각한 타격을 입었다. 중국은 두 굵직한 사건의 당사국으로서 직접적인 충격을 온몸으로 받았다. 그러는 사이 책에 나온 음식점이 문을 닫는 일이 생기기도 하고, 본토 중식의 트렌드가 바뀌기도 했다. 코로나19로 인해 배달 문화가 정착되면서 훠궈를 먹는 원앙궈鸳鸯锅마저 문 앞까지 배달하는 신기神技를 보이는 업체까지 등장했다. 한국에서도 이미 인기를 얻고 있는 하이디라오가 이 부문의 선두에 서 있다.

책이 나온 뒤로 두 번째 베이징 특파원 임기를 마치면서 내 경험 역시 성장했다. 경험을 바탕으로 최근 한국에서 고급 레스토랑의 메뉴가 된 딤섬을 소개하고, 중국의 놀라운 배달문화, 그리고 중국 바이주의 황제라 불리는 마오타이주의 고장인 마오타이진茅台镇 기행기까지 꾹꾹 개정판에 눌러 담았다.

이 책은 내게 남다른 의미가 있다. 첫 책을 출판하고 나서 『중국의 맛』(도서출판 따비), 『나의 첫 차 수업』(얼론북)을 연달아 내면서 중식 3연작을 완성했다. 사이사이 다른 장르의 책 두 권을 더 내면서 저서 목록이 5권으로 늘었다. 『대륙의 식탁, 베이징을 맛보다』가 마중물 역할을 하지 않았다면 해낼 수 없는 일이었다. 책을 개정하면서 오랜만에 다시 읽었다. 6년의 시간이 흘렀지만, 지금 읽어도 중식에 입문하는 미식가들을 위한 기초지식과 중국 특유의 식문화를 기반부터 탄탄히 설명해낸 점이 마음에 들었다. 이 책이 짜장면 시대를 지나 양꼬치, 마라탕, 탕후루, 훠궈, 카오위까지 한국 외식 시장에 성큼 다가온 중식을 이해하는 길라잡이가 되기를 바란다.

2026년 2월 홍콩에서 김진방 씀

들어가며

"왜 하필 베이징이에요?"

베이징에서 먹고, 보고, 즐기는 여행 에세이를 써보겠다고 말을 꺼냈을 때 가장 많이 들었던 말이다. 그리고 스스로 가장 많이 물었던 질문이기도 하다.

왜 베이징인가.

대부분 한국인이 가진 베이징에 대한 인상은 도심을 가득 메운 초미세먼지, 더러운 거리, 소란스러움, 신뢰할 수 없는 곳, 영어가 통하지 않는 사람들, 기름 범벅의 맛없는 음식, 싸구려 공산품 등 한마디로 '후지다'로 귀결된다.

이런 베이징에 관해 그것도 여행 에세이, 게다가 그중에서도 미식기행 에세이를 쓴다는 건 가뜩이나 불지옥인 출판시장에 마른 장작을 짊어지고 뛰어드는 것과 다를 바 없는 일이다. 가장 처음 중국에 발을 디딘 곳이 베이징이었고, 지금 베이징에서 일하는 나로서도 이런 '일반상식'을 부정할 길은 없다.

그러나 중국 전공자이자 베이징에서 특파원 생활을 5년 동안 한 입장에서 이런 일반 상식을 한 번쯤은 뒤집어 보고 싶었다. 잠깐만 생각해 봐도 서울의 28배 크기인 베이징이 온통 우리가 생각하는 쓰레기장 같은 꼴을 하고 있을 리 만무하지 않은가. 사람이 사는 곳이라면 어디나 흥겹게 즐길 수 있고, 맛있는 음식이 젖과 꿀처럼 흐르고, 요샛말로 '힙한' 감성을 느낄 수 있는 공간이 있기 마련이다.

하물며 미국의 아성을 넘보면서 주요 2개국(G2)으로 성장한 중국의 수도이자 인구 2,100만 명이 넘는 베이징에 책 한 권을 채울 만한 명소가 없다고 생각하는 게 더 어불성설이 아닐까.

이 책을 써야겠다고 결심한 또 한 가지 이유는 베이징을 제대로 즐기는 방법을 소개한 책을 아직 발견하지 못했기 때문이다. 이런 걸 경제 용어로는 '틈새시장 공략'이라 하던가. 서점 여행 코너에 가면 이웃 나라인 일본은 물론 배낭여행의 메카 유럽, 지구 반대편 아메리카 대륙의 대도시와 심지어 중소도시까지 여행 에세이가 넘쳐난다. 안타깝게도 지척에 있는 베이징의 속살을 샅샅이 들여다보는 에세이는 여태 본 적이 없다.

이런 현상의 근저에는 중국과 중국인에 대한 '비호감'이 자리하고 있음이 분명하다. 중국에 대한 비호감은 휴가철 여행 리스트에서 베이징이라는 목적지를 처음부터 고려 대상에도 올리지 않는 가림막 역할을 해왔다.

'죽竹의 장막'이라 불리던 중국이 개혁 개방을 외친 지 40년이 지났음에도 우리 마음속에는 여전히 촘촘한 대나무 울타리가 걷히지 않고 있다. 가 보고 싶지도 가본 적도 없는 곳의 맛 기행 에세이를 기대하는 것이 오히려 이상한 일인지도 모른다.

중국에 대한 비호감은 무관심을 낳고, 무관심은 더 큰 오해를 낳고, 오해는 또 다른 비호감을 낳는 악순환의 수레바퀴는 지금도 돌고 있다. 무관심과 반복된 오해 속에 중국에 대한 우리의 인식은 여전히 한국과 수교를 맺었을 때 처음 본 1990년대에 머물러 있다.

그 사이 중국은 많은 변화를 겪었고, 세계에서 부를 가장 많이 축적하는 나라가 됐다. 그럼에도 중국에 대한 선입견은 우리의 눈을 가리고 비켜서지 않았다. 아이러니하게 한국 경제는 중국에 점차 더 의지하게 됐고, 수출 주도형 국가인 한국의 제1무역 파트너 자리도 중국이 차지하게 됐다. 우리는 중국의 부상에 따른 부산물을 가장 많이 얻어가는 와중에도 단 한 번도 중국이 어떻게 변하고 있는지에 대해선 고민하지 않았다.

그저 머릿속에는 '중국 사람은 여전히 머리를 감지 않겠지', '여전히 싸구려 음식을 먹겠지', '백화점에도 짝퉁 상품이 넘쳐나겠지'란 막연한 오해만 가득하다. 중국에 한류 광풍이 불어 양국 관계가 최상의 밀월 시기를 지날 때도 이런 인식은 바뀌지 않았다. 2016년 가을 고고도 미사일 방어체계 THAAD(사드) 갈등이 폭발했을 때는 비호감 지수가 최대치가 됐고 이런 오해는 점차 사실처럼 굳어졌다. 안타깝게도 우리가 어떤 오해 속에 있든 중국은 우리에게 중요한 이웃이자 파트너라는 점을 부정하기 어렵다.

내가 이 에세이를 쓰는 이유 중 하나도 미세먼지처럼 우리 눈을 완전히 가려버린 중국에 대한 오해를 조금이나마 씻어 보기 위해서다. 또 중국에는 우리가 생각하는 것보다 훨씬 맛 좋은 음식과 멋진 공간, 유구한 역사가 빚어낸 문화가 있다는 것을 꼭 알리고 싶다.

이 모든 주장에 동의한다 해도 여전히 '그래서 베이징을 우리가 왜 알아야 하는가?'라는 의문이 남는다. 실제로 중국에 대한 오해를 깨는 데는 베이징만한 곳이 없다. 우리가 신경 쓰지 않는 사이 베이징의 경제 수준은 빠른 속도로 성장했고, 베이징 중산층의 생활수준은 한국인의 평균 생활수준을 넘은 지 오래다. 한국에서도 핫 이슈인 부동산 시세만 해도 서울 전체 면적의 3~4배에 달하는 베이징 1~5환環(베이징 자금성을 중심으로 방사형으로 테두리를 그어 행정구역을 나누는 기준)의 대부분 집값이 웬만한 서울 강남 집값에 필적한다.

또 세계 2위 경제 대국 수도답게 세계 각국에서 건너온 온갖 미식이 있다. 프랑스, 이탈리아는 기본이고 다양한 요리들이 '미식'에 익숙한 중국인들을 유혹한다. 베이징에는 중국 각지 지방정부 대표처가 진출해 지역 특산 음식과 문화를 홍보하는 데 혈안이 돼 있기도 하다.

예술 분야에서도 미국을 제치고 세계 미술품 경매 거래 1위를 차지한 지 2년이 넘었을 만큼 풍부한 자원을 갖추고 있다. 베이징 예술의 중심인 798 예술구는 중국 미술의 메카다. 뉴욕 페이스 갤러리와 이탈리아 콘티누아, 벨기에 황실 가문 출신 콜렉터가 운영하는 UCCA 등 세계 주요 갤러리들이 포진해 있다. 베이징은 한국에서 1년에 한 번이나 열릴까 말까한 세계 유명 작가의 대형 전시가 상시 열리고, 전 세계에서 몰려드는 예술가들로 항시 북적인다.

여행의 묘미 중 하나인 쇼핑 역시 가장 대중적인 전통 시장부터 고급 마트, 대형 쇼핑센터, 명품 전문 백화점까지 다양하게 즐길 수 있는 곳이 베이징이다. 세계 명품 매출 2위를 차지하는 SKP 백화점이 베이징에 있다는 사실을 아는 사람은 그리 많지 않다. 명품 한정판을 가장 많이 보유하고 있다는 베이징 시내 SKP 백화점을 한 번이라도 방문해 본 사람이라면 중국인들의 재력을 피부로 느낄 수 있을 것이다.

다시 처음으로 돌아가서 '왜 하필 베이징이냐?'는 물음에 답을 해볼 차례가 된 것 같다.

이 질문에 대한 나의 답은 이렇다.

"베이징은 왜 안 돼?"

베이징 여행은 왜 재미없을까?

베이징을 다녀간 사람들의 소회를 들어보면 베이징이 왜 한국인에게 인기가 없는지 쉽게 알아챌 수 있다. 베이징 여행을 한 사람들은 하나같이 어딜 가든 '사람이 많다'고 말한다. 14억 인구가 사는 중국에서 사람이 많다는 말은 너무도 당연하지만, 중국의 유명 관광지를 가면 정말 살인적으로 많은 사람이 몰려든다.

다음으로 자주 듣는 감상평은 '너무 넓다'다. 베이징의 면적은 16,801㎢다. 숫자로 보면 감이 안 잡히니 서울과 비교해 보자면 서울 면적의 28배를 자랑한다. 도심이 형성된 1~5환环 권역만 추린다고 해도 서울의 3~4배에 달한다. 직접 살고 있기에 매 순간 느끼지만, 실로 어마어마한 크기다. 취재를 위해 베이징 끝에서 끝으로 이동하는 날이면 이동 시간만으로 반나절이 훅 지나갈 정도다.

면적이 넓다 보니 단체관광이 아닌 자유여행을 하려면 당연히 시간이 많이 걸리고, 만리장성 같은 외곽지역 일정을 소화한다 치면 체력은 물론, 하루를 온통 허비하게 된다.

마지막으로 베이징을 접한 많은 사람은 '뭔지 잘 모르겠다'라는 감흥을 내놓는다. 생각보다 많은 사람이 베이징에 오면 관광 가이드가 든 깃발만 따라다니거나 혹은 지인의 안내에 따라 매우 수동적인 자세로 여행을 한다. 밀림이 가득한 오지에서도 적극적인 자세로 즐길 거리를 찾던 한국의 여행객들은 베이징에만 오면 사지를 늘어뜨리고 좀비가 된 것 마냥 터덜터덜 인솔자만 쫓아다닌다.

베이징의 첫인상이 불평불만으로 점철되는 가장 큰 원인은 무엇일까.

내가 꼽은 가장 큰 문제점은 '베이징 여행 3대장'이다. 먼저 베이징 여행 3대장이 무엇인지 알아보자.

베이징에 여행을 가는 사람 대부분이 들르는 관광 코스 중 세 곳은 항상 고정돼 있다. 명나라 영락제 때 지어져 현재도 굳건히 베이징의 중심에 서 있는 자금성紫禁城, 대기권 밖에서 보이는 유일한 인공 건축물이라는(비유적 표현) 만리장성萬里長城, 청나라 때 서태후가 지었다는 황실 정원인 이화원頤和園 등 유네스코 문화유산으로 지정된 이 세 곳이 바로 베이징 여행 3대장이라 불린다. 베이징을 방문한 사람이라면 당연히 이들을 둘러보고 싶겠지만, 세 곳 다 엄청난 면적을 자랑하기 때문에 한 코스 당 이동 시간 포함해 반나절 이상을 할애해야만 한다. 게다가 춘제春节(중국의 설)나 중국 국경절 같은 황금연휴에 3대장을 찾는다면, 중국 각지에서 몰려든 고비 사막 모래알 같은 인파에 둘러싸여 하루를 통째로 날리게 된다.

여기에 단체관광의 빡빡한 스케줄에 맞추기 위해 관광객만 전문적으로

상대하는 조악한 중국 식당 음식까지 맛보게 되면 중국을 떠올리기만 해도 고개를 절레절레 흔들기 마련이다.

이 세 코스를 통과한 사람은 다시는 베이징에 오고 싶지 않게 되는 저주에 걸린다. 말 그대로 사람 많고, 둘러보다 지치고, 뭐가 뭔지도 모르는 경험을 세 번이나 반복하기 때문이다. 한국에서 자유여행이 트렌드로 자리 잡은 지 10년이 넘은 지금도 베이징은 여전히 이 3대장 덕택에 단체관광의 검은 그림자가 걷히지 않고 있다.

3대장은 관광객 입장에서는 최악의 경험을 하는 코스고, 베이징 입장에서도 베이징 본연의 모습은 보여주지도 못한 채 사람들에게 안 좋은 선입견만 쌓이게 하는 '적폐'가 됐다.

문제의 원인을 알았으니 이제 해결책을 생각해보자. 해결책은 생각보다 간단하다. 그냥 과감히 3대장(자금성, 만리장성, 이화원) 관광을 포기하면 된다. '아니 베이징까지 와서 역사 교과서에 나오는 유적지를 둘러보지 말라니 이게 무슨 망발인가?' 라고 생각할 수 있지만, 일본 유명 여행지에 갈 때마다 우리가 고성이나 신사를 반드시 찾아가진 않는다는 걸 생각하면 그리 이상한 솔루션은 아니다.

이 세 곳만 포기하면 베이징 여행도 다른 여행지처럼 맛집 탐방, 미술관 순례, 카페와 찻집 투어, 명품 쇼핑, 클럽 순방 등 테마 별 여행이 가능하다. 앞서 언급한 이 3대장은 베이징의 아주 일부분에 불과하고, 실제 베이징 사람들의 생활과도 전혀 연관성이 없다. 오히려 베이징의 구석구석을 돌아다니면서 진짜 베이징의 내면을 마주해야 제대로 된 여행이라 할 수 있지 않을까.

자유여행을 하기에는 언어의 장벽을 우려하는 사람이 많지만, 여행지에서 사용하는 정도의 문장은 최근 놀랍도록 발전한 통번역 어플리케이션을 사용하면 대부분 해결할 수 있다. 대중교통 이용이나 모바일 결제도 마찬가지다. 요즘에는 글로벌 버전 어플리케이션들이 출시돼 있어 여행을 떠나기 전 조금만 관심을 두고 찾아보면 쉽게 해결할 수 있다.

휴대전화 어플리케이션만 있으면 숙소 앞까지 찾아와주는 차량 공유 서비스와 한국보다 발달한 각종 음식 배달 서비스, 목적지에 가는 최적의 방법을 실시간으로 정확히 알려주는 지도 어플리케이션까지 한국보다 앞서는 생활 편의 서비스가 꽤 된다.

이제 막연한 두려움이 조금 걷히고 베이징에 가볼 마음의 준비가 됐다면 진짜 베이징을 즐기기 위한 한고비를 넘은 셈이다.

왜 베이징인가?

한국인이 호감을 느끼는 중국 여행지 톱5를 꼽아 보자. 칭다오青岛, 상하이上海, 샤먼厦门, 시안西安, 장자제张家界 정도를 들 수 있다. 진입장벽이 그나마 낮은 이런 곳을 두고 왜 베이징에 가야 하는지 여전히 의문이 생길 수 있다.

굳이 내가 다른 곳이 아닌 베이징을 추천하는 이유는 단순하다. 베이징이 중국의 수도이기 때문이다. 베이징이 수도인 것은 잘 알겠는데 꼭 수도가 여행하기 좋은 곳이란 보장은 없지 않느냐고 반문할 수도 있다. 중국 내에도 베이징보다 훨씬 훌륭한 경치를 자랑하거나 재미있는 즐길 거리가 있는 곳도 많다. 하지만 베이징만큼 일정 수준의 사회 편의 시설을 갖추고, 치안이 안정된 곳을 찾기란 쉽지 않다. 또한 수도 베이징은 다른 지역이 절대 범접할 수 없는 매력이 있다.

도대체 수도의 매력이 뭐길래 이리 젠체를 한단 말인가. 한마디로 베이징은 중국 각지의 매력을 한곳에 모아둔 '중국의 요약집'과 같다고 생각하면 된다. 그러니까 베이징만 제대로 봐도 단기 속성으로 중국을 쭉 훑을 수 있다는 말이다. 그게 뭐 대단하냐고 생각할 수도 있지만, 중국은 우리가 흔히 말하듯 '대륙'이다. 무척 크다는 말이다. 다녀보면 알겠지만 도시 간 이동이 쉽지 않고, 지리적 거리 때문인지 성省 별로 다른 나라라고 해도 될 만큼 문화적 차이도 크다.

중국의 특정 지역에서 태어난 사람이 죽을 때까지 타 지역을 방문하는 횟수가 10여 회를 넘지 않는다. 지역 간 빈부 차도 있고, 여행 문화가 보편화하지 않은 탓도 있지만, 기본적으로 광활한 영토가 가장 큰 걸림돌이 된다.

베이징에서는 이 걸림돌을 간단히 뛰어넘을 수 있다. 중국 각 성省과 주요 도시는 베이징에 정부 대표처를 두고 있다. 이를 베이징 주재 사무소라는 의미로 '주징반驻京办'이라 부른다. 한국의 지방자치단체가 서울 사무소를 운영하는 것과 같은 시스템인데 재미있는 것은 단순히 사무처만 있는 게

자금성

아니라 각지의 음식, 문화공연, 특산품 등을 즐길 수 있는 복합적인 공간으로 구성되어 있다는 점이다. 한마디로 중국의 미식을 비롯해 각지의 문화를 벼락치기로 훑기에는 베이징이 제격인 셈이다. 미식만 따로 떼어 놓고 보면 베이징은 그야말로 '대륙의 식탁'이라 할 만하다.

주징반 다샤大厦(빌딩)나 식당에 가면 현지의 전통 의상을 입은 종업원이 손님을 맞이하고, 지역 특색이 묻어나는 문화공연을 관람할 수도 있다. 식도락에 관심 있는 사람이라면 광둥广东, 산둥山东, 쓰촨四川, 화이양淮扬 등 중국 4대 요리 지방정부 대표처가 운영하는 다샤나 식당을 찾아가면 되는 식이다.

이런 공간에서는 단체관광 가이드 손에 이끌려 허기를 채우기 위해 억지로 먹던 기름 범벅의 중국 요리 대신 현지 맛에 가깝고 제대로 된 수준의 조리를 거친 중국 음식도 맛볼 수 있다.

베이징의 매력은 여기서 그치는 게 아니다.

세계 2대 경제 대국의 수도답게 베이징에서는 막강한 자본력이 빚어낸 세계 최고 수준의 문화를 쉽게 즐길 수 있다. 예를 들면 대사관이 모여 있는 싼위안차오三元桥와 싼리툰三里屯, 량마차오亮马桥 인근에는 각국 전통 식당이 즐비해 있다. 프랑스나 이탈리아 같은 서유럽 국가의 요리 외에도 한국에서 쉽게 접하지 못하는 중동, 북유럽, 동유럽, 남미, 아프리카 지역의 다양한 전통 요리를 쉽게 맛볼 수 있다.

조금 더 고급스러운 요리를 원한다면 미슐랭 급 레스토랑과 예약제로만 운영되는 프라이빗 레스토랑 등 최고급 식당의 요리도 모두 베이징에서 맛볼 수 있다. 반대로 지극히 소박하고 예스러운 요리도 베이징에서 즐길 수 있다. 톈안먼天安门 광장 남쪽에 자리한 옛 거리인 첸먼다제前门大街와 다자란大栅栏에 있는 수백 년 역사의 노포老铺들도 수도 베이징의 매력 중 하나다.

예술을 좋아하는 사람이라면 더더욱 베이징에 와볼 것을 추천한다.

아트프라이스(Artprice)의 제30회 연례 보고서에 따르면 지난 2024년 통계를 바탕으로 세계 미술 경매 시장에서 중국은 18.4%를 차지했다. 중국 최대 경매회사인 바오리保利와 가장 오래된 경매업체 자더嘉德는 크리스티와 소더비 양대 경매업체에 이어 세계 3, 4위에 올라 있다. 예술이라는 게 돈이 몰리는 곳에서 꽃을 피우기 마련이라 이런 현상은 당연하다.

베이징 예술의 중심인 798예술구에는 뉴욕 3대 갤러리 중 하나인 페이스 갤러리와 이탈리아 갈레리아 콘티누아, 벨기에 황실 가문 출신인 콜렉터 가이 울렌스 부부가 운영하는 UCCA 등 세계 유명 갤러리들이 포진해 있다.

798예술구 외에도 2만여 명의 화가가 모여 있는 중국 최대 규모 예술가 마을인 쑹좡宋庄과 중국국립미술관, 중앙미술학원 미술관, 중국 문인화 대가인 치바이스齐白石의 작품을 가장 많이 보유한 베이징화원 등 베이징은 압도적인 예술 인프라를 갖추고 있다.

이 밖에도 진르今日미술관, 레드브릭 미술관, 쑹松미술관 등 기업이나 개인이 운영하는 사립 미술관들도 눈에 띄는 기획 전시를 끊임없이 개최하고 있다.

한국에서 쉽게 보기 어려운 세계 유명 작가의 전시도 베이징에서 상시로 열린다. 2019년만 해도 베이징에서는 파블로 피카소, 레오나르도 다 빈치, 데이비드 호크니, 루이스 부르주아, 레안드로 에를리치 등 세계 유명 작가의 원작 전시가 쉴 새 없이 열렸다.

이제 베이징에 대한 흥미가 조금 생겼다면 더 열린 마음으로 본격적인 베이징, 그중에서도 미식 나들이를 떠나보자.

지금까지 먹은 중국 요리는 가짜였나?

'혐오스러운 닭머리', '기름 범벅인 느끼한 볶음요리', '고수 향 가득한 탕요리', '중독성 강한 마라', '양꼬치 앤드 칭다오'.

중국 요리에 대해 우리가 갖는 인상을 키워드로 뽑아보면 이 정도로 요약된다. 중국 여행을 다녀온 지인들이 가장 의아해하는 부분이 바로 음식이다. 그 외에도 여러 불만이 있지만, 기대했던 것보다 너무 음식 질이 낮다는 게 공통된 의견이다. 이제는 지인들이 먹었던 요리가 한국에 있는 동네 중화요릿집보다 수준이 떨어진다는 볼멘소리를 듣는 게 지칠 정도다.

중국 요리는 프랑스 요리에 필적하는 세계 3대 요리 중 하나라는데 도대체 그런 요리는 어디에 가야 맛볼 수 있느냐는 게 주된 민원 사항이다. 무얼 먹었기에 그러나 싶어 지인들이 갔던 식당과 음식 리스트를 받아보면 왜 그런 불만이 나오는지 고개가 끄덕여진다.

베이징에 여행을 오는 사람들 대부분은 단체관광객이다. 단체관광은 이동이 편리하고, 짧은 시간에 많은 코스를 둘러볼 수 있지만, 양질의 여행을 담보하지 않는다. 특히나 맛집에서 한두 시간 대기가 일상적인 베이징에서는 단체관광 코스로 '파인 다이닝'을 즐기기란 원천적으로 불가능하다. 그래서 단체관광객들이 갈 수 있는 식당은 한두 코스를 빼고는 정말 하급 중의 하급 식당인 경우가 많다. 그나마 맛집이라고 가는 한두 곳도 인터넷이나 관광 안내 책자에 나오는 유명세 탄 식당이 대부분이다. 그런 식당은 한국이나 중국이나 시장통같이 붐비고 맛은 그럭저럭인 곳일 확률이 높다.

장담하건대 나는 베이징에 살면서 그런 식당에 가서 식사한 적이 한 번도 없다. 단체관광객이 가는 식당은 원산지 불명의 재료와 요리가 뒤죽박죽 섞여 나오기도 하고, 애초에 관광객만 상대하는 이런 식당의 주방장 솜씨는 허접하기 그지없다. 촉박한 일정에 규모가 큰 관광객 무리를 이끌고 식사를 할 방법도 없고, 여행사의 수익적인 부분도 이해 못하는 바는 아니다. 그러나 이런 관행이 지속되면 중국 여행과 요리에 대한 인상은 점차 나빠질 수밖에 없다.

요즘 여행에서 먹거리가 차지하는 비중이 점점 커지는 상황에서 중국 여행의 이런 악습은 빨리 털어내는 게 여행사 입장에서도 이득이라는 점을 이제는 알아야 한다. 가끔 너무 바쁠 때 본사 출장자나 한국에서 중요한 손님이 오면 베이징 인바운드 여행사를 이용하기도 하는데, 나는 이때 반드시 식당을 따로 지정해 준다. 그렇지 않으면 나중에 원망의 소리를 한참이나 들어야 하기 때문이다. 상황이 이렇다 보니 개인적으로 운영하는 SNS에 중국 맛집 포스팅을 올리면 도대체 이런 음식은 어디에 가야 먹을 수 있느냐는 질문을 많이 받는다.

어쩌면 그런 질문들이 쌓여 이 책을 쓰게 됐는지도 모르겠다. '가짜'가 아닌 '진짜' 중국 요리를 소개하고 싶은 욕심에서 말이다.

중국은 정말 미식 천국일까?

중국 요리는 평생을 먹어도 다 먹을 수 없을 만큼 재료와 조리법, 지역적 특색에 따라 종류가 무궁무진하다. 범위를 중국 전역이 아닌 베이징으로 한정해도 여전히 이 명제는 유효하다. 베이징에서 3년을 필사적으로 먹고 다녔지만, 아직 먹어본 음식보다 먹어보지 못한 음식이 훨씬 더 많다.

나름 할 수 있는 최대한의 노력을 들여 베이징 바닥을 샅샅이 뒤졌지만, 간혹 중국인 친구들을 만나면 집안 대대로 다니는 맛집이 금맥이 터진 듯 계속해서 쏟아져 나오는 게 중국의 미식 세계다.

처음 중국 미식 기행을 다녀야겠다고 생각한 뒤 자료를 뒤졌을 때 그 난감함을 아직도 잊을 수 없다. 아무리 땅덩어리가 크고 각양각색의 사람들이 살고 있다지만, 이렇게나 많은 요리가 있다고는 생각지 못했다.

중국외문출판발행사업국 소속 인민화보人民画报에서 베이징의 역사와 전통이 있는 노포만 모아 발행한 『위안즈위안웨이原汁原味』에 실린 식당만 해도 172개나 된다. 중국 미식 기행을 시작할 때 누구도 오른 적 없는 거대한 산을 마주한 산악인의 심정을 조금이나마 이해할 수 있었다.

어느 지역부터 시작할지 어떤 종류의 음식을 먹어야 할지 엄두가 나지 않아 고민에 고민을 거듭하다가 내가 내린 결론은 중국의 4대 요리였다. 중국의 4대 요리는 산둥山东, 쓰촨四川, 광둥广东, 화이양淮扬 요리를 말한다. 말이 4대 요리지 각각의 지역이 자체로도 상당히 넓기 때문에 지역별로 또다시 요리가 세분된다. 여기에 저장浙江 요리, 푸젠福建 요리, 안후이安徽 요리, 후난湖南 요리까지 추가해 중국 8대 요리라 칭하는데 8대 요리까지 범위를 확장하면 대를 이어 맛을 봐도 다 볼 수 없는 지경에 이른다.

더 놀라운 것은 이렇게 범위를 축소해도 중국의 수많은 요리 중 큰 줄기 8개 밖에 맛보지 못하는 게 현실이다. 스스로 '진짜' 중국 요리를 소개한다고 말하고 있지만, 내가 아는 것도 '중국 요리'라는 커다란 코끼리의 콧잔등 주름 하나 정도나 될지 모르겠다.

중국 요리가 또 재미있는 것은 요리마다 얽힌 고사나 인물 등 이야깃거리가 많다는 것이다. 중국인과 식사할 때 음식에 관해 이야기를 나누다 보면 두세 시간은 훌쩍 지나간다.

짧다면 짧고 길다면 긴 베이징 맛 기행을 3년간 다니며 느낀 점은 확실히 중국 요리는 세계 3대 요리가 맞다는 것이다. 재료에서부터 들이는 공, 전통성을 유지하는 장인정신, 그리고 넓은 영토에서 쏟아져 나오는 끝없는 식재료와 다양한 조리법까지 어느 것 하나 빠지지 않는다.

또 한 가지 중국 요리와 함께 즐기는 차와 술 역시 중국 미식 여행에서 빼놓을 수 없는 중요한 역할을 차지한다. 특히 중국의 차와 술은 단순히 마실 것에서 그치지 않고 중국 요리와 궁합을 이뤄 완전한 식문화를 형성하는 주춧돌 역할을 한다.

한국에서 흔히 말하는 반주 문화와 달리 중국의 차와 술은 음식과 대등한 위치에서 때로는 맛을 돋우고, 때로는 정취를 더하는 식탁 위의 주연으로서 활약한다. 다소 생소한 영역이지만 조금만 중국의 차와 술에 관심을 기울이면 중국 식도락을 한층 더 멋스럽고, 완벽하게 즐길 수 있게 될 것이다.

지금부터 소개할 음식과 식당은 아주 조금 발품을 팔아야 하거나, 지도를 보고도 찾기가 어렵거나, 종업원이 영어 한마디 못하는 고난도 미식 코스일 수 있다. 또 중국 차와 술에 대한 낯선 이야기들이 지루할 수도 있을 것이다.

다만, 조금 인내심을 갖고 책장을 넘기다 보면 책의 마지막 장을 넘겼을 때 일본에 식도락 여행을 가듯 베이징에 맛집 투어를 오고 싶다는 생각이 들 것이라 확신한다.

2장
베이징덕이 베이징 음식이 아니라고?

'중국 간판 요리' 베이징덕은 어디서 왔을까?

가장 먼저 소개하고 싶은 요리는 베이징덕이다. 중국어로는 카오야烤鸭라고 부른다. 베이징덕을 선봉에 세운 이유는 간단하다. 이 책의 주제가 바로 베이징이기 때문이다. 전주의 대표 음식이 전주비빔밥이듯 부산의 대표 음식이 부산돼지국밥이듯 베이징의 대표 음식은 베이징덕이다.

베이징뿐 아니라 중국의 대표 음식으로 정평이 나 있는 베이징덕은 그 명성만큼이나 전 세계인들의 사랑을 받는 요리다. 중국 최고의 베이징덕으로 평가받는 취안쥐더全聚德를 비롯해 다둥大董, 쓰지민푸四季民福, 베이징덕의 원조인 비엔이팡便宜坊까지 베이징을 중심으로 포진한 베이징덕 유명 브랜드들은 중국인들은 물론 세계인들의 입맛까지 사로잡으며 인기를 얻고 있다. 가장 유명한 취안쥐더는 베이징 단체관광에서도 단골 코스이기 때문에 베이징을 방문했던 사람이라면 웬만하면 한 번쯤 방문해 봤을 것이다. 요즘에는 한국에도 베이징덕을 내는 중국집들이 생겨나고 있어 베이징덕을 맛본 사람들이 점차 늘고 있다.

먹어 본 것은 먹어 본 것이고, 정작 베이징덕의 기원이나 제조방식, 계파별 특징 등은 크게 조명되지 않고 있는 것이 현실이다. 그냥 먹어도 맛있지만, 알고 먹으면 더 맛있는 법인데 세계적인 요리를 그저 누군가의 손에 이끌려 혹은 유명세를 따라 소비하는 것이 안타깝다.

그래서 첫 장에서는 그간 무심코 단체관광을 와서 먹고, 지인 손에 이끌려 먹던 베이징덕을 소개할까 한다.

베이징덕에 대해 제대로 알기 위해서는 문외한인 나 혼자로는 역부족해서 조력자를 초빙했다. 중국판 『냉장고를 부탁해』 최다 우승에 빛나는 셰프이자 베이징덕 최고 문파 중 하나인 비엔이팡에서 수학한 안현민 셰프와 함께 직접 현장을 돌아다니며 베이징덕의 참맛을 탐구했다. 이제 '베이징의 맛'이라 할 수 있는 베이징덕의 연원과 종류, 현재의 문파가 갈리게 된 배경 등을 깊이 있게 알아보자.

처음 이 말을 들었을 때 이건 또 무슨 소리인가 싶었다. 베이징덕이라고 떡하니 이름에 쓰여 있는데 베이징덕이 베이징 음식이 아니라고? 베이징덕은 베이징 음식이 맞다. 다만, 그 연원을 찾아 거슬러 올라가면 베이징덕은 중국 문화의 정수인 남방 지역에서 온 음식이다.

무슨 선문답 같은 소리 그만하고 얼른 제대로 된 설명을 내놓으라는 소리가 여기저기서 들리는 듯하다. 정답부터 말하자면, 베이징덕이란 음식은 명나라 시조 홍무제 주원장이 나라를 세우고 수도로 정한 난징南京에서 온 음식이다.

베이징덕이 베이징에 오기 전에는 지금처럼 오븐 형태의 루炉(화덕)에서 굽는 것이 아닌 화롯불에 직화로 구운 오리요리였다. 그러니까 난징에서 귀족과 황족들이 먹던 고급 오리구이였는데, 명나라의 이단아이자 상마초, 전쟁의 신이라 불리는 3대 황제 영락제 주체朱棣가 수도를 베이징으로 옮기면서 함께 북방으로 딸려온 음식이라고 하는 게 가장 맞다.

명나라의 용맹한 황제로 유명한 영락제는 본래 황위와는 연이 없었다. 주원장의 넷째 아들인 그는 당시 몰락해 가던 원나라 몽골족의 공격에 대비해 북방 수비를 맡는 연燕(지금의 베이징 지역) 지역의 연왕燕王으로 봉해졌다.

영락제는 황위에 오르기 위해 아버지의 뜻을 거스르고 친조카이자 명나라 2대 황제인 건문제 주윤문을 적으로 삼아 4년간의 내전을 벌였다. 사후 '조카를 죽인 비정한 삼촌'이라는 오명을 쓰기에는 영락제에게 억울한 면이 있다. 1398년 주원장이 사망하고 바로 황제로 즉위한 건문제는 세력이 커진 삼촌 영락제 주체에게 위협을 느끼고, 그를 죽이기 위해 자객을 보내

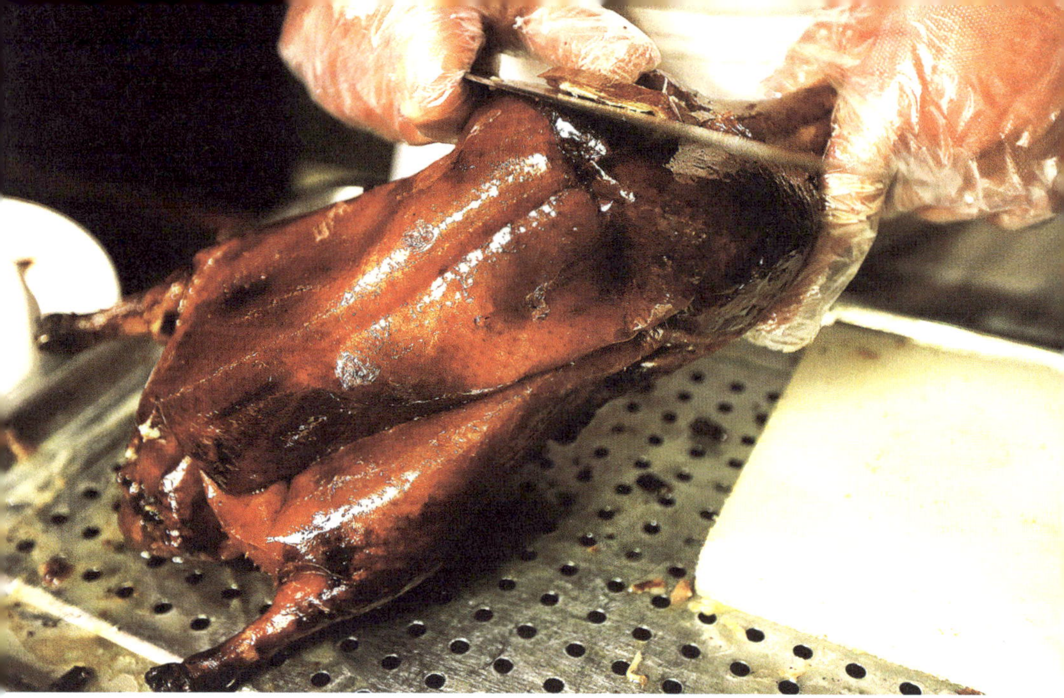

는 등 온갖 암투와 계략을 일삼았다는 설이 있기 때문이다.

영락제는 황제가 된 뒤에 사방이 온통 적뿐인 난징南京을 벗어나고자 했다. 그래서 주원장이 정한 수도 난징에서 자신의 주 무대인 베이핑北平으로 천도하게 된다. 이게 바로 지금의 베이징이다.

지금의 자금성도 이때 현재와 비슷한 모습을 갖췄고, 수나라 양제 때 건설된 대운하 역시 뚝뚝 끊겨있던 것을 대규모로 확충했다. 북방 수비의 중요성을 알고 있던 영락제는 만리장성 역시 범위를 넓히는 등 개축하기도 했다. 이런 대규모 인프라 건설 사업은 예나 지금이나 민심의 불만을 야기하게 되는 모양이다. 영락제는 고율의 세금과 이집트 파라오급 동원으로 민초의 원성을 사 서서히 힘을 잃게 된다. 그런데도 상마초였던 영락제는 죽을 때까지 몽골 칸을 정벌하러 가는데, 결국 원정길에 고비사막을 지나다 병으로 숨을 거두게 된다.

아무튼 영락제가 난징에서 베이징으로 수도를 천도할 때 이 카오야도 황제를 따라 베이징에 입성하게 됐다. 정확히는 1416년, 영락제 14년 때의 일이다. 베이징에 온 뒤로 화롯불에 구워 먹던 카오야는 요즘 말로 하면 오븐, 중국 말로 하면 '루'에 굽는 형식으로 변모하게 된다.

당시 처음 베이징덕을 만들었던 곳이 '비엔이팡便宜坊'이다. 중국에서 가장 긴 역사와 전통을 자랑하는 최고最古(오래된)의 '라오쯔하오老字号'다. 라오쯔하오의 뜻은 '전통있는 노포'라고 생각하면 된다. 중국에서는 100년 이상 전통과 역사를 가진 라오쯔하오를 국가에서 지정해 관리한다. 라오쯔하오 등록을 시작한 초기에는 1,600개의 브랜드가 있었지만, 중국 정부에서 재확인 작업을 거쳐 현재는 1,000개의 브랜드만 남아 있다.

세계적으로 가장 널리 알려진 베이징덕 브랜드로 1864년 베이징에 문을 연 '취안쥐더全聚德' 역시 비엔이팡과 같은 라오쯔하오다. 비엔이팡은 난징의 오리구이를 조금 다른 형태로 변화시켰는데 루에 문을 달아 굽기와 찌기(뜸 들이기)를 동시에 하는 조리법으로 베이징덕을 만들었다. 그래서 비엔이팡이 사용하는 루는 문을 달아 찌는 방식이라 하여 '먼루焖炉'라고 부른다. 취안쥐더나 다둥, 쓰지민푸 등은 대부분 청나라 때 만들어진 '과루挂炉'를 사용하는데 이 루는 문이 달리지 않고, 개방된 형태다. 베이징덕을 먼루에서 조리한 것과 과루에서 조리한 것의 차이를 간단하게 설명하자면 다음과 같다. 먼루에서 조리할 때는 루의 문을 닫은 상태에서 굽기 때문에 오리가 살짝 쪄지는 느낌이 있어 육질이 훨씬 부드럽다. 반면, 문이 안 달린 과루에서는 요리사가 눈으로 오리의 상태를 보고 계속 오리를 돌리면서 굽기 때문에 겉을 더 바삭하게 구울 수 있다는 장점이 있다.

두 루의 차이일 뿐이지 그렇다고 해서 먼루의 오리가 바삭하지 않은 것도 아니고, 과루의 오리가 육질이 부드럽지 않은 것도 아니다. 상대적으로 그

먼루

렇다고 이해하면 된다. 현재 베이징덕 브랜드들은 대부분 과루 방식을 채용하고 있다. 문을 닫고 조리하는 먼루보다 루를 다루는 기술 난이도가 낮고, 사람들이 베이징덕하면 가장 먼저 떠올리는 바삭한 식감을 더 잘 낼 수 있기 때문이다. 그래도 원조를 굳이 정해야 한다면 먼루 방식을 사용하는 비엔이팡으로 하는 것이 맞을 것 같다.

루의 종류를 설명했으니 여기서 잠깐 베이징덕의 종류에 대해서 알아보고 가자. 베이징덕은 크게 세 종류로 나뉘는 데 먼루, 과루, 칭전清真식 카오야다. 먼루와 과루는 목에서 피가 나게 설명을 했으니 여기서는 생략하기로 한다.

그렇다면 칭전카오야는 무엇일까. 중국어로 '칭전'은 '이슬람'을 뜻하고, '카오야'는 구운 오리 즉, 베이징덕을 칭한다. 한마디로 할랄 베이징덕이라고 생각하면 된다. 뭐가 다른가 하면 할랄 방식으로 오리를 잡는다는 것이다.

중국에서 '칭전'이라는 이름이 붙으면 일단 깨끗하고 맛이 믿을 만하다는 이미지가 강하다. 이민족 왕조가 여러 차례 득세한 중국에서는 이슬람 교도들이 운영하는 식당이 청결하고 역사와 전통을 자랑한다는 인식이 있기 때문이다. 즉, 칭전카오야는 이슬람식 베이징덕이다. 문화적 특징이 독특하고, 자신만의 문화를 고집하는 무슬림이 만들어 낸 베이징덕이라고 생각하면 된다.

'최고最古의 베이징덕' 600년 전통의 비엔이팡

약간 도발적인 질문을 하나 던져보자. "최고의 베이징덕을 만드는 곳은 어디일까?"

음식은 기호에 따라 평가가 너무나 극명히 갈리기 때문에 우열을 쉽게 가릴 수 없다. 역으로 생각하면 자신이 생각하는 '최고'를 누구나 자유롭게 말할 수도 있다. 베이징덕 탐방을 나서면서 최대한 많은 베이징덕을 맛보고, 나만의 베이징덕 순위를 매겨 보고자 생각했던 것도 이런 이유에서다.

베이징에는 현재 엄청 다양한 베이징덕 브랜드들이 생겨나고 있다. 그중에서 가장 대중적이면서도 외국인들에게도 친숙한 브랜드는 바로 '취안쥐더'다. 취안쥐더는 2018년 작고한 아버지 부시 전 미국 대통령부터 김정일 북한 국방위원장 등 유명인사가 많이 찾은 것으로도 유명하다. 취안쥐더 본점은 첸먼다제前门大街에 자리하고 있다.

1864년 베이징에 문을 연 취안쥐더는 중국 정부에서 지정한 라오쯔하오로 베이징을 중심으로 많은 지역에 체인점이 있다. 베이징만 해도 어마어마한 손님들로 문전성시를 이룬다. 베이징 관광명소인 톈안먼 광장에 가보면 취안쥐더 톈안먼天安门점이 있는데, 톈안먼 광장에는 취안쥐더에서 산 진공 포장된 베이징덕을 쇼핑백에 담아 들고 다니는 중국인 관광객들을 자주 볼 수 있다. 이것만 봐도 그 명성을 가히 짐작할 수 있다.

2010년 기준 1년에 취안쥐더에서 소비되는 오리 수는 500만 마리가 넘고, 다녀간 손님의 연인원은 500만 명이 넘는 것으로 집계됐다. 고용 직원 수도 1만 명이 넘는다. 기업가치도 1조8천억 원이 넘는다는데, 이쯤 되면 식당이라기보단 하나의 중견 기업에 가깝다.

취안쥐더는 처음엔 화덕에 문이 달린 먼루 방식에 근간을 둔 베이징덕을 선보였다. 그러다 나중에는 문이 없는 과루 방식을 채택해 겉이 바삭한 베이징덕을 주무기로 인기를 끌었다. 이 조리 방식은 국가급 무형문화재로 지정됐고, 사실상 베이징덕의 기술 표준이 됐다.

특히 취안쥐더가 명성을 얻은 것은 중국공산당이 국민당과 국공내전을 치를 당시 전쟁자금을 댔던 게 주효했다. 취안쥐더는 중화인민공화국이 건설되고 중국공산당의 지지를 얻어 국가가 인정하는 최고의 베이징덕 브랜

취안쥐더

드로 발돋움했다. 그 역사와 공산당과의 관계 등을 놓고 보면 취안쥐더가 최고最高의 베이징덕 브랜드임을 부정할 수는 없다.

그렇다면 취안쥐더를 중국 최고의 베이징덕을 만드는 식당이라고 부를 수 있을까? 솔직히 맛에 깐깐한 맛객 입장에서 이런 대량 생산 대량 소비형 맛집은 성에 차지 않는다. 너무 상업화된 베이징덕 브랜드를 최고로 인정하는 것이 조금 자존심이 상한다고 해야 할까. 그래서 취안쥐더에 필적할 만한 역사와 전통을 가진 비엔이팡에 대해서 한번 이야기해 볼까 한다.

비엔이팡은 1416년, 그러니

베이징 취안쥐더 北京全聚德 **첸먼점**

주소 : 北京市东城区前门大街30号
전화 : +86 010-65112418, 010-67011379
영업시간 : 평일 11:30~13:30, 16:30~18:00
주말 11:30~13:30, 16:30~18:00

까 명나라 3대 황제인 영락제가 수도를 난징에서 베이징으로 옮겨 올 때 난징에서 귀족과 황족이 즐겨 먹던 오리 요리인 카오야를 베이징에 가져와 베이징덕으로 재탄생시킨 장본인이다.

역사만 놓고 보면 600년이 넘는 역사를 자랑하니 취안쥐더보다 450년이나 앞서 있다. 그래서 최고最高는 모르겠지만, 최고最古인 것만은 확실하다. 비엔이팡은 아쉽게도 중국공산당의 전쟁자금을 대는데 소극적인 행보를 보였던지 중국 정부의 지원을 취안쥐더만큼은 못 받았던 것 같다. 그러다 보니 취안쥐더에 밀리게 됐고, 결국 잠깐 문을 닫는 부침을 겪기도 했다.

여러 고난을 겪은 이후 비엔이팡은 다시 문을 열고 명맥을 이어가며 현재 베이징 내에 8개 지점을 운영 중이다. 전통방식의 먼루를 사용한다는 입소문이 나면서 허베이河北나 네이멍구內蒙古 등에도 분점이 생겨나고 있다. 비엔이팡의 먼루방식의 베이징덕 역시 중국 국가급 무형문화재로 지정돼 있다. 비엔이팡은 예전 방식을 고수하며 베이징덕 조리법을 전수해오고 있다.

비엔이팡에 처음 오는 중국 사람들은 그 이름 때문에 한 번씩 웃게 된다. 중국어로 '비엔이便宜'는 '편리하다', '적당하게 알맞다'라는 뜻이다. 비엔이는 또 다른 독음으로도 읽힌다. 바로 '피엔이'라고 읽는데 뜻은 '싸다', '잘 쳐주다'라는 뜻이다. 보통 한국인 관광객이 좋아하는 짝퉁시장에 가서 상인과 흥정을 할 때 사용하는 용어가 '피엔이디알便宜点'인데 '좀 깎아주세요'라는 뜻이다. 한마디로 비엔이팡의 뜻은 '깎아줘 식당' 또는 '가성비 좋은 식당'이 되겠다.

비엔이팡이 현재 이름을 갖게 된 것은 명나라 11대 황제 세종世宗(1522~1566) 때까지 거슬러 올라간다. 이 시기는 명대 6대 간신으로 불리는 엄숭嚴崇이라는 인물이 악명을 떨치던 때다.

엄숭의 악행을 보고만 있을 수 없던 충신 양계성楊繼盛은 엄숭의 간악함을 황제에게 고하다가 역풍을 맞아 벼슬을 잃게 된다. 양계성은 헛헛한 마음에 궁 근처에 있는 차이스커우菜市口(시장거리)의 쌀시장 후퉁胡同(베이징의 골목을 칭하는 말)을 지나다가 우연히 비엔이팡을 보고 들어가게 된다.

비엔이팡의 주인은 다른 손님으로부터 양계성이 높은 관직에 있는 사람이라는 귀띔을 듣고 지극정성으로 주안상 수발을 든다. 맛있는 음식과 좋은 서비스를 받은 양계성은 기분이 좋아져 붓과 벼루, 종이를 가져오라 한 뒤 '이 집은 맛도 좋고, 서비스도 좋다'는 뜻으로 '비엔이팡'이란 글씨를 써준다. 주인도 그 이름이 썩 마음에 들었는지 양계성의 글씨로 편액을 만들어 내걸었다.

벼슬을 잃은 양계성은 결국 엄숭에 의해 죽게 된다. 엄숭은 이후 비엔이팡의 편액을 양계성이 썼다는 소문을 듣게 되고, 사람을 보내 비엔이팡의 간판을 떼라는 명령을 내린다. 그러나 주인은 완강히 반발하고, 엄숭의 사람들이 그 주인을 개 패듯이 패는 지경에까지 이른다. 이 사건을 계기로 엄숭의 간악함이 알려지면서 민심이 흉흉해졌고, 결국 엄숭도 실각하게 된다.

이름에서부터 '라오쯔하오'의 포스가 강하게 느껴지지 않는가? 그렇다면 전통성은 증명됐는데 맛은 어떠한지 알아보자.

비엔이팡에 사람들의 발길이 점점 느는 이유는 비엔이팡 본점 격인 센위커우점의 명예 셰프인 쑨리신孙立新 선생의 공이 크다. 쑨리신 선생은 중국 4대 요리인 산둥 요리와 쓰촨 요리의 전수자다. 그러니까 이 집에 오면 베이징덕 뿐만 아니라 아주 수준 높은 산둥 요리와 쓰촨 요리도 맛볼 수 있다. 베이징덕 탐방의 고문 역할을 해준 안현민 셰프가 이곳에서 수학한 이유도, 베이징덕도 베이징덕이지만 쑨리신 선생의 뛰어난 중국 요리를 배우기 위해서라고 한다.

이야기가 나온 김에 설명을 좀 하고 넘어가자. 베이징 요리인 베이징

비엔이팡카오야便宜坊烤鸭 **센위커우점**
주소 : 北京市东城区前门大街东侧鲜鱼口
老字号餐饮一条街
전화 : +86 010-67132535, 010-67132536
영업시간 : 평일·주말 11:00~21:00

덕 이야기를 하다가 갑자기 산둥 요리가 나오는게 의아할 수 있다.

산둥 요리와 베이징 요리는 부모와 자식 같은 관계다. 베이징 요리가 중국 4대 요리 중 하나인 산둥 요리에서 갈라져 나온 것이라 이 둘을 부모 자식 관계라 한다. 일단 베이징덕을 찍어 먹는 콩과 밀가루를 발효시켜 만드는 '톈몐장甜面酱'도 산둥에서 그 연원을 찾을 수 있다.

이 외에도 베이징 요리로 널리 알려진 징장러우쓰京酱肉丝(경장육사: 돼지고기를 가늘게 썰어 톈몐장에 볶아낸 요리) 등 많은 베이징 요리가 산둥 요리에 기반을 두고 있다. 그렇기 때문에 비엔이팡에 오면 베이징덕과 함께 최고 수준의 산둥 요리도 즐길 수 있다.

다음으로는 비엔이팡의 베이징덕 화덕인 먼루에 대해서 자세히 알아보자. 먼루가 점차 현대에서 사라지게 된 것은 두 가지 이유 때문이다. 일단 문을 꽉 닫고 오리를 볼 수 없는 상태로 화덕을 운용해야 하는 고난도 기술이 가장 큰 이유다. 과루에 비해 조리 성공률이 낮기 때문에 대부분의 브랜드는 먼루방식을 포기했다. 두 번째 이유는 청나라 시기로 들어서면서 바삭바삭한 식감의 베이징덕이 더 맛이 좋은 것으로 대우받기 시작했다. 실제 베이징덕의 묘미는 바삭한 껍질에 있다. 먼루에서 조리했지만 비엔이팡의 베이징덕은 겉도 어느 정도 바삭하고, 속살은 정말 부드러운 느낌을 받을 수 있다.

요즘에는 위의 두 가지 이유로 대부분 베이징덕 브랜드들이 문 없이 화덕 안을 훤히 들여다보면서 오리를 굽는 과루를 선호한다. 일부 유명 브랜드 같은 경우는 몰려드는 손님을 받기 위해서 몇몇 매장에서는 전기화덕

비엔이팡

을 쓴다는 이야기도 있다. 먼루와 과루는 배나무와 대추나무를 사용해 오리에 나무 향까지 배게 하는 것이 특징인데 전기화덕을 쓰면 이런 깊은 맛이 사라지게 된다.

비엔이팡은 베이징덕을 싸먹는 방법도 독특하다. 베이징덕은 일반적으로 대파, 오이, 염장식품, 설탕, 톈몐장 등이 사이드 쌈재료로 나온다. 비엔이팡은 여기에 박하잎과 허브같이 향이 강한 채소를 추가로 함께 준다. 이곳이 중국 관리들이 자주 오는 곳이라, 파같이 입에서 냄새가 나는 재료를 먹을 경우 손님에게 실례가 될 수 있기 때문이라고 한다. 이 재료 배합 역시 쑨리신 선생이 직접 고안한 것이다. 박하잎을 넣어서 베이징덕을 먹어 봤는데 맛이 기존 재료와 잘 어울리고, 오리의 느끼한 맛이 전혀 느껴지지 않을 정도로 맛을 북돋아줬다.

비엔이팡의 베이징덕은 모두 채소 물을 이용하는 절임법을 써서 잡내를 잡는다고 한다. 다른 베이징덕 브랜드가 각종 조미료를 사용하는 현실을 생각하면 천연의 방식을 사용하면서 잡내를 싹 잡아낸다는 것은 신기에 가깝다.

비엔이팡의 매력을 이제 좀 알 것 같나? 나에게 베이징덕을 먹을 기회가 딱 한 번이라는 조건을 달고 식당을 고르라 한다면 주저않고 비엔이팡을 선택하겠다.

현재 베이징 내에서 유명한 다둥이나 쓰지민푸도 대부분 비엔이팡에서 갈라져 나가 세워진 분파라고 보면 된다. 베이징덕의 원조인 비엔이팡은 화로 사용법이나 오리 손질법 등에 있어서 베이징덕의 근간을 이루고, 많은 브랜드들이 이를 변용하는 형식으로 갈라져 나간 셈이다.

베이징덕 삼국지

요즘 베이징에서 벌어지는 베이징덕 브랜드들의 경쟁을 보면, 바야흐로 베이징덕 삼국시대가 도래했다는 생각이 든다.

베이징덕 계의 위나라인 취안쥐더가 북방에서 맹위를 떨치는 가운데 남쪽에서는 강남 문화 특유의 전통을 고수하는 오나라 비엔이팡이 묵직하게 터를 잡았다. 서쪽 촉지역에는 '다둥'이라는 세력이 책사 하나를 잘 만나 제법 그럴싸하게 천하 삼분지계를 펼치고 있다. 그러는 사이 각지에서는 '쓰지민푸'라는 황건세력과 고급 베이징덕을 필두로 한 소규모 군웅들이 새 시대를 열 준비를 하고 있다. 우스개로 쓴 말이지만, 얼추 현재 베이징에 있는 베이징덕 브랜드들의 형세를 그럴싸하게 비유한 표현이다.

현재 중국 베이징덕 시장에서는 가장 압도적인 성적을 내는 취안쥐더가 선두를 달리고, 비엔이팡, 다둥, 쓰지민푸가 2위 그룹을 형성하고 있다. 여기에 나머지 베이징덕 브랜드들은 아예 전통 방식에서 벗어나 고급화 전략을 쓰거나 젊은 트렌드에 맞춰 퓨전형식의 베이징덕 요리를 만들고 있다.

먼저 맏형 격인 취안쥐더에 대해 살펴보자. 이미 앞서 언급한 대로 취안쥐더는 하나의 베이징덕 브랜드를 넘어 중국 국가대표 역할을 맡고 있다. 음식의 수준은 차치하고 일단 규모만 놓고 보면 중국 최고, 세계 최고가 맞다. 취안쥐더의 초대 창업자는 양전인楊全仁(양취안런)이라는 사람으로 첸먼 인근 제육시장에 자리를 잡고 닭과 오리 판매를 시작으로 대업을 일으켰다고 한다.

취안쥐더란 이름의 연원에 대해 제대로 아는 사람이 적으니 여기서 잠시 설명을 하고 넘어가자. 양전인은 장사 수완이 꽤 좋았는데 어느 날 풍수사 한 명이 날로 번창하는 그의 가게에 들어오더니 이런 말을 했다고 한다.

"가게 양쪽에 후퉁이 있고, 두 개의 기둥이 있다. 아주 좋은 터에 자리를 잡았다. 다만, 원래 이름인 '더쥐취안德聚全'이 운을 거꾸로 받고 있어 문제의 소지가 있으니 이름을 거꾸로 바꿔 불러 '취안쥐더全聚德'로 명명해야 한다."

양전인은 이 이름이 자신의 이름 중간자인 '취안'이 앞에 오고, 덕행이 모인다는 '쥐더'가 뒤에 오는 게 마음에 들어 '취안쥐더'라고 이름을 정했다고 한다. 다소 황당한 이름의 연원인데 원래 부자가 장사가 잘 되고 나면 별거 아닌 것에 의미부여하고 그런 것이다. 세상은 원래 '승자독식'이니까 그냥 눈감아 주자.

어쨌든 취안쥐더의 베이징덕은 이제 공산품화 됐다고 볼 수 있다. 이것을 욕할 필요는 없다. 취안쥐더라고 해서 왜 맛과 전통을 고집하고 싶지 않겠나. 그러나 누군가는 베이징덕의 대중화에 힘을 써야 하고, 그 역할을 국가대표인 취안쥐더가 맡은 것이다. 그러니까 취안쥐더가 비싸고, 맛이 없어도 욕하지 말고, 첸먼다제에 가면 취안쥐더 본점에 들러 아버지 부시 전 미국 대통령과 김정일 북한 국방위원장 사진도 좀 보고, 지갑을 열어 비싼 베이징덕을 사 먹으며 호구도 잡혀 보는 여행의 묘미를 느끼길 바란다.

취안쥐더가 이렇게 국가대표가 될 수 있었던 것은 모두 중국공산당 덕이다. 취안쥐더는 중국 문화여유부, 우리로 치면 문화체육관광부 격인 기관에서 모든 것을 관리한다. 중국은 자본주의 국가가 아니라 사회주의라는 것을 항상 잊어서는 안 된다. 대부분 라오쯔하오는 국가에서 지분을 가지고 있고 국유기업처럼 관리하고 있다. 그래서 취안쥐더는 각종 국가행사나 연회에서 홍보비용 없이 무제한 PPL을 하는 셈이다. 왜 그런 거 있지 않나. '○○ 대통령이 먹은 그 오리!' 이런 느낌이라고 보면 된다.

그 다음 뒤를 잇는 것은 베이징덕의 숨은 강자 비엔이팡이다. 비엔이팡은 체인점 규모만 놓고 보면 3, 4위 그룹에 있어야 마땅하다. 하지만 앞서 말했다시피 취안쥐더에 밀리긴 했지만, 비엔이팡도 만만치 않은 내공을 가진, 아니 어쩌면 베이징에서 가장 내공이 깊은 베이징덕 브랜드라고 할 수 있다. 비엔이팡의 강점은 대형 브랜드임에도 불구하고 전통 방식의 먼루를 고집한다는 것이다.

중국이나 한국이나 부처 간 경쟁이 심한 편인데 문화여유부의 대히트작인 취안쥐더를 보고 상무부는 비엔이팡을 지원하기로 결심한다. 앞서 언급했지만 국공내전 시기 중국공산당에 자금을 지원한 취안쥐더는 신중국 건국 이후 문화여유부의 전폭적인 지원을 받으며 급성장했다. 반면 비엔이팡은 원조 베이징덕 브랜드임에도 불구하고 명맥 유지마저 힘든 고난을 겪었다. 중국 사회가 안정되고 내부적으로 부처 간 경쟁이 심해지면서 문화여유부를 견제하려는 상무부가 비엔이팡의 손을 잡으면서 다시 기회가 온 것이다.

상무부의 지원사격을 받은 비엔이팡은 빠른 속도로 원래의 명성을 되찾아가고 있다. 이곳을 방문하려거든 미리미리 예약을 하는 것이 좋다. 왜냐하면 상무부나 정부부처의 행사가 종종 열리기 때문이다.

이어서 베이징덕의 신흥 강자인 다둥에 대해서 알아보자. 다둥은 베이징덕 좀 먹을 줄 안다는 사람들이 "에이, 나는 취안쥐더보다 '○○'가 더 좋더라"에서 그 '○○'을 맡고 있다.

다둥은 위진남북조시대풍의 고급 인테리어를 앞세운다. 다른 브랜드와 달리 고급 인테리어에 고급 요리를 내는 것이 특징이다. 베이징덕 뿐만 아니라 프랑스 요리인 푸아그라 등 다른 요리들도 매우 세련된 맛을 낸다. 그러나 가격 부담을 감수해야 한다.

다둥의 베이징덕은 매우 바삭한 것이 특징이다. 그 크리스피한 맛의 비결은 바로 오리 손질법에 있다. 다둥은 오리를 손질하는 과정에서 소다를 사용해 오리를 구울 때 껍질 부위가 부하게 일어나 더 바삭한 식감을 내는 것이 특징이다. 식감을 살리는 이 비결 때문에 많은 사람이 취안쥐더보다 더 맛있는 베이징덕을 낸다고 입이 닳도록 말을 하는 것이다.

단점을 굳이 꼽으라면 껍질 부위가 부하게 일어나며 살과 이격이 생기기 때문에 오히려 살이 비엔이팡의 베이징덕처럼 부드럽지는 않다는 것이다. 그래도 내가 먹어본 베이징덕 집 중에는 베이징덕과 다른 요리까지 포함하면 가장 수준이 높은 집이다. 물론 소다로 절이는 방법이 조금은 찝찝하긴 하다.

다둥은 하이엔드급 브랜드 외에 대중화를 위한 샤오둥小董이란 캐주얼 브랜드를 운영하고 있다. 패스트푸드 모델을 본 따 베이징덕을 패티로 활용한 햄버거 브랜드도 운영 중이다.

요즘 베이징덕을 원하는 손님이 오면 내가 가장 많이 가는 집은 쓰지민푸

다둥

다. 일단 내가 살고 있는 왕징 근처에 있고, 동네 식당이라고 보기에는 엄청난 맛을 내는 집이기 때문이다. 중국은 체인점이라도 맛이 다 다르기 때문에 전적으로 내 기준에서 그렇다는 말이다.

내가 비엔이팡을 알기 전 최고로 쳤던 베이징덕은 쓰지민푸였다. 다둥도 맛이 좋지만, 솔직히 베이징덕만 놓고 보면 쓰지민푸가 한 수 위라고 생각한다. 이 집의 베이징덕은 겉은 바삭하고 속은 부드러운 맛을 낸다.

쓰지민푸의 이런 비결은 바로 그 조리법의 연원에 있다. 쓰지민푸의 주방을 책임지는 사람은 비엔이팡에서 기술을 전수해 나온 사람이다. 여기에 쓰지민푸는 다둥식 절임법을 많이 차용했다고 한다. 그러니까 바삭바삭하면서도 속이 부드러운, 훌륭한 맛을 내는 베이징덕이 탄생한 것이다.

쓰지민푸는 도시적인 분위기와 전통적인 분위기가 동시에 나는 인테리어에 아주 훌륭한 직원 서비스를 제공한다. 외국인이 가도 전혀 거부감이 없을 정도로 종업원의 서비스도 좋고, 메뉴에도 주요 요리는 사진이 붙어 있어 초보자들도 고르기 쉽다.

플레이팅도 매우 훌륭하다. 그래서 대접을 받는다는 느낌이 든다고 할까. 여기에 가격도 그렇게 비싼 편이 아니다. 항상 사람이 북적거리고 대기시간이 평일에도 기본적으로 한 시간 정도다.

쓰지민푸 베이징덕의 특징은 다시 말하지만 겉이 바삭하면서도 속살이 부드럽다는 것이다. 무슨 비밀이 있는지 모르겠지만, 아마도 비엔이팡의 오리 손질법과 과루식 조리법을 적절히 배합해 자신만의 비법을 만들어 내는 데 성공한 것 같다. 우리 동네에 있는 쓰지민푸는 화덕인 과루를 손님들이 볼 수 있게 가게 입구 쪽에 배치를 해놓았다. 아마도 자신들의 조리법에 대한 자신감이 아닐까 싶다.

앞서 소개한 전통적인 조리법을 고수하는 베이징덕 브랜드는 이제 포화 상태다. 신인이 이 높은 벽을 뛰어넘기란 다윗과 골리앗의 싸움과도 같다고 할까. 하지만 골리앗에게도 약점은 있고, 어떠한 강한 적이라도 급소는 반드시 있다.

이런 강자들의 아성에 도전하는 새로운 베이징덕 브랜드를 찾아서 먹어보는 것도 한 번쯤은 시도해 볼 만한 일이다. 베이징덕은 이름과 전통 그대로 약간 고루한 음식이다. 젊은이들도 물론 좋아하지만, 그 앤티크한 인테리어로 가득한 베이징덕 식당에 앉아서 밥을 먹는 것은 약간 힙하지 못하

쓰지민푸카오야四季民福烤鸭 **왕징왕자오점**

주소 : 北京市朝阳区湖光北街南湖中园211号京客隆 4层

전화 : +86 010-64751081

영업시간 : 평일·주말 10:30~22:30

다. 이런 욕구를 충족하기 위해 요즘에는 베이징덕도 다양한 변화를 시도 중이다.

바로 베이징 젊은이들의 홍대이자 이태원인 싼리툰에 가면 이런 베이징덕 식당들이 있다. 이런 류의 대표적인 식당이 바로 성융싱晟永兴이다. 성융싱은 '밝게 영원히 흥하다'라는 뜻인데 젊은 베이징덕의 패기가 느껴진다.

이 집에는 독특하게 베이징덕에 캐비어를 얹어 내는 요리가 있다. 물론 가격은 매우 비싸다. 중국의 맛집 어플리케이션인 다중뎬핑大众点评에서도 1인당 평균 식사비가 315위안으로 소개될 정도니 베이징덕 식당치고는 상당히 비싼 편이다. 그래도 캐비어 같은 고급 식재료를 좋아하고, 부내나는 독특한 베이징덕을 즐기고 싶다면 이곳을 방문해 보는 것도 좋다.

이렇게 금칠한 베이징덕 말고도 참신한 아이디어로 무장한 베이징덕도 있다. 베이징덕에 재스민향을 입혀서 내는 집인데 이름은 스주拾久다. 스주는 베이징덕 접시에 투명 뚜껑을 씌우고 그 안에 재스민차 증기를 뿜어 그 향을 베이징덕에 입힌다. 이렇게 먹으면 베이징덕에서 재스민향이 나면서 향긋한 맛을 느낄 수 있고, 다소 느끼한 베이징덕을 더 맛있게 즐길 수 있다.

전통방식을 고집하는 베이징덕 브랜드와 다양한 베이징덕이 등장하면서 베이징은 바야흐로 '베이징덕 삼국시대'를 맞고 있다. 누가 전국을 제패할 패자가 될 것인가 추측해 보라고 한다면 역시 아무리 용을 써도 물량 공세에 당할 재간이 없으니 취안쥐더 아니겠나 싶다. 물론 내가 밀고 있는 비엔이팡에도 기대를 걸어본다.

의외로 만화 『드래곤볼』의 '미스터 사탄' 같은 캐릭터인 동네 구멍가게

스주拾久
주소 : 北京市朝阳区东三环中路61号麦乐迪对面
전화 : +86 010-87774188, 010-87774388
영업시간 : 평일 11:30~14:30, 17:00~21:30
주말 11:00~15:00, 17:00~21:30

베이징덕 집이 우승을 차지할 수도 있으니 빠르게 변하는 중국에서 베이징덕계의 소리 없는 전쟁을 관전해 보는 것도 큰 재미일 것 같다.

막간 코너

'불판 지름이 1m' 베이징 전통 양불고기 카오러우지

'우츠武吃'

만약 베이징에서 '우츠'라는 말을 아는 사람을 만난다면 십중팔구 대대로 베이징에서 살아온 라오베이징런老北京人(베이징 토박이)일 것이다. 베이징에는 많은 전통 음식이 있고, 오래된 노포인 라오쯔하오老字号도 많다. 베이징 요리는 '징차이京菜'라고 불리는데 요리계에서는 그렇게까지 인정을 받는 축에 속하지 않는다. 한마디로 이렇다 하게 내세울 만한 음식이 그리 많지 않다는 소리다.

물론 불세출의 베이징덕이 든든한 기둥이 되어 주고 있지만, 가정식 요리들을 빼면 언뜻 떠오르는 베이징 요리가 없는 게 현실이다. 마치 서울에 많은 음식이 있지만, 정작 정통 서울 음식이 크게 이름을 떨치지 못하는 것과 비슷한 격이다. 베이징덕만큼 베이징을 대표할 만한 음식을 하나 더 꼽으라면 베이징식 양불고기인 카오러우지烤肉季가 아닐까 싶다.

앞서 언급한 '우츠武吃'가 바로 카오러우지와 연관이 깊은 말이다. 우츠란 말은 큰 무쇠 불판을 가운데 두고 둘러서서 양불고기를 먹는 베이징 사람들의 모습을 묘사한 표현이다. 한자로 '무武'가 들어 있는 것을 보면 뭔가 강렬한 모양새라는 것을 쉽게 짐작할 수 있을 것이다. 요샛말로 하면 '힙하다' 또는 '스웩 넘치다' 정도로 설명할 수 있는 우츠는 풀어쓰면 이런 뜻이다.

"후끈후끈 달아오른 불판 옆에 흰 수건을 어깨에 걸치고, 이마에 흐르는 땀을 연신 닦아 가며 긴 나무젓가락으로 양고기를 구워 한 입 몰아넣는 모양새"

가장 중요한 것은 불판이 놓인 원탁 아래 있는 기다란 의자에 다리 한 짝을 반드시 올려야 한다. 카오러우지를 먹는 시원시원한 이런 모습을 가리켜 '우츠'라고 한다. 우츠와 대칭되는 표현으로는 '원츠文吃'가 있는데 문화적 소양을 갖추고 기품있게 음식을 먹는 모습을 가리킨다.

카오러우지는 북방 유목민들이 양고기를 구워 먹는 음식문화에서 유래했다고 한다. 카오러우지는 몽골족이 대륙을 지배하던 원나라 시기부터 시작해 명, 청대를 거치면서 지금의 모습을 갖췄다. 지름 1m에 달하는 불판에서 이미 압도적인 카리스마를 뿜어내는 카오러우지는 근본 자체는 불고기라는 간단한 음식이다.

현재 사용하는 대형 불판은 중국의 문화가 가장 화려하게 꽃피웠던 청나라 시대인 1848년에 처음 사용됐다고 한다. 그런데 카오러우지의 원류인 '쥐더화톈카오러우지聚德华天烤肉季'는 무슬림, 그러니까 회족 식당이다. 베이징 전통 음식이라더니 웬 회족이란 말인가? 라고 생각할 수 있지만, 현재 베이징에 있는 많은 맛집이 전통 있는 회족 음식점이다.

이를 알려면 역사적 지식이 조금 필요하다. 한족이 아닌 몽골족이 다스리던 원나라나 만주족의 청나라는 모두 색목인을 비롯한 이민족 우대 정책을 폈다. 여기서 말한 색목인은 눈동자 색이 푸른 회족을 가리킨다. 이때 많은 회족 음식점들이 베이징 자금성 인근에 자리를 잡았고, 원나라가 멸망한 뒤에도 명맥을 유지하면서 지금까지 수백 년의 역사를 이어가고 있다.

쥐더화톈카오러우지도 이런 역사적 배경을 갖고 있다. '카오러우지'라는 요리 자체가 북방 유목민의 음식이 변형된 것이니 한족 식당인 것이 오히려 더 어색할 수도 있다. 카오러우지를 예전 모습 그대로 맛보기 위해서는 반드시 이 집을 찾아야 한다. 그 이유는 '즈쯔炙子'라 불리는 이 대형 불판이 베이징 전역 중 이곳에만 있기 때문이다.

이 곳은 청나라 때부터 이어져 내려온 전통 방식의 카오러우지를 고수하

지름 1m 대형 불판 '즈쯔'에서 요리하는 카오러우지

고 있다. 정통 카오러우지를 즐길 수 있는 공간은 이 식당 안에서도 딱 한 곳뿐이다. 즈쯔에서 카오러우지를 먹으려면 여러 내실 중에서 '원차오팅间桥厅'을 예약해야 한다. 그래야만 이 즈쯔가 있는 별도의 공간에서 식사할 수 있다.

전통 카오러우지를 먹을 때는 지켜야 하는 것이 있다. 바로 고기를 구울 때 반드시 '육도목六道木' 젓가락을 써야 한다는 것이다. 육도목은 한국어로 '이팝나무'라고 부른다. 육도목은 가지를 잘랐을 때 6개의 각이 있기 때문

쥐더화톈카오러우지聚德华天烤肉季**스차하이 본점**
주소 : 北京西城区前海东沿14号
전화 : +86 010-64042554, 010-64069719
영업시간 : 평일 11:00~21:00
　　　　　주말 11:00~21:00

에 붙은 이름으로 나무가 단단하고, 불에 강한 특성이 있어 직화를 하는 카오러우지에 안성맞춤인 식기다.

이 육도목은 북송 시기 여걸로 불리는 목계영穆桂英이 무기로 만들어 사용했을 정도로 내구성이 강하다.

양불고기인 카오러우지에는 머리와 목 사이 부위, 뒷다리살 등 양의 최고급 부위만 사용한다. 조리 방법은 의외로 간단하다. 간장 양념에 파, 고수를 넣어 양고기 양념을 만든다. 조리가 끝나면 그냥 먹기도 하고, 그 위에 비둘기 알을 깨뜨려 밥공기를 덮어뒀다가 반숙이 되면 먹기도 한다. 화력이 강한 소나무 숯을 이용하기 때문에 화기가 강하고, 얇은 양고기를 사용해 전체 조리 시간은 10분 남짓이다.

이 식당의 또 다른 매력은 자금성 인근 스차하이什刹海에 자리하고 있다는 것이다. 봄에 이곳에 오면 봄꽃과 잔잔한 스차하이를 바라보며 카오러우지를 즐길 수 있다. 그리고 오랜 역사를 가진 맛집답게 카오러우지 외의 다른 음식도 꽤 괜찮은 수준을 유지하고 있다. 특히 깐쇼새우와 비슷한 자펑샤炸烹虾와 치킨 맛이 나는 양고기 튀김은 다른 어떤 곳보다 맛이 좋다.

카오러우지는 여름에는 숯을 이용하는 조리 방법 때문에 먹기가 곤혹스러울 수 있다. 큰 불판 위에서 구워지는 양고기를 정신없이 먹다 보면 방 안 공기가 후끈 달아올라 어깨에 걸친 수건으로 연신 땀을 닦아내야 한다.

대신 겨울에는 식당 3층에 있는 원차오팅에서 눈이 내려앉은 후통을 내려다볼 수 있다. 불판에서 나오는 훈훈한 온기를 쬐면서 카오러우지를 한입 가득 물면 신선 부럽지 않은 맛과 운치를 느낄 수 있다.

3장
베이징에서 중국 4대 요리를 맛보자

중국 요리가 세계 3대 요리에 든다는 이야기를 들으면 한국인들은 고개를 갸우뚱할 수 있다. 왜냐하면 한국인들이 접하는 중국 음식은 주로 산둥 지역 화교가 한국에 정착해 만든 한국식 중화요리거나 중국에서는 간식거리로 먹는 음식들이 대부분이기 때문이다.

우리가 흔히 중국 음식으로 알고 먹던 탕수육 대신 '궈바오러우锅包肉'가 들어온 지 채 몇 년이 되지 않고, 조선족을 중심으로 퍼진 양꼬치 신드롬, 여기에 마라탕과 훠궈를 위시한 마라 맛 열풍 정도가 우리가 생각하는 중국 요리의 전부다. 이런 음식들은 중국이 미식 천국이라고 불리는 데 아주 소량의 지분만 차지한다.

중국 요리에 대한 경험이 좀 있거나 중국 향신료에 대한 거부감이 없는 사람에게는 경험치를 좀 높여 보는 것을 권하고 싶다. 중국 요리의 참맛을 느끼고 싶다면 베이징에서 중국 4대 요리 명가들을 찾아가 보자. 중국 4대 요리는 앞에서도 언급했지만, 산둥山东, 쓰촨四川, 광둥广东, 화이양淮扬 네 지역의 요리를 칭한다. 네 지역의 음식은 각각 개성이 매우 강하면서도 한국으로 치면 호남 음식처럼 손맛이 좋다.

전주에 먹부림 여행을 온 사람들이 '라면을 먹어도 전주에서 먹으면 맛있다'고 농담 반 진담 반 이야기를 하는 것처럼 같은 감자볶음을 먹어도 이 네 지역에서 먹는 중국 요리는 맛이 다르다. 처음 중국 미식 기행을 계획하고 가장 먼저 도전해봐야겠다고 생각한 지역도 역시 이 네 곳이다.

나는 운이 좋게도 실제로 이 네 지역에 직접 가서 음식을 먹어 본 적이 있다. 정말 하나같이 음식에 대한 철학과 손맛을 느낄 수 있었다. 음식을 좋아하는 모든 사람이 4대 요리 지역에 가 볼 수 있으면 좋겠지만, 물리적인 거리도 멀거니와 각 지역 방언이 심해 중국어에 능통한 사람이 아니면 제대로 된 여행을 할 수 없는 현실적인 한계가 있다.

다행히도 베이징에는 제법 솜씨가 좋은 4대 요리 식당들이 있다. 물론 서울에서 아무리 지방 요리 맛집을 가도 현지 맛에 비하지 못하는 한계가 있듯 베이징의 식당들도 재료 수급 문제와 현지와 다른 환경 등으로 인해 현지 맛을 완벽하게 구현하지는 못한다. 다만 이번 장에서 소개하는 식당은 현지 맛을 70~80% 재현했다고 볼 수 있는 곳들로 나름 엄선했다.

중국 강남 문화의 정수, 화이양 요리

1994년 영화 〈음식남녀〉 첫 장면을 보면 은퇴한 요리사인 주 사부가 딸들을 위해 요리하는 장면이 나온다. 중국 요리에 대해서 몰라도 이 장면을 기억하는 사람은 많을 것이다. 이때 나오는 요리가 바로 중국 창장长江(장강) 이남 요리인 강남江南 요리다. 강남 지역은 당나라 · 송나라 등 당송팔대가라 불리는 문장가들이 많이 난 지역이다. 더 거슬러 올라가면 대문장가인 초나라 굴원도 강남 사람이다.

갑자기 웬 강남 타령이냐고 할 수도 있지만, 4대 요리 중 가장 먼저 권하고 싶은 것이 바로 중국 강남 요리 중 하나인 화이양淮扬 요리다. 화이양 요리는 한국인 입맛에도 크게 거부감이 들지 않으면서도 요리 자체가 보여주는 화려한 모습에 보는 맛도 있다. 그도 그럴 것이 중국에서는 강남 문화라 해서 강남을 한족 문화가 가장 꽃피운 지역으로 꼽는다. 즉, 고매한 문화적 소양을 갖춘 요리가 많다는 말이다. 요리도 공을 많이 들여 조리하고, 섬세한 맛을 자랑한다.

내가 중국에서 가장 많이 먹었던 요리 역시 강남 요리였다. 강남 요리를 자주 찾는 것은 중국 음식을 좋아하는 나도 어쩔 수 없이 한국인의 입맛을 가지고 있다는 것을 방증한다. 왜냐하면 강남 요리로 분류되는 저장浙江성과 장쑤江苏성 음식은 약간 달짝지근하고, 짭조름한 것이 특징이어서 한국인의 입맛에 맞기 때문이다. 특히 그중에서도 4대 요리에 속하는 화이양 요리는 장쑤요리다.

장쑤요리는 크게 상하이와 화이양 두 개 지류로 나뉜다. 요즘에야 상하이의 명성이 워낙 크기 때문에 화이양이라는 말을 들으면 그게 어디지?라는 생각이 들 수 있다. 대부분 항저우杭州, 쑤저우苏州, 상하이上海는 알아도 화이양은 처음 들어볼 거다.

화이양은 지명을 가리키는 말로, 어떤 한 도시를 가리키는 게 아니라 경상도가 경주와 상주를 합친 말이듯 화이안淮安과 양저우扬州를 합쳐 일컫는 말이다. 어떤 사람은 같은 장쑤요리라고 4대 요리에 상하이 요리를 넣기도 하는데 정확하게는 4대 요리에 화이양 요리가 들어가야 맞다.

이 지역은 양쯔강 북부 대운하가 있는 곳이다. 요즘과 달리, 당나라 때만 해도 대운하의 요충지인 화이양이 더 발달했다. 화이양은 운하와 세로로 맞닿아 있다. 북쪽에 화이안이 있고, 그 아래 양저우가 있다. 화이양 지역은 양저우와 화이안 외에도 전장镇江, 옌청盐城, 타이저우泰州 등을 포함하고 있다.

당나라 때는 강남의 풍부한 물자를 대운하(베이징-항저우)를 통해 수도인 베이징으로 올려보냈기 때문에 이 지역이 매우 번성했으나 송나라에 들어서면서는 쑤저우, 항저우에 밀려나 지금까지도 쇠퇴의 길을 걷고 있다. 하지만 역사와 전통을 자랑하는 요리만큼은 다르다.

장쑤요리는 식자재 식감을 부드럽게 요리하는 특징이 있다. 대표 요리로는 스쯔터우狮子头(사자머리)탕, 쑹수위松鼠鱼(솔방울모양 물고기 탕수), 양저우 볶음밥 등이 있다. 다른 요리는 익숙하지 않겠지만, 우리에게 친숙한 중국집 볶음밥의 원류가 바로 양저우 볶음밥이다. 양저우 볶음밥은 중국 소규모 식당에도 단일 메뉴로 있을 정도로 한국으로 치면 김치볶음밥 이상의 국민 음식으로 생각하면 된다.

잠시 양저우 볶음밥을 소개하고 가자. 주재료는 밥, 소시지, 달걀, 새우살이다. 아니 근데 그 옛날에 무슨 소시지가 있냐라고 할 수 있는데 유럽식 소시지라기보다는 옛 중국식 햄인 휘투이火腿 즉, 돼지고기 생햄이라고 하는게 맞다. 아무튼 이 휘투이가 듬뿍 들어간 것이 양저우 볶음밥과 다른 지역 볶음밥의 가장 큰 차이다.

그러면 생햄을 만드는 문화는 어디서 왔을까? 우리가 가끔 잊곤 하는 것이 중국이 과거에도 슈퍼 파워를 자랑하던 초강대국이었다는 점이다. 당시 웬만한 세계 각국 음식이나 향신료, 귀한 식재료는 대부분 중국에 있었다고 생각하면 된다. 당나라 물류의 중심지였던 양저우는 서양과의 교역도 활발했다고 한다. 그래서 양저우의 햄이 포르투갈이나 대항해시대에 적극적으로 동참했던 서유럽 나라에서 들어왔을 것이란 설도 있다.

일각에서는 윈난, 후베이, 저장 등 남중국에서도 '진화휘투이金华火腿'가 널리 만들어진다고 하니 자체적으로 햄을 공급했을 수도 있다는 주장을 하기도 한다. 만약 서유럽에서 들어왔다는 설이 맞는다면 외지에서 들여온 햄으로 만든 양저우 볶음밥은 한국의 의정부 부대찌개와 같다고 볼 수도 있다.

사설이 너무 길었다. 이제 베이징에서 가장 맛있는 화이양 요리를 내는 곳을 소개하고자 한다. 그곳은 바로 '화이양푸淮扬府'다. 풀이해보면 화이양의 관아, 또는 화이양의 지방정부쯤 될까? 대충 그런 의미다. 식당은 내부 인테리어부터 해서 음식 수준까지 내가 여태껏 갔던 강남 요리집 중 가장 고급스러운 집이었다.

화이양푸淮扬府 안딩먼점
주소 : 北京东城区安定门外大街198号
전화 : +86 010-64265858, 010-64265959
영업시간 : 평일 11:00~14:00, 17:00~21:00
주말 11:00~14:30, 17:00~21:00

주중 한국대사관 근처에 있는 진산청후판런자金山城湖畔人家가 그나마 화이양푸에 비견할 만하다. 진산청후판런자가 고급스럽고 현대적인 인테리어로 꾸몄다면, 화이양푸는 당나라 시대를 콘셉트로 꾸민 앤티크한 인테리어가 특징이다. 진산청후판런자는 한국에서 손님이 와서 세련된 인테리어와 적정한 가격의 식당을 원할 때 찾는 식당이다. 화이양푸는 반대로 중국 음식에 어느 정도 식견이 있는 손님에게 전통 화이양 요리를 대접할 때 찾는다.

화이양의 대표 요리를 간단히 소개해 보면 둥포러우东坡肉(동파육), 성젠바오生煎包(반만 구운 만두), 스쯔터우탕狮子头汤, 게내장 두부, 양저우 볶음밥, 실장어 조림 등이 있다. 화이양푸에서는 둥포러우와 비슷한 요리인 홍샤오러우红烧肉가 유명하다.

둥포러우와 홍샤오러우는 비슷한 양념을 쓸 정도로 상당히 유사한데 둘 중 누가 원류냐고 묻는다면 홍샤오러우가 먼저다.

둘을 구분하자면 홍샤오러우는 집에서 늘 먹는 가정식이고, 이를 소동파가 발전시켜 조금 더 부드럽게 만든 게 둥포러우다. 조리법은 조금 다른데 홍샤오러우는 여러 번 양념을 끼얹으며 조리는 스타일이고, 둥포러우는 중간 불로 느긋하게 조리는 차이가 있다. 육질은 홍샤오러우가 더 탄탄하고, 둥포러우는 두부처럼 부드러운 특징이 있다. 개인적으로 둘 중 하나를 고르라면 홍샤오러우의 손을 들고 싶다.

화이양푸의 홍샤오러우는 정말 특이한 맛이다. 이게 둥포러우인지 홍샤오러우인지 구별이 안 될 정도로 육질이 부드럽다. 내 입맛 기준으로 웬만한 집 둥포러우보다 3배 이상 맛이 좋았는데, 여태껏 중국에서 먹은 홍샤오러우 중 단연 최고였다.

다음으로는 화이양을 비롯해 강남지역에서 먹는 주식인 성젠바오生煎包에

성젠바오

대해서 알아보자. 만두의 천국인 중국에 와서 사람들이 가끔 실망하는 경우가 있다. 중국인들은 만두의 육즙을 중시하기 때문에 가끔 누린내가 나는 때도 있고, 제대로 된 재료를 사용하지 않을 경우 조악한 맛이 나는 곳도 많다.

한국 만두는 소금과 후추 등으로 잡내를 확 잡는 데 반해 중국 만두들은 굳이 그러지 않는 경우도 많다. 고기 향을 즐기는 느낌이랄까. 중국 만두는 한국과 달리 교자에도 두꺼운 피를 쓰고, 포자에는 속을 과하게 많이 넣어 한국인 입맛과 맞지 않는다는 생각이 들기도 한다.

양저우 볶음밥

성젠바오는 그런 우려를 좀 덜 수 있어 실패 가능성이 가장 적은 만두다. 성젠바오는 생만두를 한쪽 면만 구운 군만두인데 안에 들어 있는 소는 돼지고기 베이스다. 화이양푸의 성젠바오는 일반적인 중국 만두와 달리 잡내가 하나도 없었다. 게다가 만두를 주식으로 먹는 중국에서 만두를 먹을 때 당혹스러움을 느끼게 하는 두꺼운 만두피 역시 적당한 두께여서 한국 맛집 만두에 필적할 만큼 맛있다. 성젠바오는 생반죽을 찌지 않고 그대로 기름에 올려 굽는다. 한쪽 면만 구워서 위쪽은 보들보들하고, 아래는 바삭바삭한 군만두 같다. 육즙을 온전히 보존하고 있어 마치 피가 두꺼운 샤오롱바오를 구운 것 같은 맛이다.

대망의 양저우 볶음밥. 이 볶음밥의 가격은 98위안이다. 한국에서도 볶음밥이 2만 원가량이면 엄청 비싼 가격이다. 그럼 중국에서는 어떨지 짐작해 보자. 일반적으로 중국에서는 요리를 먹고 마지막에 먹는 주식의 가격이 2~3천 원대다. 그런데 2만 원 볶음밥이라니. 아무래도 중국 볶음밥 중의 왕이라 불리는 양저우 볶음밥이란 프리미엄이 붙은 것 같다. 이곳은 베이징에서 화이양 요리를 가장 잘하는 화이양푸니까 더 가격이 높은지도 모르겠다.

보통 양저우 볶음밥은 달걀이 밥알을 싹 감싸듯 코팅되어 식감이 살아있다. 입에 넣었을 때 입에 달라붙지 않고, 달걀과 기름의 구수한 향에 각 재료가 잘 어우러져 미각을 골고루 자극한다. 진짜 맛있는 김밥을 먹을 때 느껴지는 그런 조화로운 양저우 볶음밥이랄까.

다음으로 소개할 스쯔터우탕도 장쑤가 원류인 요리다. 스쯔터우는 '사자머리'라는 뜻이다. 이런 이름이 붙은 것은 탕 안에 들어 있는 커다란 완자의 모양이 사자 갈기와 같아서다. 화이양푸의 스쯔터우탕 맛은 진산청후판런자보다 깔끔한 맛이 덜 했는데 탕을 내오는 그릇이 정말 사자머리 모양을 하고 있어서 보는 즐거움이 부족한 맛을 채웠다.

민물 털게내장과 두부를 함께 끓여 내는 게내장 두부도 강남 지역을 대표하는 요리다. 민물 털게의 내장은 색이 노란 것이 특징인데 바다에서 나는 꽃게보다 내장의 기름기가 많아 구수한 맛이 난다. 구수한 게내장에 부드러운 두부를 끓여 내는 게내장 두부는 몸이 아플 때나 몸이 허할 때 먹어도 좋다. 중국에는 민물게내장을 활용한 요리가 다양하다. 특히 샤오룽바오에 게내장 속을 넣은 만두는 정말 맛이 좋다.

게내장 두부의 맛은 게내장의 양에 따라 결정된다. 게내장 양이 많으면 구수한 맛이 나지만, 양이 적으면 두부와 전분 맛에 밀려 겉돌면서 약간 비

스쯔터우탕

린내가 난다. 한 번쯤 이 구수한 맛을 느껴보고 싶다면 조금 수준 있는 식당에서 시키는 것이 실패할 확률이 낮다.

화이양 요리 중 조금 특이한 요리가 있다. 바로 쉐만血鰻(실장어)을 간장 소스에 조린 요리다. 보기에는 좀 징그러운데 장어 소스에 가느다란 장어를 조렸다고 생각하면 된다. 약간 뱀같이 생겨서 무섭지만, 가시가 아주 연해서 그냥 면발 먹듯이 장어를 후루룩 먹을 수 있다.

화이양 요리를 먹을 때는 중국 10대 명주 중 하나인 양허다취洋河大曲(양하대곡)를 마시면 좋다. 양허다취에서는 현대 주류 소비 트렌드에 맞춰 멍즈란梦之蓝(몽지람), **톈즈란**天之蓝(천지람), 하이즈란海之蓝(해지람)으로 급을 나눠 판매한다. 내가 이 날 화이양푸를 방문해 마신 술은 양허다취 중 가장 급이 높은 멍즈란이다. 멍즈란은 자체적으로 M3, 6, 9로 등급이 나뉜다. 꼬냑처럼 추가로 등급을 나누는 것이 특이하다. 가격은 M3가 한국 돈으로 10만 원 후반대고 M6부터 가격이 많이 올라간다. 세 종류의 멍즈란을 다 마셔 본 입장에서 M3와 M6는 차이가 확연하다. M9은 M6보다 훨씬 부드럽긴 하지만 굳이 그 가격을 주고 마실 정도는 아니라는 생각이 들었다.

화이양 요리를 먹을 때 양허다취를 추천하는 이유는 장쑤 지역 술이기 때문이다. 청나라 건륭황제가 장쑤성에서 나는 이 술을 극찬했다고 해서 중국 내에서 유명하다. 멍즈란은 농향형 바이주인데도 불구하고 목 넘김이 거칠지 않아 한없이 부드럽고, 뒤끝 없이 깨끗했다. 제대로 된 화이양 요리를 베이징에서 맛보고 싶다면 화이양푸와 진산청후판런자, 이 두 군데를 찾아가는 것이 좋다. 다만, 가격이 조금 부담 된다는 점은 감수하도록 하자.

중국요리 끝판왕 '둥포러우'...진짜배기로 먹어봤습니다

나에게 여태껏 먹어 본 중국 요리 중 하나를 추천해 달라고 한다면 머릿속에 떠오르는 요리가 두 개 있다. 그 중 하나가 바로 강남 요리 중 저장浙江 요리 최고봉인 둥포러우东坡肉(동파육)다. 북송 시대 최고 문장가이자 시인인 소동파蘇東坡가 만들었다고 해서 한국에서도 널리 알려진 음식이다.

중국에 여행 와서 중국 음식 좀 먹어봤다고 하려면 그래도 둥포러우 정도는 먹어 봐야 한다. 둥포러우는 찬란한 문화를 자랑했던 항저우杭州의 음식이다. 중국 4대 요리인 화이양 요리는 아니지만, 강남 요리는 화려하고 세심한 조리법이 특징으로, 웬만한 음식은 기본 이상의 맛을 자랑한다.

강남은 앞서 설명했듯 예전부터 물자가 풍부하고, 학문과 예술, 음식문화가 발달한 지역으로 유명하다. 음식들에 풍류가 느껴지고, 풍부한 재료를 바탕으로 맛깔난 음식을 내는 것이 특징이다.

소동파가 관직 생활을 하며 문학과 요리를 연구했다는 항저우가 바로 저장성의 성도省都다. 저장 요리는 중국 8대 요리에 속하며, 화려한 외관과 풍부한 재료를 바탕으로 한 다양한 식재료로도 유명하다. 그중에서도 둥포러우는 만드는 정성이나 맛에서 단연 최고의 요리라고 할 수 있다.

둥포러우는 어디에나 있지만, 까다로운 조리법 때문에 어디에서나 맛있는 음식은 아니다. 특히나 특유의 부들부들한 돼지 껍질이 붙은 비계 부위의 식감과 살코기 부위의 조화가 잘 이뤄져야 하는 것이 관건인 매우 섬세한 요리다. 베이징에도 둥포러우를 하는 식당은 많지만, 정말 '잘' 하는 식당이 드물다. 그나마 화이양 요리 맛집인 화이양푸淮扬府 정도가 제대로 맛을 내는데 가격이 너무 비싼 게 흠이다. 내가 따로 둥포러우 맛집으로 추천하는 곳은 주중 한국대사관 인근 량마차오亮马桥에 자리한 '진산청후판런자金山城湖畔人家'다. 이 집의 둥포러우는 가격이면 가격, 맛이면 맛 모두 최고라고 할 수 있다.

식당 외부는 그렇게 고급스러워 보이지 않는데 안을 보면 완전히 다른 공간이 펼쳐진다. 식당 대부분은 공간이 분리된 방으로 돼 있다. 식당의 전체적인 구조는 1, 2층 복층으로 되어 있다. 특히 위층은 건물 전체를 다 터서 정원을 만들어 놔 운치도 있고, 실내 역시 고급스러운 인테리어를 보는 맛이 있다. 위층 전체를 터서 정원을 만들기에는 임대료나 비용 부담이 많이 갈 것 같아 친한 식당 매니저에게 물어보니 이 식당은 조물주보다 권세가 위라는 이 건물 건물주가 직접 운영하는 곳이라 한다.

이곳의 둥포러우는 특히 먹기 좋게 한 덩이씩 작은 그릇에 담겨 나오는데, 부드러운 비계 부분을 집을 때 모양이 전혀 흐트러지지 않는다.

이 요리는 똑같이 돼지고기에 달짝지근한 양념으로 만드는, 앞서 소개한 홍샤우러우와 비슷하다. 정말로 두 요리는 양념 맛도 비슷하다. 다만, 이 집의 둥포러우는 아주 오랜 시간 약한 불로 조리하기 때문에 돼지고기인지 연두부인지 모를 정도로 부드럽다.

맛은 어떨까? 처음 한입을 베어 물면 육즙이 입안에 탁 퍼지면서 달큰하고 생강이 살짝 섞인 양념향이 싹 돈다. 중국 향신료를 싫어하는 사람도 걱정하지 않아도 될 정도로 적절한 향이 은은하게 퍼진다. 뒤이어 부슬부슬한 고기 맛이 느껴지는데 비계와 살코기가 분간이 안 될 정도로 부드럽다. 고기는 약불에 오래 고아서인지 양념이 촘촘하게 스며 있어, 고기를 먹을 때

둥포러우

느껴지는 고기 단맛에 양념의 단맛이 어우러진다.

둥포러우는 저장성 샤오싱紹興에서 나는 명주인 황주黃酒를 부어 끓이는데 이 황주를 넣으면 약간 쿰쿰하면서도 들큰한 맛이 난다. 둥포러우와 함께 내가 가장 좋아하는 포탸오창佛跳墙(불도장)도 황주로 조리하는 대표적인 음식이다.

소동파는 동양의 레오나르도 다 빈치라고 불릴 만큼 문학, 그림, 서예, 요리 모든 방면에 능했다. 요리도 둥포러우를 개발했을 정도면 웬만한 셰프 못지않은 실력을 갖췄던 것이 분명하다. 소동파의 요리 실력이 뛰어난 데는

다 그럴듯한 이유가 있다. 소동파는 쓰촨四川성 메이산眉山이 고향으로 당송 팔대가唐宋八大家(당나라의 한유·유종원, 송나라의 구양수·소순·소식·소철·증공·왕안석 등 8명의 산문작가를 말하는 총칭) 중 한 사람인 소순蘇洵의 아들이다.

중국에는 둥포러우 외에도 둥포젠빙东坡煎饼, 둥포더우푸东坡豆腐 등 소동파의 이름을 딴 다양한 요리가 있을 정도로 미식가로서 명성이 자자하다. 중국 4대 요리 중 한 곳인 쓰촨이 고향이라는 이야기는 기본적으로 요리에 대한 소양이 깊다고 할 수 있다. 어쨌든 베이징에서 지금까지 먹었던 둥포러우 중에서는 이 집이 단연 최고의 맛을 자랑하니 한 번 가보시길.

'마약 같은 마라의 맛' 쓰촨 요리

쓰촨四川 요리하면 선명하게 떠오르는 기억이 하나 있다. 바로 2017년 여름 에메랄드빛 물로 유명한 주자이거우九寨沟(구채구)에 지진이 나 취재를 갔을 때 베이스 캠프인 청두成都에 머물며 봤던, 한여름날 훠궈를 먹는 쓰촨 사람들의 모습이다.

얼굴을 타고 흐르는 땀을 닦아 가며 냄비에 담긴 뻘건 국물에서 각종 재료를 건져내 먹는 모습은 보는 사람마저 윗옷을 땀에 흠뻑 젖게 할 만큼 얼큰했다. 훠궈 식당 주변에만 가도 코를 찡하게 하는 그 마라 향은 아직도 뇌에 각인되어 있는지 쓰촨의 전경을 떠올리면 고스란히 향이 재생된다.

당시 현지 식당에서 쓰촨 훠궈를 먹으며 신세계를 맛봤다. 나는 매운 것을 본래 잘 먹지 못하는지라 한두 번 집어먹고 안 되겠다 싶으면 젓가락을 내려놓으려 했다. 하지만 한번 맛을 보자 인당 하나씩 나오는 작은 맥주컵 크기의 참기름 소스를 다 먹을 때까지 계속 저작근을 멈출 수 없었다.

매운 것도 싫어하지만 땀 흘리는 것도 끔찍이 싫어하는 내가 그런 모습으로 훠궈를 '완뽕' 해냈다는 것은 개인적으로 기념비적인 일이다. 물론 다음 날 변기에 앉았을 때 둔부 안쪽에서 얼얼함이 느껴지는 징벌이 뒤따랐다.

나는 마라 향을 별로 좋아하지 않는다. 맛이 없어서라기보다는 맛을 다 덮어 버릴 정도로 강해서라고 해야 할까. 그러니까 마라맛 훠궈에 어떤 재료를 담그든 그 재료는 모두 마라 맛일 뿐이지 재료 본연의 맛을 즐길 수가 없다.

그럼에도 마라를 거부할 수 없는 것은 그 치명적인 중독성 때문이다. 맛에 중독되는 것인지 아니면 뜨겁고 매콤한 훠궈 앞에서 땀을 뻘뻘 흘리면서 식사를 마치고 식당 문을 박차고 나왔을 때 따라오는 개운함 때문인지는 모르겠다.

쓰촨 요리는 크게 상허방上河帮, 샤오허방小河帮, 샤허방下河帮 등 세 지류로 나뉜다. 좀 더 설명을 덧붙이면 쓰촨 서부 지역인 성도 청두와 러산乐山을 중심으로 한 상허방 룽파이촨차이蓉派川菜, 쓰촨 남부 쯔궁自贡을 중심으로 명주 생산지인 이빈宜宾과 루저우泸州 등을 포함한 샤오허방 옌방차이盐帮菜, 마지막으로 충칭重庆을 중심으로 한 샤허방 충칭차이重庆菜 등이다.

쓰촨 요리의 기원은 춘추전국시대의 촉蜀國나라까지 거슬러 올라간다. 『삼국지』에서도 유비의 촉나라가 고립된 지형으로 등장하는데 그렇기 때문에 중원과는 완전히 다른 음식 문화를 가지고 있다.

쓰촨 요리의 맛을 크게 구분해 보자면 마라 맛, 순수한 한국식 고추 매운맛, 약간 시큼한 맛 등 전체적으로는 맵고, 아린 맛이 주가 되지만 나름 그 외에도 다양하다. 쓰촨 요리가 한국과도 인연이 닿는 부분이 있다. 바로 김치에 관한 것이다. 중국에도 한국의 치킨무와 동치미, 백김치 비슷한 발효 채소 요리가 있었는데 이를 쓰촨 파오차이泡菜라고 부르며, 김치의 원조가 중국이라고 주장하기도 한다.

쓰촨 요리는 워낙 중국 내에서도 사랑을 받기 때문에 그 영향력이 국외까지 많이 미쳤다. 한국인도 웬만한 쓰촨 요리 이름을 알 정도다. 대표적인 요리 몇 가지만 나열해 보면 마포더우푸麻婆豆腐(마파두부), 수이주위水煮鱼(민물고기요리), 후이궈러우回锅肉(삼겹살요리), 위샹러우쓰鱼香肉丝(어향육사), 라쯔지辣子鸡, 궁바오지딩宫保鸡丁(궁보계정) 등이 다 쓰촨 요리다. 쓰촨 요리에 대해서 개괄적으로 알아봤으니 본격적으로 음식에 대해 알아보자.

'메이란팡이 사랑한' 쓰촨정통식당 어메이주자峨嵋酒家

한국에서도 마라 열풍이 불면서 쓰촨 요리가 주목을 받고 있지만, 쓰촨 요리는 이미 미국이나 호주 등에서 많은 사랑을 받고 있는 요리다. 나도 베이징에서 가끔 쓰촨 요릿집을 찾는데 주로 간단하게 끼니를 때울 때 찾는다.

쓰촨 요리 중에는 한국의 분식집처럼 간단한 면 요리나 훈툰馄饨, 중국식 샌드위치인 러우빙肉饼 등을 가리키는 '청두샤오츠成都小吃'라는 말이 있다. 뜻을 풀이하면 '청두 간식'쯤 되려나? 아무튼 쓰촨 요리는 중국 전역에서 사랑받는 요리기 때문에 어디에서나 언제나 쉽게 접할 수 있다.

나도 가끔 청두샤오츠에 들러 당면을 마라향이 가미된 탕에 담가 주는 쏸라펀酸辣粉에 러우빙 하나를 시켜 간단히 점심을 먹을 때도 있고, 양이 부족할 때는 밀가루 면에 마라소스와 쏸차이酸菜(중국식 장아찌), 마장麻醬(깨소스)을 비벼 내는 이빈란멘宜宾燃面 같은 양이 많은 면 요리를 사 먹기도 한다. 이런 간식을 자주 먹다 보니 쓰촨 요리를 부러 찾아 먹는 일은 드물다.

가끔 청두에서 먹던 훠궈가 떠오를 때면 베이징에서 전통 쓰촨 요리를 맛볼 수 있는 곳이 있었으면 좋겠다는 생각을 하곤 했다. 그런데 정말로 중국 수도 베이징에서 정통 쓰촨 요리를 맛볼 수 있을까? 베이징뿐 아니라 대도시 곳곳에서 마치 한국에 '전주집', '남도집' 하듯 '청두샤오츠', '충칭重庆○○'이라는 간판을 흔히 볼 수 있다. 그만큼 쓰촨은 자타 공인 중국 최고의 맛의 고장이라 할 수 있다. 나 역시 개인적으로 강남과 쓰촨, 광둥을 3대 맛의 고장으로 꼽는다.

문제는 서울에서 아무리 전주집이라는 간판을 걸고 노력을 해봐야 전주에서 먹는 그 맛이 아닐진대, 대도시 한복판에서 먹는 쓰촨 요리가 정통의 맛에 가까우랴. 그러나 언제나 예외는 있는 법이다. 베이징에도 제대로 된 쓰촨 음식점이 있다. 바로 무협지에 나오는 쓰촨 명산 아미산에 자리한 아미파와 같은 이름을 가진 '어메이 주자峨嵋酒家(아

어메이주자峨嵋酒家 **광취루점**

주소 : 北京朝阳区广渠路18号世东国际A座2层

전화 : +86 010-67701117, 010-67705557

영업시간 : 평일·주말 10:00~21:00

메이란팡

미주가)'가 그곳이다.

이곳이 유명해진 것은 경극의 전설이자 배우 장국영이 열연한 '패왕별희' 주인공의 모티브가 된 실존 인물 메이란팡梅兰芳(1894~1961, 매란방) 때문이다. 메이란팡은 베이징 출생이었지만, 쓰촨 요리를 즐겼다고 한다. 그가 자주 가던 곳이 바로 이 어메이주자다. 이곳의 주인이자 수석 요리사인 쓰촨 출신 우위성伍钰盛(1913~2013) 주방장은 국가급 요리사로 명성을 날린 사람이다.

어메이주자가 처음부터 유명 식당이었던 것은 아니다. 수석 요리사 우위성은 쓰촨에서 요리를 배운 뒤 상하이, 홍콩, 마카오를 거쳐 신중국 건국 직후인 1950년 베이징에 식당을 열었다. 중국 전통 맛집 대부분이 중국공산당과 연이 있듯이 어메이주자도 마찬가지로 중국 공산당과 얽힌 역사가 있다. 우위성은 중국 건국 직후 발발한 6·25 전쟁에서 공을 세운 항미원조(미국에 대항하고 북한을 지원한 한국전쟁의 중국식 표현) 공신 축하연을 열면서 공산당의 마음을 샀다.

10년 뒤인 1960년에는 중국의 국민 스타 메이란팡의 개인 연회를 열면서 엄청난 명성을 얻었다. 당시 메이란팡의 인기는 중국 내에서 방탄소년단 못지않을 정도로 슈퍼스타였다. 메이란팡은 특히 우위성의 요리를 좋아했다고 한다. 그와 관련된 일화를 하나 소개해 본다.

우위성은 유명인인 메이란팡이 자신의 식당을 찾아주는데 항상 허름한 식당이 마음에 걸려 이에 대한 미안한 마음을 표한 적이 있다고 한다. 그러자 메이란팡은 "나는 이곳에 음식을 먹으러 오는 것이지 테이블과 의자를 먹으러 오는 것이 아니다"라고 답했다.

처음엔 소포에 불과했던 이 식당은 메이란팡이 하루걸러 하루씩 방문을 하면서 명성을 타기 시작했고, 이후 중국 대문호 라오서老舍(노사)를 비롯해 중국 혁명 영웅 궈모뤄郭沫若(곽말약), 중국 수묵화의 대가 치바이스齐白石(제백석)까지 유명인의 사랑을 받으며 지금의 '라오쯔하오' 반열에 올랐다.

이곳의 대표 음식은 자부심이자 간판 요리인 궁바오지딩宫保鸡丁이다. 궁바오지딩은 어느 지역 요리라고 특정하기 어렵다. 잘게 자른 닭고기를 땅콩과 고추, 야채 등을 넣고 달큰한 소스로 볶는 그런 흔한 음식이다. 쓰촨, 산둥山东, 구이저우贵州 지역에서 모두 기록이 남아 있는데 지역마다 재료와 요리법이 조금씩 상이하다. 궁바오지딩은 대중성이 강한 음식이라 한국인

유학생을 비롯해 관광객들도 즐겨 먹는 음식이다. 하지만 어메이주자의 궁바오지딩은 명성대로 일반적인 요리와는 확연히 맛이 다르다.

이 집의 궁바오지딩은 시골스러운 모양으로 투박한 맛이 나는 게 매력이다. 투박해 보이는 모양 때문에 가려져 있지만, 땅콩과 닭다리살, 동글동글한 파의 모양까지 자세히 들여다보면 솜씨가 완정하다. 어메이주자에는 두 종류의 궁바오지딩이 있는데 하나는 금품, 하나는 일반이다. 종업원들 말로는 금품에 좀 더 질이 좋은 재료를 사용한다고 한다.

이곳의 궁바오지딩도 좋지만, 어메이주자에서 최고의 요리를 뽑으라면 마포더우푸麻婆豆腐(마파두부)다. 마포더우푸는 간단하게 만들 수 있지만, 맛을 내기는 정말 어려운 요리다. 한국의 웬만한 중화요릿집에도 있을 만큼 유명한 요리인데 제대로 맛을 내는 곳은 찾기가 어렵다. 일단 마포더우푸는 적정한 매콤함과 두부와 소스 배합을 통한 간 맞추기가 매우 까다로운 음식이다.

'어, 요새는 반조리식품으로도 나오는데 대충 만들어도 먹을 만하지 않나?'라고 생각할 수도 있다. 그건 제대로 된 마포더우푸를 못 먹어 봤기 때문이다. 마포더우푸를 고급과 하급으로 나눌 수 있는 기준은 재료를 볶는 기술이다. 두부에 양념을 넣고 볶을 때 연한 두부모가 상하지 않게 정육면체 모양을 유지하는 기술이 필요하다. 잘 만들어진 마포더우푸를 만나면 밥 세 공기는 뚝딱할 수 있다. 여태껏 베이징에 와서 먹은 마포더우푸 중에는 이 집이 가장 맛있었다. 물론 쓰촨 어느메에 있는 허름한 동네 맛집에서 먹었던 마포더우푸에 비하면 조금 아쉽지만 말이다. 어메이주자의 쓰촨식 내장선지 전골도 맛이 훌륭하다. 중국에서 소나 돼지의 내장 요리를 먹어 본 사람이라면 그 누린내에 진저리칠 것이다. 그러나 쓰촨 지역의 내장 요리는 특유의 마라 조리법으로 잡내를 싹 잡아낸다. 이 집의 내장선지 전골은 잡내가 하나도 나지 않을 정도로 선지나 내장의 선도도 좋았다.

그리고 이 집의 후식 필살기인 닭가슴살 비빔면 역시 베이징 최고라 할 만하다. 이 요리는 차가운 면 요리인데 간이 적절하게 배인 면에 닭고기 가슴살을 잘게 찢어 넣어 풍미가 좋다. 후식으로 먹기도 좋았지만, 간단하게 점심으로 끼니를 때우기에도 부족함이 없었다.

쓰촨 요리를 먹을 때 어울리는 술을 추천해 달라고 하면 단연 쓰촨 지역 명주들이다. 쓰촨 지역 명주가 아니라 '명주들'이라고 한 이유는 쓰촨에는 정말 명주가 많기 때문이다. 일단 이빈宜賓 지역에서 나는 중국 8대 명주인 우량예五粮液가 가장 널리 알려진 쓰촨 술이다. 우량예는 이름 그대로 누룩에 수수, 쌀, 찹쌀, 소맥(밀), 옥수수 등 5가지 곡식을 배합하여 만드는 술인데 향이 향긋하면서도 깔끔한 뒷맛을 갖춘 것이 특징이다. 우량예는 농향형 바이주답게 진하면서도 묵직한 맛을 내며 입에 머금고 있으면 코까지 향긋한 향이 전해진다.

우량예 다음으로는 역시 뭐니뭐니해도 중국 4대 명주에 드는 루저우라오자오泸州老窖가 쓰촨 요리와 잘 어울린다. 루저우라오자오는 현재 우량예와 함께 농향형 바이주 1, 2위를 다투고 있는데 우량예보다는 조금 더 거친 느낌이 나는 것이 특징이다. 두 술 모두 마라향이 강한 쓰촨 요리의 기운에 밀리지 않으면서도 깔끔한 뒷맛으로 매운 맛을 가시게 해주는 술이다.

쓰촨 요릿집으로서 어메이주자의 맛을 평가하라면, 현지에서 먹는 맛을 80% 정도 구현한 집이라고 평하겠다. 쓰촨 현지 맛집과 비견할 수 없지만, 누군가 나에게 베이징에서 정통 쓰촨 요리를 먹고 싶다고 한다면 나는 이곳을 추천할 의사가 있다.

'치맥 말고 마맥' 중국의 국민 여름야식 '마라룽샤'

쓰촨 요리 이야기가 나왔으니 최근 몇 년간 한국을 강타한 마라 이야기를 하지 않을 수 없다. 한국에는 아직 마라 4총사라 불리는 간식 중 마라탕麻辣烫, 마라샹궈麻辣香锅만 소개된 모양인데 마라의 진정한 맛을 느끼려면 마라룽샤麻辣龙虾를 맛봐야 한다. 한국에도 마라룽샤를 먹을 수 있는 가게들이 생겨나고 있다. 그러니 이 글을 보고 한 번쯤 도전해 보기를 바란다.

한국에는 '치킨'이 있다면 중국에는 '마라룽샤'가 있다. 중국인이 가장 사랑하는 여름 별미가 바로 마라룽샤다. 마라룽샤는 마라 양념에 조리한 샤오룽샤(민물가재) 요리다. 한국에서도 유행하는 마라 소스에 작지만 가재의 행색을 갖춘 갑각류 샤오룽샤 콤비는 맛이 없으려야 없을 수 없는 강력한 조합이다. 중국에서 한 해 소비되는 샤오룽샤 양은 100만 톤 이상, 금액으로 따지면 한화 24조 원이 넘는다. 14억 중국 인구가 여름 내내 마라룽샤를 멸종시킬 각오로 먹고 있다고 해도 과언이 아닐 정도의 양이다.

여름 야식의 '철의 왕좌'를 좌지우지하는 것은 음식 자체보다는 여름 하면 떠오르는 식음료계 밤의 실세, '맥주'다. 애주가가 아니더라도 여름밤 시원한 맥주의 유혹을 거부하기란 쉽지 않다. 깡맥주만 마셔도 물론 좋지만, 술이란 게 안주 없이 먹으면 아쉽다. 치킨 역시 '치맥(치킨+맥주)'이라는 고유명사를 만들어 낼 정도로 맥주와 찰떡궁합을 자랑하며 국민 간식의 칭호를 얻지 않았던가.

그렇다면 대륙을 사로잡은 야식인 마라룽샤는 어떨까? 개인적인 의견으로는 감히 단언컨대 한국에서 마라 맛이 선풍적인 인기를 끌고 있는 현 상황을 고려하면 조만간 '마맥(마라룽샤+맥주)'이라는 신조어가 한국에서도

마라룽샤

생겨날 가능성이 있다. 그 정도로 마맥의 파괴력은 치맥의 아성에 도전할 만큼 강력하다. 그럼 우선 마라룽샤가 무엇인지부터 알아보자.

이름을 세세히 뜯어보면 '마라'는 매운 양념, '룽샤'는 가재라는 뜻이다. 마라야 이미 널리 알려진 그 얼얼하고 매콤한 양념을 말하는 것이고, 룽샤는 중국어로는 바닷가재지만 실제로는 '샤오룽샤(민물가재)'를 가리킨다. 한 가지 충격적인 사실은 이 샤오룽샤가 미국산이라는 것. 미식 천국인 중국의 여름밤을 책임지는 야식이 미국산 민물가재로 만든 음식인 것이다.

마라룽샤의 역사는 그리 오래되지 않았다. 중국에 마라룽샤가 들어온 여정을 거슬러 올라가 보면, 1918년 미국에서 일본으로 미국가재가 건너간다. 일본으로 건너간 미국가재는 1929년 한반도를 지나 중국 남방에 진출하게 된다. 민물가재의 서식지가 따뜻한 기후인 것을 생각해보면 중국 남방에서 미국가재가 마라 양념을 만나는 것은 예정된 운명이었을지도 모른다. 그러니까 한마디로 마라룽샤는 중국 전통 음식이라고 하기보다는 20세기 말에 중국 남방 특히 후난湖南 지역에서 유행하던 요리라고 할 수 있다. 중국 양대 매운맛 지역인 쓰촨四川과 후난 중 유독 후난에서 마라룽샤가 유행했던 이유도 샤오룽샤가 일본에서 건너왔다는 점과 샤오룽샤의 서식환경이 강이 많은 중국 남부 지역에 더 적합했기 때문이다.

그렇다면 무려 멀리서 온 작은 가재로 만든 중국 남방 요리인 마라룽샤가 어떻게 중국 대륙을 호령하게 됐을까? 약간 싱겁게 들리겠지만, 한국에서 음식 프로그램에 나온 식당이 하루아침에 인산인해를 이루듯 마라룽샤도 4~5년 전 후난위성TV와 중국 국영방송인 CCTV 등에서 방송을 타면서 유명해졌다. 하지만 아무리 방송에 나왔다고 해도 음식 본연의 맛이 없다면 이렇게 광풍을 일으키기는 어렵다. 그런고로 마라룽샤의 인기 비결은 '누구나 좋아하는 중독성 있는 매운 맛'이다. 중국에서 맛 기행을 다니는 입장에서 이렇게 간단한 설명만 할 수는 없기에 몇 가지 이유를 더 찾아보았다.

마라룽샤는 중국 어디서나 여름철이면 쉽게 맛볼 수 있다. 베이징에도 당연히 마라룽샤를 쉽게 먹을 수 있다. 베이징에는 동네 마라룽샤집 말고 마라룽샤 식당이 뭉쳐 있는 구이제簋街가 조성돼 있다. '구이'라는 한자가 한국 사람에게는 익숙하지 않은데 구이簋는 '고대에 제사 지낼 때 서직黍稷을 담던 귀가 달린 나무 그릇'이라는 뜻이다. 풀이해보면 '곡식(조와 기장)을 담는 그릇거리' 정도 될까. 이름부터 뭔가 먹을거리 포스가 느껴진다.

구이제는 베이징 2환 둥즈먼东直门 인근에 자리한 1㎞ 정도 되는 거리다.

사람들은 이 구이제를 가리켜 베이징 '미식 1번지'라고 부르기도 한다. 현재 구이제는 '마라룽샤 거리'라고 불릴 정도로 마라룽샤 식당에 잠식당했다. 이 공간에 마라룽샤 식당 150개가 다닥다닥 들어차 있다. 맛의 다양성 측면을 고려하면 구이제를 베이징 미식 1번지라고 부르기에는 조금 부족하다는 게 내 생각이다.

구이제에 있는 후다판관胡大饭馆 같은 유명 마라룽샤 프랜차이즈는 구이제에만 10여 개의 분점이 있다. 나도 가장 인기가 있는 후다판관에서 마라룽샤를 먹어보려 여러 차례 도전했지만, 매번 실패의 쓴맛만 봤다. 후다판관은 오후 5시 30분만 돼도 이미 모든 매장이 문밖까지 손님들로 장사진을 이룬다. 후다판관이 너무 사람이 몰린다는 생각이 들면 그보다 조금 인기가 덜한 제이제이仔仔라는 마라룽샤 프랜차이즈점에 들어가도 무방하다. 아주 미세한 차이만 있을 뿐 '마라'라는 양념 특성상 크게 차이를 내기 어렵기 때문에 어떤 식당이든 사람이 적은 곳에 들어가는 게 구이제에서는 현명한 방법이다.

마라룽샤로 인해 대중적인 인기를 끌게 된 샤오룽샤의 조리 방법은 모두 세 가지다. 이 세 가지 조리법은 가장 유명한 마라맛과 매운맛을 조금 죽인 마늘맛, 간장맛 등이다. 나처럼 매운 것을 잘 못 먹는 사람은 마늘 양념을 추천해 주고 싶다. 마늘 양념은 적절히 매운맛과 감칠맛이 어우러져 한국인 입맛에도 맞고 나름대로 맥주와도 궁합이 잘 맞는다. 간장 양념은 음… 향이 강한 중국 간장 특유의 맛이 나기 때문에 초보자들에게 그다지 추천하고 싶지 않다.

다시 본래의 취지로 돌아와서 마라룽샤가 왜 맥주와 궁합이 맞는지 설명해 보겠다. 먼저 마라룽샤는 짜고 맵다. 당연히 맥주와 어울리는 맛이다. 마라룽샤의 태생적인 단점인 삐쩍 마른 살점은 맥주의 대량 섭취를 유도한다. 그러다 보니 맵고 강한 음식의 맛을 지우기 위해 맥주를 짝으로 놓고 먹게 되는 것은 당연한 일이 된다. 마라룽샤를 먹어보면 알겠지만, 이름만 가재지 머리를 떼고, 양쪽에 달린 살점 하나 없는 집게 다리를 떼면 몸통과 꼬리 부분에 알량하게 달린 손가락만한 살조각만 남는다. 그러니까 한마디로 강한 양념도 맥주를 강력히 끌어당기지만, 양이 워낙 적기 때문에 살을 발라 봐야 양념만 입안 가득해 맥주를 벌컥벌컥 들이켤 수밖에 없다.

중국인들은 맥주를 한국인들처럼 차갑게 먹지 않는다. 어려서부터 뜨거운 물을 마시는 습관이 있어 차가운 음료를 먹으면 쉽게 배탈이 나기 때문이다. 그런데 마라룽샤 식당에서는 시원한 빙전冰镇(아이스) 맥주가 엄청나게 팔린다. 그것도 테이블마다 짝(20병)으로 두고 마신다. 아쉽게도 이건 직접 먹어 봐야 안다. 통풍 환자인 나조차도 자제를 못 할 정도로 마라 양념에 얼얼한 입을 쉴 새 없이 '습습하하' 하며 계속 맥주를 마신다. 마라룽샤야말로 진정한 '맥주도둑'이다. 쥐알맹이만한 살점이지만 썩어도 준치라고 한 점 나오는 가재 살은 그렇게 또 맛이 좋다.

마지막으로 가장 결정적으로 맥주를 부르는 요인은 무지하게 더운 여름밤 왁자지껄한 식당 분위기다. 마라룽샤 식당은 애주가라면 누구나 맥주를 떠올리게 하는 마법 같은 공간적 매력이 있다.

한국에서 마라룽샤 집을 발견하거든 한 번쯤 찾아가서 먹어보시길 바란다. 단, 먹고 난 다음날 뒤편 둔부 안쪽이 화끈해질 수 있으니 조심하시길.

'중국 맛의 고장' 광둥 요리

70~80년대 유행하던 홍콩 누아르 영화에서 자주 보던 중국 음식들이 있다. 이 음식들이 바로 광둥 요리다. 아니 홍콩영화에 나오는데 왜 홍콩 음식이 아니라 광둥 음식이냐고 묻는 사람도 있겠지만, 홍콩이 본래 광둥과 인접해 있고, 개혁개방 이전부터 중국인들은 홍콩을 오가며 살아왔다. 광둥성을 중심으로 광시广西장족자치구 등 그 주변 지역을 가리켜 중국 말로는 '웨粤(월)'라고 한다

광둥 요리인 웨차이粤菜는 쓰촨四川, 화이양淮扬, 산둥山东과 함께 중국 4대 요리로 불린다. 광둥 요리는 크게 광저우广州 요리, 차오산潮汕 요리, 둥장东江 요리(객가客家 요리) 등 세 가지 지류로 나뉜다.

광둥 요리의 가장 큰 특징은 다채로움이다. 바다생선, 굴, 새우, 조개 등 해산물 요리가 풍부하고, 채소 요리 역시 버섯, 배추, 가채(갓 종류), 산나물 같이 생긴 호국채 등 재료가 다양하다. 달달한 디저트 또한 유명한데 호박, 고구마, 토란, 은행, 남올방개(물밤), 연밥, 감귤, 파인애플 등 중국 남부에서 나는 다양한 재료를 활용하는 것이 특징이다.

이중 가장 큰 형님 격인 요리는 광저우 요리다. 광저우 요리는 중국 남부 최대 경제 개발구인 주장珠江(주강) 삼각주 지역의 요리를 말한다. 세부적으로는 판위番禺, 둥관东莞, 순더顺德, 중산中山 등 4개 지역 요리로 또다시 나눌 수 있다. 중국에서는 광저우를 가리켜 '먹는 것은 광저우에 있다'라고 한다. 그렇기에 '세계 미식의 고장'이라는 별칭도 갖고 있다.

광저우는 강과 바다가 근접해 있는 지역답게 해산물과 육류, 곡식 등 재료가 풍부하다. 음식의 맛은 담백하고, 신선하고, 부드럽고, 상쾌하고, 향이 좋은 것이 특징이다. '책상 빼고 다 먹는다'는 그 유명한 말이 바로 광저우 요리를 두고 나온 말이다. 거기에다 악어, 뱀, 개구리, 제비집 등 온갖 재료

를 사용해 음식을 만드는 것도 광저우 요리의 특징이다.

광저우 요리는 풍부한 재료를 담백하게 조리해 낸다. 그렇다 보니 재료 본연의 맛을 살리는 찜 요리가 많다. 양념도 주로 생강, 마늘 정도만 조금 넣고 조리하며, 간장 베이스의 요리들이 주를 이룬다. 반대로 고추같이 자극적인 양념은 적게 사용한다. 우리에게 가장 친숙한 광저우 요리를 꼽으라면 딤섬이다. 딤섬도 찜기를 이용해 조리하는 요리 중에 하나 아닌가.

우리가 아는 중국 요리가 광둥 요리, 그중에서 광저우 요리인 이유는 화교 중 대다수가 광저우 등 광둥 출신이기 때문이다. 세계로 퍼져 나간 화교들이 외국 사람들에게 자연스레 중국 요리하면 '광둥 요리'라는 인식을 심어 주었다. 미국 드라마에 자주 등장하는 궁바오 치킨, 허니 월넛 쉬림프, 스파이스 비프 같은 판다 익스프레스에서 파는 포장식 중국 요리도 광둥 요리가 주를 이룬다.

딤섬 외에도 광저우 요리 중 유명한 요리로 광둥식 바비큐인 차슈가 있다. '차슈'는 일본 라멘에 주로 곁들여 나와 일본 요리로 알고 있는 사람이 많은데, 광둥이 시초다. 일본식 차슈는 삶아서 만들고, 광둥식 차슈는 훈제하여 만들기 때문에 차이가 있다. 광둥에서는 돼지고기, 닭고기, 오리고기, 거위고기를 이용해 차슈를 만든다. 광둥식 차슈는 주로 덮밥으로 먹는다. 〈영웅본색〉에서 주인공 역을 맡은 주윤발이 다리를 절며 부둣가에서 먹던 밥이 바로 차슈 덮밥이다.

광둥 요리 중 가장 한국인에게 소개해 주고 싶은 요리는 차오산潮汕 요리다. 중국에서는 광저우를 맛의 고장이라고 꼽지만, 나에게 중국 맛의 고장을 꼽으라면 차오산을 꼽겠다. 차오산은 한 지역의 명칭이 아니라 화이양처럼 차오저우潮州와 산터우汕头 두 지역을 합친 이름이다. 내가 차오산 요리를 으뜸으로 치는 이유는 바로 한국인의 입맛에 딱 맞는 맛을 내기 때문이

다. 이 '간'이라는 것이 미묘한데 중국에서 요리를 먹다 보면 어딘지 모르게 간이 날리는 느낌이 있다. 같은 짠맛이라도 한국음식의 간은 묵직하게 짠맛과 감칠맛이 혼합돼 있다면, 중국의 간은 아무리 짜도 혀 위에서 날린다는 느낌이 강하다. 차오산은 이런 낯선 느낌이 없이 한국인이 된장국을 한 숟갈 푹 떠서 먹었을 때의 적절한 그 '간'이 느껴진다. 결론적으로 차오산 요리는 간이 한국인의 입맛과 딱 맞기에 먹기 편하다는 장점이 있다. 한국인에 국한되는 것이 아니라 보편적인 중국인도 차오산 요리를 무척 좋아한다. 실제로 중국에는 '전주집'처럼 '차오산'이란 이름을 딴 식당들이 꽤 있다. 맛이 어느 정도로 괜찮냐면 중국의 길거리를 지나다가 배가 고플 때 '차오산'이라는 간판을 발견하고 들어가면 실패할 확률이 없을 정도다.

차오산 요리가 다른 요리와 구분되는 것 중 하나를 꼽으라면 소스다. 예를 들면 가재 요리를 먹을 때는 반드시 귤로 만든 소스를 곁들이고, 게 요리에는 생강 식초 소스를 곁들이고, 조린 거위에는 매실과 겨잣가루를 섞은 소스를 곁들이는 식이다.

차오산은 광둥 지역처럼 해안가에 인접하고 있어 해산물도 유명하지만, 소고기로도 상당히 유명하다. 차오산 훠궈라는 프랜차이즈가 있을 정도로 차오산식 소고기 훠궈는 중국인들에게도 인기가 있다. 차오산 훠궈는 한국의 소고기뭇국과 거의 흡사한 육수에 각종 소 부위를 넣어 먹는 훠궈다.

차오산 요리 중에는 차오저우 지역의 죽도 유명하다. 주로 해산물을 이용해 끓인 죽이 인기가 많은데 한국으로 치면 뚝배기 같은 재질의 큰 항아리에 크게 담아 한국돈 1만 원 정도에 판매한다. 한국에서 파는 해산물 죽하고 거의 비슷해 이질감이 전혀 없을 정도다. 주재료는 굴이나 새우, 관자 등이다. 가게에 따라 간이 가끔 센 곳도 있지만, 대부분 한국인 입맛에 딱 맞는 수준이다. 뜨끈하고 부드러운지라 주로 해장용으로 속을 달랠 때 이용하면 좋다.

마지막으로 광둥 요리 중 한 지류를 차지하고 있는 것은 바로 둥장 요리다. 둥장이라고 하면 어색한 이름이지만, 객가라고 하면 조금 친숙하게 들릴지 모르겠다. 객가는 주성치 주연의 영화 〈쿵푸허슬〉에 나온 집단 거주형 주택을 가리키기도 하고, 남방지역으로 유민처럼 떠돌던 한족 공동체를 가리키기도 한다. 흔히 객가족이라고 불리는 이들은 남쪽에 내려가 정착을 하면서도 고유의 문화를 지키거나 고립된 환경 속에서 약간의 변용을 겪었다.

객가족은 광둥 지역뿐 아니라 푸젠, 광시, 장시江西, 대만 등 남부 여러 지역에 걸쳐 정착했다. 지역마다 당연히 문화도 다르고 음식도 달랐는데 그중에서 웨둥粵东, 웨베이粵北, 민시闽西, 간저우赣州 등 지역이 객가 요리의 본영으로 불린다.

광둥 지역에서는 후이저우惠州, 선전深圳 등 둥장 지역의 요리를 객가 요리의 핵심 지역으로 꼽는다. 둥장 요리는 육류 요리가 다양하고, 해산물 요리가 적으며, 향과 농도를 중시하는 특징이 있다. 그렇다 보니 다소 기름을 많이 사용하기도 한다.

그중에서도 객가 요리의 특징은 기름지고, 짜고, 숙성된 맛이 강하다는 데 있다. 쿰쿰한 향이 강할 수도 있는데 한 번 객가 요리에 입맛이 적응되면 계속 찾을 만큼 중독성이 있다.

베이징 딤섬 맛집 톱3-레이 가든, 제이드 가든, 신룽지

내가 기억하는 딤섬 이미지는 이렇다. 광둥의 좁게 테이블이 놓인 노포에서 한 명당 10위안짜리 차를 홀짝거리며 지인들과 둘러앉아 한 점 한 점 딤섬을 집어먹는 정경. 그 조그맣고 앙증맞은 딤섬에서 어찌 그런 맛이 나는지 정신을 놓고 먹다 보면 어느새 테이블 한쪽에 딤섬 접시가 수북이 쌓여 있다. 하지만 북방의 매서운 바람이 부는 척박한 베이징에서는 이런 광경을 보기가 어렵다. 본디 남방의 음식인 딤섬을 거친 북방인 베이징에서 즐기기란 쉽지 않은 일이다. 딤섬이 워낙 인기 있는 음식이라 베이징에도 딤섬집이 여럿 있지만, 맛있는 딤섬을 만나는 것은 드넓은 광야에서 오아시스를 만나는 것과 같다. 고급 호텔에 가서 딤섬을 먹어봐도 차게 보관한 딤섬을 덥혀 오는 수준을 면하지 못하는 곳도 많다. 가성비가 좋은 '홍콩의 식신' 차이란蔡澜 선생의 딤섬집이 있지만, 가끔은 돈을 좀 쓰고서라도 광둥의 맛난 '그 딤섬'을 먹고 싶을 때도 있는 법이다.

베이징에서 맛 좋은 딤섬을 찾기란 정말 어려운 일이지만, 그나마 정갈하고, 맛있는 딤섬을 맛볼 수 있는 딤섬집 세 곳을 소개해 볼까 한다. 소개의 순서는 레이 가든利苑, 제이드 가든翠园, 신룽지新荣记 순이다. 세 곳 모두 제대로 딤섬을 즐기려면 1인당 4~5만 원 선의 돈을 지불해야 하지만, 맛만큼은 돈이 아깝지 않을 정도로 훌륭한 맛집이다.

1. 레이 가든

레이 가든은 홍콩의 유명 딤섬집이다. 홍콩에서 성업을 이뤄 싱가포르와 중국 내륙, 마카오에 분점을 냈으며 현재는 직원만 2천200명에 달하는 유명한 식음 기업이 됐다. 홍콩에 있는 레이 가든 몽콕점은 미슐랭 2스타, 침사추이점이 1스타를 받았을 정도로 맛집으로 명성을 얻었다. 베이징에는 레이 가든 진바오金宝점과 화시궈지华熙国际점 두 곳이 있다. 가격이 좀 나가는 편이기 때문에 나는 특별히 '맛있는' 딤섬이 먹고 싶은 날 레이 가든을 찾는다. 점심에 가면 점심 딤섬 메뉴가 있어서 생각보다 저렴하게 딤섬을 즐길 수 있다. 물론 다른 식당의 딤섬보다는 가격이 좀 비싸다. 딤섬에 따라 가격이 다르지만, 평균적으로 한 접시에 한국 돈 4천~5천 원으로, 둘이 갈 경우 딤섬 6~7개에 사이드 디시와 디저트를 먹으면 7~8만 원이 나온다. 한국에 있는 고급 딤섬집과 비교하면 저렴하다고 볼 수도 있지만, 베이징에서는 딤섬치고는 가격이

레이 가든利苑**화시궈지점**
주소 : 北京朝阳区建国门外大街甲6号华熙国际中心C座C2-C3
전화 : +86 010-85670138
영업시간 : 평일·주말 11:30~14:30, 17:30~21:00

레이 가든

낮은 편은 아니다.

레이 가든은 크리스피 포크와 베이징덕이 간판 요리이다. 그러나 베이징덕 천국인 베이징에서 굳이 레이 가든의 베이징덕을 맛볼 필요는 없다. 보통 베이징덕을 제외하고 크리스피 포크와 개인 취향대로 좋아하는 딤섬을 섞어 시키고, 후식으로 양즈간루楊枝甘露 같은 달콤한 디저트로 식사를 마

무리하면 된다. 식당에 들어서 자리를 안내받으면 종업원들이 무조건 "차는 무엇으로 할 거냐"라고 묻는데 레이 가든에서는 식당에서 제공하는 차를 1인당 10위안에 제공하니 비싼 차를 굳이 시킬 필요는 없다.

레이 가든의 창립자는 천수제陈树杰로 유학파 출신이다. 1960년대 유학을 떠났으니 그의 집안이 남다른 배경을 가지고 있다는 것은 말하지 않아도 알 수 있다. 그는 실제로 중화민국 시기 '남천왕'이라 불리며 광둥 지역 군벌로 명성을 날린 천지탕陈济棠의 막내아들이다. 천지탕은 장제스에 반기를 들며 사변을 일으켰다가 실각해 홍콩으로 떠났다가 유럽에서 많은 시간을 보냈다. 천수제가 유럽에서 유학했던 이유도 이런 가정사가 근저에 깔렸다.

천수제가 처음부터 미식 천국인 홍콩에서 레이 가든을 성공시켰던 것은 아니다. 그는 유학을 마치고 홍콩으로 돌아와 1973년 홍콩 주룽반도 삼수이포에 첫 점포를 연다. 그러나 홍콩의 입맛을 제대로 파악하지 못했던 천

수제는 개업 6년 만에 큰돈을 날리며 1978년 삼수이포점을 폐점한다. 이후 절치부심한 그는 패기만만하던 도련님의 자세를 내려놓고, 직접 주방에 들어가 요리를 연구한다. 천수제는 식당 4곳을 돌며 홍콩 유명 주방장을 사사하며 실력을 닦은 뒤 식당 레시피와 운영 방법을 전면 수정해 1980년 몽콕에 새롭게 레이 가든의 문을 연다. 몽콕점을 성공적으로 운영하면서 천수제는 홍콩 침사추이, 노스포인트, 샤틴에 분점을 내며 영업을 확장한다. 1987년에는 싱가포르에 점포를 내면서 첫 해외 진출에도 성공한다. 이후 싱가포르에 2개의 분점을 더 냈고, 1992년에는 마카오에도 진출한다. 중국 내륙에는 광저우에 처음으로 진출한 뒤 베이징, 선전, 상하이, 닝보에 7개 지점을 냈다. 베이징에는 진바오점이 2006년 2월 문을 열었다.

레이 가든은 미슐랭 식당답게 내부 인테리어가 깔끔하고, 종업원의 서비스가 중국에서 찾아보기 드물 정도로 좋다. 주요 메뉴는 친절하게 사진이 첨부돼 있고, 인기 메뉴는 메뉴 앞에 미슐랭 별표식이 돼 있어 처음 방문하는 사람도 쉽게 주문할 수 있다. 간판 요리인 크리스피 포크는 베이징 안에서 먹어본 것 중에는 가장 맛이 좋다. 크리스피 포크는 레이 가든에 가면 꼭 시켜야 할 메뉴다. 크리스피 포크는 껍질 부위를 바삭하게 튀기고, 살코기는 쫀쫀하게, 또 껍질과 살코기 사이에 비계는 부드럽게 만들어 세 가지 식감을 느낄 수 있다. 겨자 소스를 함께 내주는데 느끼한 것에 약한 한국인에게는 반드시 이 소스가 필요하다.

딤섬은 대부분 맛이 나쁘지 않다. 특히 베이징의 척박한 딤섬 환경에서는 훌륭한 편에 속한다. 내게 베스트를 꼽으라면 샤오룽바오, 차슈번, 창펀류, 샤오마이, 버섯 딤섬, 류샤바오, 두리안 딤섬을 우선 선택하겠다. 샤오룽바오는 딘타이펑보다 가격은 저렴하지만, 맛은 내 취향 기준으로 더 좋다. 육즙과 소에 들어가는 고기의 기름기가 적절하게 밸런스를 이루고, 피의 두께도 적절하다. 한 가지 아쉬운 게 있다면 생강채를 주지 않아서 그냥 간장만 찍어 먹다 보면 느끼할 수 있다. 내가 가장 좋아하는 딤섬은 야생 버섯 딤섬으로 한입에 쏙 넣고 씹으면 향긋한 버섯 향이 입안 가득 퍼진다.

레이 가든에 오면 망고와 유자를 이용해 만든 양즈간루를 디저트로 꼭 먹기를 바란다. 베이징의 웬만한 광둥 식당에는 양즈간루가 있지만, 레이 가든 만큼 깔끔한 맛을 내는 곳은 찾아보기 어렵다. 레이 가든이 베이징에 진출한 지 15년이 지났다. 노포까지는 아니지만, 딤섬 불모지인 베이징에서 식도락가들에게는 오아시스 같은 존재로 자리를 잡았다. 그래서 나는 레이 가든을 베이징 딤섬 최강자전 후보 1번으로 선정했다.

2. 제이드 가든

우연인지 베이징의 딤섬 맛집에는 'ㅇㅇ 가든'이라는 이름이 많다. 앞서 소개한 레이 가든이 그렇고, 이번에 소개할 제이드 가든 역시 '가든'이라는 글자가 들어간다. 물론 레이 가든의 가든苑과 제이드 가든의 가든园은 한자가 다르지만 가리키는 뜻은 같다.

제이드 가든의 중국어 이름은 '추이위안'翠园으로 '비췻빛 정원'이라는 뜻이다. 제이드 가든을 이번 최강자전 후보로 선정한 이유는 간단하다. 일단 정갈하면서도 화려한 식기와 실내 공간이 식당을 찾은 손님의 기분을 좋게 하고, 딤섬 역시 외관 못지않게 준수한 맛을 낸다. 맛으로만 따지면 레이 가든과 우열을 가르기 어려울 정도다. 제이드 가든 역시 레이 가든과 마찬가지로 홍콩 미슐랭 1스타 식당이다. 대륙에서는 상하이점이 미슐랭 1스타를 받으면서 명성을 얻었다. 제

> **제이드 가든翠园 왕푸중환점**
> 주소 : 北京市东城区东华门街道王府井大街269号王府中环东楼4层413铺
> 전화 : +86 010-65259638
> 영업시간 : 평일 주말 11:00~15:00, 17:00~22:00

제이드 가든

이드 가든에서 한 가지 아쉬운 것이 있다면 역시 가격이다. 그래도 점심에 파는 딤섬은 1인당 3~4만 원대에서 먹을 수 있다.

제이드 가든은 딤섬 명가들이 흔히 그렇듯 홍콩에서 처음 문을 열었다. 레이 가든보다 2년 이른 1971년 개업한 제이드 가든은 고급 홍콩 식당을 컨셉으로 운영하고 있다. 홍콩에서 성공을 거둔 제이드 가든은 대륙으로 진출해 광저우, 선전, 베이징, 상하이, 난징, 항저우 등 중국 주요 도시에 분점을 열었다. 베이징에는 왕푸징王府井점과 궈마오상청国贸商城점이 있다.

고급 식당답게 자리에 앉으면 단정한 무늬의 식기들이 눈에 띈다. 레이

제이드 가든

가든과 마찬가지로 딤섬 재료가 신선하고, 바로바로 찐 듯이 생생한 느낌이 나는 것이 특징이다. 중국의 음식 평점 플랫폼인 다중뎬핑大众点评의 평을 봐도 레이 가든과 비슷한 평가를 받는 명실상부 베이징의 광둥 요리 명가다. 제이드 가든 역시 딤섬 메뉴가 따로 준비돼 있다. 메뉴 가격은 레이 가든과 비슷한 수준으로, 크게 한 접시에 36위안 이상, 32위안, 28위안으로 나뉜다. 물론 40~50위안대 딤섬들도 몇 가지 있다. 차는 1인당 12위안짜리 기본 차가 있어서 특별히 다른 음료를 원하지 않을 경우 주문하면 저렴하게 딤섬을 즐길 수 있다.

제이드 가든에서 가장 인상 깊었던 것은 창펀肠粉이다. 베이징에서 먹는 대부분의 창펀은 겉에 피皮가 붙어 있거나 먹었을 때 식감이 거슬리는 경우가 많다. 게다가 창펀의 두께 조절이 제대로 안 돼 먹으면서 쌀 비린내가 나는 집도 자주 볼 수 있다. 제이드 가든의 창펀은 겉부터 피의 두께, 안에 들어 있는 바삭한 속까지 광둥에서 먹는 딤섬과 거의 비슷했다. 이 집의 샤오마이烧卖도 별미 중 하나다. 제이드 가든의 샤오마이는 4개가 한 접시로 나온다. 샤오마이 각각에는 오분자기만 한 전복, 새우, 조개관자, 푸아그라가 얹혀 나온다. 한 명이 샤오마이 4개를 먹기에는 좀 질리지만, 토핑이 제각각인 제이드 가든의 샤오마이는 도전해 볼 만하다. 흔하디흔한 춘권도 제이드 가든에서 먹으면 남다르다. 나는 춘권을 튀겨낼 때 춘권 겉과 속에 남아 있는 기름이 거슬려 즐겨 먹지 않는다. 제이드 가든의 춘권은 기름기가 과하지 않게 잘 튀겨져 나온다. 또 춘권 속이 고기와 새우, 각종 야채로 채워져 밸런스가 좋다. 이 집에서라면 춘권을 2~3개쯤은 거뜬히 먹을 수 있다.

제이드 가든의 디저트는 조금 아쉽다면 아쉬운 부분이다. 물론 양즈간루杨枝甘露가 베이징 내에서 수준급인 것은 맞다. 대신 광둥 전통 디저트인 마티까우马蹄糕는 조금 아쉬움이 남는다. 마티까우는 단맛은 적절한데 식감이 과하게 탱글 거린다. 겉을 팬에 구워내는 듯한데 오히려 이 지점이 식감을 해친다. 블루베리 사고 푸딩도 기대 이하의 맛이다. 중국어로 란메이시미부뎬蓝莓西米布甸인 이 메뉴는 야자나무에서 나오는 쌀알 모양의 흰 전분인 사고sago를 푸딩으로 만들어 블루베리를 얹어 나오는 디저트다. 서빙될 때 약간 푸딩이 식어서인지 그다지 인상 깊은 맛은 아니었다.

제이드 가든은 딤섬 최강자전에 오른 세 식당 중 가장 고급진 느낌을 주는 식당이다. 딤섬 맛에서도 준수한 편이고, 기분 내고 싶은 날 간단하게 점심을 먹으러 나들이 삼아 가보면 어떨까.

3. 신룽지

베이징 딤섬 최강자전의 마지막 주자는 신룽지新荣记다. 앞서 두 딤섬집이 홍콩에서 태동한 광둥식 딤섬집이라면 신룽지는 조금 결이 다르다. 신룽

신룽지

지는 1995년 저장浙江성 타이저우台州 바닷가 린하이臨海의 한 포장마차에

서 시작한 식당이다. 시작은 비록 미약했으나 끝은 창대하다는 말이 딱 맞

는 신룽지는 현재 베이징에서 최고의 환경과 맛을 자랑하는 식당으로 거듭

났다. 베이징 미슐랭이 부패 논란이 있기는 했지만, 2020년과 2021년 두

해 모두 3스타를 받았고, 직접 방문해 식사를 해보면 맛과 서비스, 환경 등

신룽지

이 3스타의 명성을 그대로 느낄 수 있다. 물론 그만큼 가격의 압박이 있다.

신룽지는 태동한 지역에서 알 수 있듯이 '근본 있는' 딤섬집은 아니다. 실제로 주력 메뉴 역시 저장 요리이지 광둥식 딤섬이 아니다. 그럼에도 신룽지를 베이징 딤섬 최강자전 후보로 올린 이유는 신룽지의 기본기와 훌륭한 서비스 때문이다. 신룽지에서는 다른 두 딤섬집과 마찬가지로 점심에 딤섬 메뉴를 제공한다. 가격도 다른 요리에 비해서 비싼 편이 아니어서 1인당 3~4만 원대에서 즐길 수 있다.

신룽지의 창업자인 장융张勇 선생은 저장성 린하이 바닷가에서 태어났다. 그는 1989년 해산물 메뉴를 주력으로 하는 포장마차를 운영했다. 이 포장마차가 미슐랭 3스타를 자랑하는 신룽지의 전신이다. 당시 냉동 해산물이 성행하던 린하이에서 장융 선생은 활어 요리를 선보였고, 포장마차가 흥하기 시작해 1995년 신룽지라는 이름을 내걸고 식당을 차렸다. 이후 신룽지

신룽지新荣记**젠궈먼와이다제점**
주소 : 北京市朝阳区建国门外大街2号银泰中心A座5层
전화 : +86 010-85171789, 010-85171636
영업시간 : 평일 주말 11:30~15:30, 17:00~21:00

의 명성이 알려지면서 베이징, 상하이, 항저우 등 주요 도시에 분점이 생겼고, 현재는 2000명이 넘는 직원을 거느린 유명 요식업 기업이 됐다. 장융 선생이 신룽지를 고급화한 전략은 이러했다. 훌륭한 요리를 손님들에게 제공하기 위해 주방에서 물러나 최고의 전문가를 데려왔다. 흔히 말하는 전문 경영인 전략이 신룽지의 성공 비결이다. 그는 2002년 세계 최고 수준의 요리사인 양관이杨贯一 셰프를 초빙했고, 소금과 조미료를 뺀 프리미엄식 중식 요리를 전면에 내세웠다. 그의 노력은 요식업계에 소문이 나면서 점점 빛을 발했고, 홍콩식 관리 기법까지 도입해 직원들의 서비스 질 향상에도 공을 들였다. 베이징에는 2012년 2월 금융가에 있는 진룽제金融街점을 시작으로 2013년 궈마오 인타이银泰점, 또 같은 해 11월 베이징 1725점을 오픈했다.

신룽지의 명성은 손님들의 입소문이 한몫했다. 신룽지에서는 손님이 음식 맛에 컴플레인을 걸거나 기존의 맛과 다르다는 평을 하면 음식을 새로 내주는 등 중국에서는 획기적인 방식으로 CS를 했다. 사실 딤섬 메뉴 역시 손님들을 위한 서비스의 하나로 봐도 무관하다. 신룽지의 딤섬은 사실 맛만 따지면 레이 가든이나 제이드 가든에 미치지 못한다. 그러나 신룽지가 주는 고급스러운 이미지와 기분 좋은 서비스가 신룽지의 딤섬의 부족한 맛을 채워준다. 추천 메뉴는 창펀과 푸아그라 만두, 샤오마이 바닷가재 탕판(국밥)이다. 딤섬의 종류가 전문점보다는 다양하진 않지만, 맛은 일급 셰프의 손맛을 느낄 수 있다. 딤섬은 아니지만 린하이 지역에서 나는 갈치 요리와 전복이 두 개 올라간 홍샤오러우를 곁들이면 딤섬의 부족함을 완벽히 채울 수 있다.

광저우에 다녀온 사람들은 가끔 "베이징에는 딤섬 먹을 데가 없어"라는 불만을 토로하곤 한다. 그러나 크게 눈을 뜨고 찾아 본다면 딤섬 불모지인 베이징에도 3~4만 원대에 훌륭한 딤섬을 맛볼 수 있다. 물론 광저우 현지에서 맛보는 가격도 훌륭하고, 맛도 일품인 딤섬을 베이징에서 맛보기는 어렵다. 비행기로도 몇 시간이 걸리는 광저우까지 찾아가 딤섬을 즐기기 어렵다면 베이징에서도 아쉬운 대로 맛있는 딤섬을 맛볼 수 있는 식당이 있다는 것을 기억하기를 바란다.

막간 코너

중국에도 굴국밥이 있다

'뜨끈뜨끈한 국물에 밥알과 함께 담가져 있는 씨알 굵은 굴을 푹 떠서 한 입 가득 넣으면 천국이 따로 없다'

한국에 있을 때 겨울이 되면 가장 즐겨 먹던 음식이 바로 굴이다. 그중에서도 '굴국밥'. 기운이 없거나 날이 추워 몸에 으슬으슬 감기 기운이 돌 때 굴국밥 집에 가서 뚝딱 한 그릇 먹으면 그 이상 보양식이 없다.

굴을 얼마나 좋아하면 겨울이 되면 통영의 자주 가던 굴집에서 살이 통통하게 오른 굴을 직송해 먹을 정도다. 중국에 오면서는 이런 호사를 누릴 수 없게 된 것이 나에겐 큰 비극이었다. 그러다 중국에도 굴국밥이 있다는 것을 알게 됐다.

정확히 말해 우리가 생각하는 국밥은 아닌데 이름은 국밥과 비슷한 탕판汤饭이라는 음식이다. 한국어로는 탕밥이라고 번역한다. 탕판은 여러 식당에서 볼 수 있는 중국 요리 중 하나다. 이 탕판의 한 종류에 바로 굴 탕판이 있다는 것을 알게 됐다. 그것도 중국에서 가장 손맛이 좋다는 광둥 요리의 명가 차오저우潮州 맛집에서 말이다.

내가 자주 가는 굴국밥 집은 우리 사무실 옆에 있다. 우리 사무실은 베이징 시내에 오피스 빌딩이 모여 있는 궈마오国贸에 있다. 궈마오 근처에 친한 변호사 형의 사무실이 있는데 그 형의 소개로 이 집을 알게 됐다.

식당의 이름은 차오서潮舍다. 이름도 굉장히 직설적인데 차오저우潮州의 '차오'와 집을 뜻하는 '서'를 붙여 한국에서 전주집하듯 차오저우집이라고 붙였다. 식당 위치나 음식 수준 때문에 가격은 좀 나가는 편인데 굴국밥하고 사이드 요리 몇 개를 시키면 그렇게 비싼 편은 아니다. 식당 컨디션도 좋

차오서潮舍
주소 : 北京朝阳区东三环中路1号环球金融中心西楼1层
전화 : +86 010-85878909

고, 종업원들의 친절도까지 고려하면 훌륭한 식당이다.

내가 이 식당을 찾을 때는 주로 술을 마신 다음날이다. 사무실에서 자전거를 타고 천천히 페달을 밟으면 10분 만에 식당이 있는 환추진룽중신环球金融中心(글로벌 금융센터)에 도착할 수 있다.

이곳은 한국의 여의도처럼 샐러리맨들이 모이는 곳이다. 여의도가 어딘가? 샐러리맨들의 맛집 메카 아닌가. 차오저우는 이미 수차례 입이 닳도록 말했지만, 그냥 보증수표 같은 이름이다. 일단 저 지명이 걸려 있는 식당은 들어가면 웬만해서는 실패할 일이 없다. 특히나 약간 짭조름한 간이 일품인 차오저우 음식은 한국인의 입맛에도 90% 이상 맞다.

베이징 생활을 2년쯤 했을 때 이 집을 발견했는데 당시에 2년간 굴국밥을 못 먹었던 한恨과 차오저우 해산물 요리의 정수가 합쳐지면서 '와, 이 맛이야' 소리가 절로 나왔다. '너무 오버하는 거 아닌가? 어떻게 한국 거랑 같아'라고 의심이 들 수도 있다. 하지만 굴 사이즈가 작은 것 빼고는 한국 국밥이랑 정말 거의 흡사한 맛이다. 굴 씨알이 작은 이유는 중국에서 굴 양식을 거의 하지 않기 때문이다. 어떤 분들은 이 작은 굴에서 옛 맛이 나서 오히려 더 좋다고 하는데 내 경우는 살이 탱탱하고 씨알 굵은 남해의 굴이 너무 그립다.

이곳에 가면 일단 해장 메뉴인 굴 탕판을 시키고 나머지는 광둥 요리의 핵심인 해산물 요리를 시키면 된다. 중국에서 해산물을 시킬 때 가장 난감한 것이 바로 메뉴 이름이다. 공자께서는 일찍이 제자들에게 "시경을 열심히 배우면 온갖 새 이름, 짐승 이름, 풀 이름, 나무 이름을 알 수 있다(何莫學夫詩 … 多識於鳥獸草木之名. -『논어』양화편)"라고 가르쳤지만, 현대에

굴탕판

는 어찌 된 일인지 그냥 웬만큼 유명한 물고기가 아니면 세세히 구분해 메뉴판에 적어 놓지 않는다. 물론 생물학계나 전공자들 커뮤니티에서는 구분해 쓰겠지만, 한국처럼 다금바리, 은어, 쉬리, 광어, 우럭 뭐 이런 식으로 세세하게 분류를 잘 안 한다. 특히 민물고기류는 더 심한데 메기나 장어 정도나 구분해 부르는 정도다. 그래서 메뉴판에 사진이 있다면 그것을 보고 맛을 짐작해 시키는 경우가 많다.

이곳에는 굴 탕판 외에도 한국의 은어와 비슷한 물고기를 된장 양념으로 조려 내는 요리가 괜찮은 편이다. 이 요리도 독특하면서 한국인 입맛에 맞다. 굴 탕판에 들어간 양념 베이스에 된장 소스를 넣어 만들었다. 말이 된장이지 텁텁하지 않게 메주콩을 살짝 발효시킨 된장이라고 보면 된다. 된장이 하도 맛있어서 한 알을 젓가락으로 집어 먹어봤는데 어렸을 때 어머니가 메주콩 삶을 때 옆에서 주워 먹었던 그런 질감과 맛이 났다. 콩 사이즈는 메주콩보다 작다. 그런데 잘 발효가 됐는지 부들부들하고, 양념이 고루 배어 있어 짭조름한 맛이 제대로 한국의 간이다. 안에 들어간 생선은 은어와 비슷한 맛이 났다. 면을 좋아한다면 면을 추가해 소스에 비벼 먹어도 좋을 맛이다.

너무 해산물 위주다 싶으면 육고기를 시켜도 좋다. 삼겹살 양념구이와 백김치의 조합도 신통방통했다. 이런 구성도 참 드문 경우다. 중국에서는 보통 느끼한 음식이 나온다고 해서 절대로 간이 센 곁들임 반찬을 주지 않는다. 그런데 차오저우는 꼭 요렇게 한국인 입맛에 맞는 구성을 갖추고 있다. 백김치가 한국 것처럼 상큼하고 시원한 맛은 아니지만, 삼겹살을 먹을 때 없는 것보다는 훨씬 낫다.

이 집의 하이라이트는 디저트다. 점수로 따지면 100점 만점에 95점을 줘도 될 정도다. 인절미를 구워 먹어 본 사람은 알 것이다. 겉은 바삭하게 구워졌는데 안은 쫀득한 그 맛을 말이다. 이 디저트는 여기서 한 발 더 나아가 인절미 안에 달큰한 소가 들어있다. 인절미에 묻히는 콩가루 같은 소가 꽉 차게 들어있다. 흑임자 떡구이 역시 비슷한 방식으로 만든다. 질이 좋은 흑임자를 사용하는지 맛이 아주 고급스럽다. 부추 딤섬도 훌륭했는데 인절미 구이와 흑임자 떡구이와 함께 나오다 보니 미남 배우들 틈에 둘러싸인 동네 잘생긴 형 같은 느낌이 든다.

나는 차오저우 음식을 먹을 때마다 차오저우는 광둥에 있는데 어찌 한국과 이렇게 음식 맛이 비슷할까 항시 궁금했다. 나중에 어떤 프로그램을 기획하든 연구를 하든 기회가 있다면 두 지역 간 연관성에 대해서 역사적 고찰을 좀 해봐야겠다는 생각이 들 정도로 맛과 간이 비슷하다. 그저 짐작하기로는 광둥과 한반도를 잇는 물길이 있었던 게 아닌가 싶다.

혹시 중국에 여행 와서 과음을 했거나 베이징 도심을 구경하고 끼니 때가 맞는다면 이곳에 와서 굴 탕판을 꼭 맛보기 바란다.

'베이징 요리의 원류' 산둥 요리

한국 중화요리의 근원은 어디일까? 바로 산둥이다. 이제는 중국 요리가 아니라 한국 요리처럼 되어 버린 짜장면이나 짬뽕 같은 중화요리의 원류는 바로 산둥 요리다. 물론 한국의 중화요리와 산둥 요리는 전혀 다르다. 화교와 함께 한국으로 넘어온 산둥 바닷가 요리가 시간이 지나면서 현지화된 것도 원인이겠지만, 중국 4대 요리 중 하나인 산둥 요리가 워낙 종류가 많고 다양하기 때문이다.

산둥 요리는 중국에서 루차이鲁菜라고 부른다. 중국에서 산둥을 가리키는 '루鲁'자를 따서 붙인 이름이다. 공자의 나라인 노鲁나라가 있었던 산둥은 중국에서 '노'의 발음인 '루'로 불린다. 산둥 요리는 화북 지역 요리의 원류라고 해도 무방하다. 일단 수도인 베이징 요리가 산둥 요리의 한 지류이고, 랴오닝辽宁성 남쪽 지역인 랴오난辽南을 대표하는 다롄大连 요리도 산둥 요리에서 갈라져 나왔다.

특히 4대 요리 중에서는 유일하게 자체적으로 발원한 점이 높이 평가받는다. 산둥 요리는 중국의 주周나라 시대부터 이어져 내려오는 수천 년의 유구한 역사를 자랑한다. 바다와 산을 끼고 있는 천혜의 자연환경도 산둥 요리의 명성을 뒷받침한다. 미식가로 널리 알려진 공자의 고향이 산둥인 것도 우연은 아니다. 공자가 산둥에서 나고 자랐기 때문에 미식가가 됐다고 하는 것이 더 맞다.

산둥 요리의 명성은 다양한 요리법부터 남다르다. 산둥 요리는 찌고, 삶고, 굽고, 발효하고, 지지고, 튀기고, 고는 것까지 중국의 온갖 요리법이 총망라되어 있다. 명·청대에는 많은 산둥 요리사가 황궁으로 초빙돼 입궁했고, 이를 계기로 한 단계 더 고급스러운 형태로 발전됐다.

산둥 요리를 대표하는 음식들은 특산품인 콩을 이용한 두부요리, 해산물인 해삼을 이용한 해삼 요리, 샥스핀, 타이산泰山 인근의 노계老鷄 요리, 공자의 고향인 취푸曲阜의 쿵푸차이孔府菜 등 종류도 다양하다. 요즘 한국에서 인기를 끌고 있는 젠빙煎饼 역시 산둥의 성도省都인 지난济南의 전통 요리다. 산둥이 이렇게 요리의 천국이 된 것은 조선시대 호남지역이 맛의 고장이 된 것과 유사하다.

우선 산둥의 자연환경을 살펴보자. 산둥은 황허黄河 하류에 자리하고, 오른쪽으로는 서해가 있어 담수에서 나는 재료와 바다에서 나는 해산물이 풍부하다. 내륙 역시 도교의 성지라고 하는 라오산崂山을 비롯해 '태산이 높다 하되'의 그 타이산泰山 등 좋은 산이 많아 산채나 약초 등 임산물도 풍부하다. 산둥은 평원이 넓게 자리하고 있어 파, 마늘, 생강, 콩과 같은 밭작물의 유명 산지이기도 하다. 이런 특징은 산둥 요리의 식감, 맛, 풍미 등을 더욱 살려준다.

산둥 요리의 옛 명가는 산둥성 푸산福山이다. 국민당이 지배하던 민국시기(1912~1949) 푸산에는 30~40개의 유명 식당이 자리했다. 이 식당들은 제비집, 샥스핀, 해삼 요리를 주로 판매해 명절과 같은 날에는 하루 수입이 요즘으로 치면 고액 연봉자의 1년 임금과 맞먹었다고 한다. 베이징에서 이름을 날리던 고급 식당 역시 푸산 출신 셰프들이 차린 곳이 많다.

산둥 요리는 한국스럽다. 산둥에서 주로 쓰는 양념이 한국에서 많이 사용하는 파, 마늘, 생강, 고추이기 때문이다. 약간 간이 짠 편인 것도 한국요리와 비슷한 점이다. 먹는 게 비슷해서인지 손님맞이를 중시하고, 주량이 엄청난 것도 한국 사람과 닮았다. 하기야 장보고가 활약하던 때 신라방이 번성했을 정도로 한반도와의 교류가 빈번했으니 서로 영향을 주고받지 않았을 리 없다.

중국에서는 남자다운 기질이 강한 지역으로 산둥山东, 둥베이东北, 시베이西北 등 세 곳을 꼽는다. 이 지역의 사내들을 가리켜 산둥다한山东大汉, 둥베이후东北虎, 시베이랑西北狼이라 부르는데 뜻은 산둥 대장부, 둥베이 호랑이, 시베이 늑대다. 세 곳 다 남자들이 술을 엄청나게 마시며 호쾌한 기질이 있고, 기골이 장대해 사내다운 풍모를 갖췄다는 평가를 받는다. 이런 음주 문화 역시 한국과 일맥상통하는 부분이다. 한국 중화요리집에서 비싼 값에 팔리는 쿵푸자주孔府家酒(공부가주) 역시 산둥 지역의 술이다. 쿵푸자주는 공자의 고향인 취푸에서 나오는 술로, 공자의 후손들이 모여 사는 집성촌인 쿵푸孔府(공부)에서 만들어 '쿵푸자주'라는 이름이 붙었다.

산둥 요리는 크게 보산博山 요리로 대표되는 루중파鲁中派, 푸산과 칭다오로 대표되는 자오둥파胶东派, 더저우德州와 타이안泰安을 중심으로 한 지난파济南派, 공자의 고향인 취푸의 쿵푸차이孔府菜로 나뉜다. 루중파는 두부와 바바오판八宝饭 같은 대중적인 요리부터 제비집, 샥스핀 등 고급 요리까지 다양하며, 예절을 중시하는 특징이 있다. 지난파는 산둥의 성도인 지난의 요리답게 산둥 내에서 영향력이 제일 크다. 특히 탕 맛이 좋기로 유명하다.

자오둥파는 동쪽 연해 지역의 요리로 풍부한 해산물을 이용한 요리가 유명하다. 산둥 연해의 해삼과 전복은 중국 내에서도 특등품으로 인지도가 굉장히 높고, 고급 식재료로 유명하다. 쿵푸차이는 말 그대로 공자 집안의 요리다. 상당히 고급스럽고, 겉모양도 화려한 특징이 있다. 미식가인 공자가 나고 자란 고장답게 조리 방법에서도 격식을 많이 따진다.

중국에 와서 지난济南과 웨이하이威海, 칭다오青岛, 취푸曲阜 등 산둥 여러 지역을 돌아다니며 산둥 요리를 맛봤다. 어느 곳 하나 뒤처지는 곳 없이 음식 맛이 좋고, 가짓수도 다양하고, 수려하다는 느낌을 받았다.

호랑이를 잡으려면 호랑이 굴로 - 지난 맛집 '췌화쥐'

산둥 요리를 제대로 맛보려면 어디로 가는 게 좋을까. 베이징에도 물론 치루위안齐鲁苑 같이 훌륭한 산둥 요리 식당이 있지만, 내가 권하고 싶은 방법은 산둥에 직접 가서 본토의 맛을 보는 것이다. 중국의 땅덩어리가 그렇게 큰데 직접 현지에 가라는 말이 황당하게 들릴 수도 있다. 하지만 산둥은 베이징에서 쉽게 갈 수 있는 지역 중 하나다. 혹시 베이징에서 기차 여행을 계획한다면 단연 산둥을 추천하고 싶다.

한국인이 많이 찾는 지역인 칭다오青岛는 고속철도로 5시간 정도 걸리지만, 성도省都인 지난济南은 2시간 남짓이면 도착한다. 러시아워 때 베이징에서 웬만한 거리를 이동하려면 1시간이 훌쩍 넘게 걸린다. 이런 상황을 고려하면 산둥 요리를 먹기 위해 2시간을 투자하는 것도 그리 손해 보는 장사는 아니다. 산둥 요리의 큰 형님 격인 지난 요리를 소개해 볼까 한다.

지난 요리를 생각하면 먼저 떠오르는 것은 젠빙이다. 우리나라로 치면 빈대떡에 이것저것 재료를 올려 싸먹는 형태의 쌈 요리인데 인스턴트 시대에 쉽고 간단하게 먹을 수 있는 특징 덕에 중국 전역에서 인기를 얻고 있다. 화교가 많은 동남아시아 지역에서도 쉽게 볼 수 있고, 최근에는 한국에도 하나둘 점포가 생겨나고 있다.

젠빙은 지난 입장에서 봤을 때 고마우면서도 아쉬운 음식이다. 많은 사람이 지난 젠빙으로 지난 요리에 대해 관심을 두지만, 반대로 '젠빙 외에 지난에 무슨 음식이 있어?'라는 선입견을 갖기도 한다.

현지에 가보면 이런 선입견이 완전히 잘못됐다는 것을 절실히 느낄 수 있다. 지난의 관광 명소인 다밍후大明湖에 가면

췌화쥐鹊华居
주소 : 山东省济南市历下区大明湖路1号
전화 : +86 531 6666 9866
영업시간 : 평일 09:30~14:00, 16:30~21:00
주말 09:30~14:00, 16:30~21:00

췌화쥐鹊华居라는 유명한 음식점이 있다. 현지인의 소개로 한번 방문했던 적이 있는데 이곳의 음식을 맛보면 지난 음식이 젠빙만 있는 것은 아니라는 것을 단번에 깨닫게 된다. 이 식당은 규모도 규모지만 고풍스러운 인테리어와 호숫가에 자리해 운치 있는 경치도 음식 맛을 돋운다. 음식 가격도 저녁을 기준으로 1인당 1~2만 원 선에서 마음껏 맛볼 수 있으니 가성비도 훌륭하다.

가장 인기 있는 음식은 돼지 신장 볶음과 돼지 대창 요리다. 산둥의 특산인 닭을 대추를 이용해 조리한 짜오좡샤오지枣庄炒鸡와 지난 특색 조리장으로 조린 가자미 머리 요리도 별미다. 그리고 무엇보다 이곳에서 꼭 맛을 봐

지난 젠빙

야 하는 것은 지난 젠빙이다.

지난 젠빙은 일반적인 젠빙과는 다르게 다른 재료를 싸 먹는 빙饼과 속 재료, 장을 따로 준다. 빙을 넓게 펴서 취향대로 속 재료를 넣은 다음 한 입 크게 몰아넣으면 여태껏 먹었던 젠빙과는 차원이 다른 맛을 느낄 수 있다. 특히 산둥 지역에서 유명한 생파의 향이 다른 튀김류 속 재료의 느끼한 맛을 잡아줘 맛의 균형이 잘 맞는다.

매콤한 장도 별미 중의 별미인데 한국의 고추장보다는 조금 조미가 되어 있는 장맛이 난다. 한번 손을 대면 계속 먹게 되니 다른 음식을 먼저 맛보고 먹는 것을 추천한다. 다음으로는 식욕을 강하게 자극하는 매력이 있는 돼지 부속물 요리가 매우 특색 있다. 돼지 대창은 양념을 강하게 해서 잡내를 잡아낸 것이 특징인데 완전히 잡내를 잡아내지 않고 약간은 살려둬 풍미가 살아 있다.

돼지 신장을 오징어에 칼집을 내듯 꽃 모양으로 만들어 볶아내는 바오차오야오화爆炒腰花도 식감부터 풍미까지 훌륭한 술안주다. 바오차오야오화는 산둥의 전통 요리 중 하나로 돼지 내장 요리 중 느끼하지 않고 부드러운 맛을 내는 것으로 유명하다. 돼지 내장 요리를 즐기지 않는 사람에게는 약간 거부감이 들 수도 있지만, 중국에서는 돼지 부속물 요리가 유명하니 꼭 도전해 보길 바란다.

내가 가장 맛있게 먹었던 요리 중 하나는 바로 삼겹살과 다밍후에서 나는 민물고기 말린 것을 함께 조려서 내는 밍후쑤궈明湖酥锅다. 개인적으로 말린 민물고기를 좋아하는 기호 때문이기도 하지만, 다밍후를 바라보며 먹는 다밍후 민물고기 요리는 확실히 차원이 다르기 때문이다. 말린 고기 특유의 쿰쿰한 향이 삼겹살 비계 부위와 어우러져 느끼함을 잡아주고, 공깃밥을 따로 시켜서 국물을 비벼 먹으면 이 또한 별미다.

그리고 마지막으로 지난 요리를 먹을 때는 지난의 유명 샘물인 바오투취안趵突泉의 물로 만든 바이주 바오투취안을 꼭 마셔야 한다. 바오투취안은 지난 사람들이 물을 길어 먹는 곳으로 유명하다. 이 술의 가격대는 200위안 안팎이지만, 물 속에 손을 넣으면 손금까지 훤히 비치는 바오투취안의 물로

바오투취안

만들어서인지 술맛은 명주의 반열에 넣어도 좋을 만큼 훌륭하다.

　베이징에 5박 이상의 일정으로 여행을 왔다면, 그 중 하루는 꼭 지난을 방문해 한국과 가장 가까운 산둥 요리를 맛보기 바란다.

막간 코너

황제가 먹던 디저트 '다오샹춘'

황제가 먹던 디저트라고 알려진 다오샹춘稻香村(도향촌)의 디저트는 소박하면서도 전통의 힘이 느껴지는 맛이 있다. 다오샹춘은 중국 음식에 대해 잘 모른다면 한없이 낯선 이름이지만, 조금만 관심이 있는 사람이라면 절대로 잊을 수 없는 이름이다. 간단하게 설명하면 다오샹춘은 중국의 전통 디저트를 파는 집이다. 예전에는 고급 디저트 상점이었지만, 지금은 베이징 어딜 가나 있으니 그냥 중국의 '파리바게트' 쯤으로 해두자.

다오샹춘의 역사를 설명하려면 일단 쑤저우苏州 다오샹춘과 베이징北京 다오샹춘 간 상표권 싸움의 역사부터 알아야 한다.

원래 다오샹춘의 원조는 쑤저우다. 이름에서부터 '도향稻香', '벼 냄새'란 뜻이 붙은 것이 남방의 기운이 강하게 느껴진다. 다오샹춘의 역사는 무려 1773년까지 거슬러 올라간다. 그간 부침이 있었지만, 어쨌든 개업 후 250년간 명맥을 유지하고 있다. 다오샹춘은 중국 청조 6대 황제이자 청나라 최고 황제로 평가받는 강희대제의 손자인 건륭황제와 인연이 깊다. 중국에서는 요순시대 못지않게 태평성대로 치는 것이 바로 '강희-건륭 시대'다.

아무튼, 이 태평성대에 건륭황제가 강남으로 행차했을 때 쑤저우 다오샹춘의 톈핀甜品(디저트)을 먹고는 '음식 중 가장 맛이 좋고, 그 명성이 천하에 떨친다'는 최고의 찬사를 내렸다. 당시 중국 황제라면 신에 가까운 존재다. 황제는 온갖 산해진미를 다 먹고 지냈을진대 다오샹춘의 디저트를 먹고 저런 극찬을 했다니 건륭황제가 당시 느꼈을 맛이 어떨지 상상이 안 간다.

하기야 다오샹춘의 디저트는 온갖 착향제와 조미료가 난무하는 요즘 시대에 먹어도 맛이 좋은 편이다. 지금으로부터 250년 전이라면 말할 것도 없이 천상의 맛을 냈을 테니 건륭황제의 극찬이 이해가 가기도 한다. 쑤저우 다오샹춘은 그때부터 6대에 걸쳐 내려오며 전통을 지켜나가고 있다. 현재는 9개의 자회사와 6개의 현대화된 대형 생산기지가 있고, 산둥山东, 장쑤江苏, 윈난云南, 네이멍구内蒙古 등지에 원료 공급 기지를 갖췄다.

그러면 '베이징 다오샹춘'은 무엇인가? 하는 생각이 들 것이다. 베이징 다오샹춘은 중국의 '뚜레쥬르' 쯤으로 이해하면 된다. 쑤저우 다오샹춘처럼 똑같이 전통 디저트를 만드는 곳이긴 한데 '다오샹춘'이란 남방 최고의 디저트를 만드는 지역의 이름을 따서 네이밍을 한 것이다. 그러니까 둘은 전혀 관련이 없고 라이벌 업체라고 보면 된다.

베이징 다오샹춘은 1895년에 만들어졌으며, 베이징 첸먼우와이前门外 관음사 자리에 처음 터를 잡았다. 이 관음사라는 절은 베이징 2환 안에 있는데 단재 신채호 선생이 절간 생활을 잠시 했다는 설이 있다. 다만, 베이징에 관음사라는 절이 차고 넘쳐 정확한 것인지는 알 길이 없다. 원조는 아니지만 베이징 다오샹춘은 그 맛이 매우 특색이 있어 베이징에서 남방 디저트를 만드는 가게 중 으뜸이라 평가를 받았다.

1926년 베이징 다오샹춘은 위기를 맞는다. 당시 다오샹춘이 인기를 끌자 베이징과 톈진天津 등에서 다오샹춘의 이름을 따서 구이샹춘桂香村, 스자좡石家庄 다오샹춘 등 짝퉁 브랜드들이 마구 생겨났고, 군벌 세력이 할거하는 정치적 혼란기에는 엎친 데 덮친 격으로 문을 닫게 된다. 이러저러한 부침을 겪었던 베이징 다오샹춘은 1984년 5대 사장인 류전잉刘振英이 근 60년 만에 먼지 낀 간판을 털고 영업을 재개해서 재기에 성공한다. 현재는 30여 개의 직영점과 100여 개의 가맹점을 보유하고 있으며, 전국적으로 배송이 가능한 물류센터도 운영 중이다. 14만㎡의 공장과 4만㎡의 가공 기지를 보유하고 있다.

중국의 대문호인 루쉰鲁迅(1881~1936) 선생은 이 베이징 다오샹춘에 자주 들렀다고 하는데 그의 저작 『루쉰일기鲁迅日记』에도 다오샹춘이 열 차례나 등장한다. 베이징 다오샹춘이 수도인 베이징에서 점차 명성을 키워가자 원조인 쑤저우 다오샹춘은 이에 불만이 가득했다. 그래서 2003년과 2008년 두 차례 상표권 사용 정지 소송을 냈고, 2019년 10월 드디어 판결이 나왔다.

승자는 당연히 쑤저우 다오샹춘이었고, 베이징 다오샹춘은 앞으로 '다오샹춘'이란 상표를 사용할 수 없게 됐다. 또 쑤저우 다오샹춘에 115만 위안의 배상금을 물었다. 배상금이 매우 적지만 둘 다 유명해 상표를 사용하지 못하도록 한 것만 해도 만족할 만한 결과다.

그러나 중국이 어떤 곳인가. 베이징 다오샹춘은 앞으로도 약간만 이름을 변용해 '다오샹춘'이라는 이름을 어떻게 해서든 사용할 것이다. 실제로 현재 등록된 베이징 다오샹춘이란 이름도 꼼수를 부려 2005년 재등록한 이름이다.

쑤저우 다오샹춘에서도 2005년 '베이징 다오샹춘 유한공사'라는 사업자 등록을 했지만, 베이징 다오샹춘도 같은 해 '베이징 다오샹춘 식품유한책임공사'라는 이름으로 상표 등록을 마쳐 응수했다. 아니 다오샹춘이 도대체 뭐길래 저런 대규모 식품 기업에서 야단법석을 피울까라는 생각을 할 수도 있다.

많은 사람이 착각하는 것 중 하나가 미국이 세상을 지배한 게 엄청 오래전 일이라고 생각하는 것이다. 엄밀히 따지면 미국이 현재의 슈퍼 파워를 가지게 된 건 2차 세계대전 이후 아닌가. 길게 봐줘도 1차 대전 직후니까 100년이 안 됐다.

그럼 그 이전엔 대부분의 역사는 누가 지배하고 있었을까? 바로 중국이다. 특히 청나라는 만주족이 세운 나라지만 한족 문화를 적극적으로 받아들였고, 당시 최첨단 과학기술과 사치스러운 문화가 중국에서 꽃을 피웠다. 그러나 중국이 아편전쟁 이후 힘을 잃기 시작하고, 문화혁명으로 완전히 문화적 요소가 파탄 나면서 그런 대국적 풍모는 거의 사라지고 더러운 나라, 안하무인의 이미지만 남았다. 그럼에도 문화 중에 특히 식食문화라는 것은 탄압의 대상이 되기에는 너무 광범위하고 필수적이어서 그 흔적이 많이 남아 있다. 이 다오샹춘이 바로 그런 흔적을 고스란히 가지고 있는 곳 중 하나다. 예전에는 베이징 다오샹춘은 황궁에 진상했다고 한다. 지금 제품들이 거의 그 시기에 만들어진 셈이니 당시 황제가 먹어도 손색이 없을 맛이다.

다오샹춘은 시골에서 베이징에 관광하러 온 중국 사람들이 두 번째로 많이 사는 특산물이다. 첫 번째는 베이징덕 명가 취안쥐더全聚德고, 두 번째가 바로 다오샹춘이다. 마치 경주 가면 황남빵을 먹고 전주 가면 비빔밥을 먹듯 관광객들은 베이징에 오면 다오샹춘을 맛본다. 두 회사가 서로 다오샹춘이라는 브랜드를 손에 쥐려고 물고 뜯고 싸움이 나는 데는 이렇듯 다오샹춘이라는 브랜드의 인지도라는 내막이 있다.

과자 맛이 너무 예스럽다며 싫어하는 사람도 있지만, 나는 투박한 다오샹춘의 디저트를 좋아한다. 요새 입맛으로 치면 별로 달지도 않고 촌스럽고 그렇고 그런 맛이지만, 나는 그 맛이 좋다. 옛날에 엄마가 곗날에 사오던 양과자 같은 맛이랄까. 가끔 단 게 먹고 싶으면 집 근처 다오샹춘 매장에 가서 사 먹곤 하는데 한 입 베어 물면 '그 옛날에 이런 걸 만들어 먹었다니'라는 생각이 절로 든다.

내가 가장 좋아하는 과자는 달걀 노른자를 베이스로 한 반죽에 앙금을 넣어 돼지 모

다오샹춘稻香村 다자란제점
주소 : 北京东城区大栅栏西街6号
전화 : +86 18101039056
영업시간 : 평일 09:00~21:00 주말 09:00~21:00

황금돼지빵

양으로 빚어낸 '황금돼지빵'이다. 그외에도 대만에서 유명한 펑리수凤梨酥, 검은 매실빵, 중국식 누네띠네, 그리고 돼지고기 말린 것을 솔잎처럼 밀어 만드는 러우쑹肉松으로 만든 빵도 꼭 먹어봐야 할 별미다. 이 러우쑹은 돼지 고기로 만든 가쓰오부시라고 생각하면 된다.

다오샹춘의 맛은 아까도 말했지만 순수하다. 아마도 요새 제과점과 달리 조미료를 적게 넣든 아니면 정말 요즘 맛을 못 내든 둘 중 하나가 이런 투박한 맛을 내는 비결일 것이다. 대신 열량은 폭탄이니 다이어터들은 알아서 조절해 먹어야 한다.

베이징 다오샹춘은 프렌차이즈식으로 운영하는데 모든 매장이 제품을 근수로 달아 판매한다. 그러니까 매대 앞에 가서 "이거 몇 개요, 저거 몇 근이요"하고 이야기를 해야 구매가 가능해서 외국인 여행객이 사기에는 난도가 있을 수 있다. 그래도 큰 매장에 가면 쉽게 과자를 고를 수 있으니 들러보길 추천한다.

다오샹춘에서 만드는 과자를 다양하게 맛보고 싶다면 베이징 다오샹춘의 본점을 찾아가면 된다. 베이징 다오샹춘 본점은 톈안먼天安门에서 남쪽으로 쭉 내려가다 보면 보이는 첸먼前门 앞쪽 첸먼다제前门大街에 있다.

中华人民共和国万岁
世界人民大团结万岁

중국의 수도 베이징北京에는 마치 서울처럼 온갖 지방의 음식들이 다 모여 있다. 서울과 조금 다른 부분이라면 베이징에는 중앙정부와 지방정부의 업무 소통을 위한 대표처들이 나와 있으며, 이들 정부에서 손님 접대나 행사 주최를 위해 지방 예산을 투입해 만든 다샤大厦(빌딩)와 식당들을 가지고 있다는 것이다. 이런 대표처를 지방정부의 베이징 주재 사무소라는 의미로 '주징반駐京办'이라 부른다.

이 주징반이 운영하는 다샤나 식당은 지역 홍보를 위해 산지에서 특산물 등 재료를 직접 공수해서 요리하고, 주방장과 종업원 역시 그 지역 사람들을 고용한다. 그렇기 때문에 가격 역시 합리적이라는 장점이 있다. 게다가 서울에서 먹는 전주 음식이 본고장의 맛과 큰 차이를 보이는 것에 비해 베이징 댜샤들의 음식은 상당히 현지에 근접한 맛을 낸다. 정확히 집계되진 않았지만, 베이징에는 수십 곳의 주징반 식당이 있다. 실제로 이런 주징반만을 찾아다니면서 관련 내용을 정리한 미식 가이드도 있다.

주징반은 대개 베이징 도심에 모여있다. 베이징의 중심인 톈안먼天安门(천안문)을 기점으로 동쪽과 서쪽으로 나뉘어 있기는 하지만, 동쪽이든 서쪽이든 뭉쳐 있어 찾아가기도 그리 어렵지 않다. 특히 주징반에서 운영하는 대부분의 다샤는 숙박도 가능하니 다샤가 뭉쳐 있는 곳에 숙소를 잡아 두고 다샤 투어를 해보는 것도 좋은 베이징 여행 팁이다.

중국은 정말 상상하기 어려울 정도로 넓은 땅덩어리를 자랑하기 때문에 짧은 여행으로는 각지의 맛있는 음식을 맛보기 어렵다. 김정은 북한 국무위원장이 2차 북미 정상회담을 위해 평양부터 기차를 타고 중국을 횡단해 베트남 하노이로 간 적이 있다.

이때 김 위원장의 특별열차를 따라 3,600㎞ 거리를 횡단해 본 입장에서 말하자면 중국의 영토는 가도 가도 끝이 없이 광활하다. 기차를 타고 김 위원장의 뒤를 쫓으면서 이 정도 왔으면 지구 반대편까지는 왔겠다 싶은 생각이 들 정도로 중국 땅은 엄청나게 넓었다.

솔직히 말하면 한번 중국에 여행 와서 일주일을 머문다 한들 기껏해야 2~3 지방을 방문하기도 벅차다. 중국은 이동 거리가 길기 때문에 이동하는 데 하루나 반나절을 써야 하고 돌아오는 데도 같은 시간을 들여야 하니 몸을 움직인다면 어디를 가든 '-1일'을 감수해야 한다.

반면에 베이징에서 다샤를 돈다고 하면 많으면 하루에 2~3곳을 돌 수 있다. 물론 그 지역의 풍광을 즐기거나, 현지인과 교감하기는 어렵지만, 중국어가 능숙하지 않다면 직접 현지를 방문하는 것보다 베이징의 깨끗한 환경에서 좀 더 여유 있게 현지의 맛과 멋을 즐기는 것을 추천한다.

다샤 투어를 하기 전에 하나 일러두어야 할 것이 있다. 바로 모든 다샤가 훌륭한 음식과 서비스를 한다고 생각해서는 안 된다는 점이다. 아무리 주징반이라고 해도 지뢰는 있는 법이다. 다샤를 다니기 시작한 게 벌써 2년이 다 되어간다. 지금까지 다녔던 다샤 중 고르고 골라 베이징에서 정말 가기 힘든 곳과 음식 맛이 좋은 곳 몇 군데를 소개하고자 한다.

자 이제부터 대륙의 별미를 맛보러 베이징으로 떠나보자.

구이저우貴州 다샤 – 중국에도 똠얌꿍이 있다?

한국인이라면 좀처럼 가기 어려우면서도 독특한 음식 문화가 있는 곳을 꼽으라면 바로 구이저우貴州다. 구이저우 요리는 강렬한 향신료와 토속적인 조리 방식이 특징이다. 소수민족의 향토성이 강하게 밴 구이저우 요리는 첸차이黔菜라고 불리며, 토착민의 요리에 북방에서 이주한 중원 사람들의 요리가 섞이면서 독특한 개성을 지니고 있다. 구이저우 요리는 특히 동남아 요리하고도 매우 유사한 특징을 보인다. 첸차이는 명대에 이미 완성단

계에 접어들어 600여 년의 역사를 자랑한다.

구이저우 다샤는 구이저우성 정부가 투자해 만든 복합 건물로 숙박, 컨벤션, 식당 등 시설을 갖추고 있다. 식재료 역시 구이저우에서 직접 공수한 재료를 사용하며, 현지와 흡사한 맛을 자랑한다.

구이저우 다샤의 간판요리는 똠얌꿍 같은 소스에 메기를 넣어 끓인 쏸탕우장위酸汤乌江鱼와 쏸차이차오탕위안酸菜炒汤圆, 빠바오눠미야八宝糯米鸭, 화시샤오위샤오샤花溪小鱼小虾, 라러우차오쑨젠腊肉炒笋尖, 황헤이츠바黄黑

糍粑, 구이저우쓰와와贵州丝娃娃 등이다.

앞서 말한 대로 구이저우는 토가족 등 소수민족이 많은 지역으로 현지에서 나는 특산물을 이용한 요리가 많다. 물이 좋은 지역으로도 유명해 민물고기를 활용한 요리도 즐겨 먹는다. 구이저우성의 대표 음식이자 이 집의 간판 요리인 쏸탕우장위가 전형적인 첸차이라고 볼 수 있다.

쏸탕우장위는 이름 그대로 시큼한 탕에 구이저우에 있는 우장乌江에서 나는 민물고기를 이용해 만든 탕요리다. 맛은 우리가 익히 알고 있는 똠얌꿍과 90% 비슷하며, 똠얌꿍에 메기를 넣어 끓인 요리라고 생각하면 된다. 동남아 북동 지역과 중국 남서 지역은 근대에 와서야 명확하게 구분됐다. 『삼국지』에 나오는 맹획이나 축융부인 같은 소수민족이 이곳에 살 때는 국경을 의식하지 않았을 것이다. 그러니 동남아와 잇닿아 있는 구이저우의 요리가 동남아 요리와 맛이 비슷한 것도 전혀 이상할 것이 없다.

이 요리는 해장용으로도 좋고, 원기회복이 필요할 때도 먹으면 좋을 듯하다. 이 식당에 들어서면 거의 모든 테이블에 이 요리가 있을 정도로 인기 있다. 냄새만으로도 레몬그라스가 듬뿍 들어갔다는 것이 느껴진다. 국물을 떠먹으면 입안으로 화한 느낌과 함께 똠얌꿍 소스의 맛이 올라온다. 메기를 함께 넣어서 끓이기 때문에 국물에 점성이 있어 질감이 진득진득한데 향신료를 많이 넣어서인지 민물고기 특유의 냄새가 느껴지진 않는다.

탕을 끓이기 전에 요리에 사용할 메기를 테이블로 직접 가져와 보여주는 것도 중국 특유의 서비스 방식이다. 이런 관례는 이 집뿐만 아니라 생선을 요리하는 대부분의 식당에서도 마찬가지다.

다음으로 추천하고 싶은 음

구이저우 다샤 구이저우팅贵州大厦贵州厅
주소 : 北京朝阳区北三环樱花西街18号贵州大厦2楼
전화 : +86 58109988
영업시간 : 평일 11:30~14:00, 17:30~21:00
주말 11:30~14:00, 17:30~21:00

식은 쐰차이차오탕위안이다. 탕위안汤圆은 중국에서 정월 보름에 먹는 팥소가 든 동글동글한 찹쌀 경단으로 보통 달큰하게 물에 끓여 먹는다. 이 식당에서는 독특하게 쐰차이에 탕위안을 볶아서 내는 요리가 있다. 맛은 '단+짠+매콤'이 조합된 맛으로 그야말로 맛 어벤저스라고 할 수 있다. 남녀노소 모두가 좋아할 만한 맛이다.

이 집에는 독특한 요리가 많다. 그중에서도 오리에 찹쌀을 넣고 쪄낸 빠바오눠미야는 꼭 한번 먹어 봐야 할 음식이다. 구이저우는 오리를 찹쌀과 함께 쪄서 먹는다. 보통 이렇게 쪄낸 오리는 약간 누린내가 나면서 한국인 입맛에 맞지 않는 경우가 많다. 그러나 이 요리는 잡내가 하나도 나지 않고, 잡곡 중 단맛이 나는 콩과 찹쌀이 어우러져 식욕을 돋운다. 한국에 있는 장작구이 닭처럼 오리 안에 찹쌀이 들어 있어 따로 주식을 시킬 필요가 없다. 찹쌀을 이용해 만들기 때문에 소화가 잘 안되는 어르신들도 편하게 즐길 수 있다.

이곳의 요리 중 맥주 안주로 좋을 요리가 하나 있어 소개해 본다. 구이저우 요리는 민물고기를 재료로 많이 사용한다. 그중에 피라미같이 조그만 물고기와 민물 새우를 튀겨 만드는 화시샤오위샤오샤는 맥주 안주로 제격이다. 이 요리는 손가락보다 작은 물고기와 한국에서는 매운탕으로도 많이 끓여 먹는 민물 새우를 매콤한 고추와 함께 넣고 튀긴 요리로 일본식 이자카야에서 시켜 먹는 새우깡과도 매우 흡사하다. 다만 다른 점은 아주 작은 물고기를 튀기기 때문에 안에 연한 가시가 들어 있어 좀 더 고소한 맛을 낸다는 것. 여기에 매콤한 고추까지 곁들여져 튀김의 느끼함도 잡아 준다.

구이저우 다샤에서는 음료 중 구이저우 특산물인 츠리刺梨(가시배) 주스 같은 독특한 음료도 맛볼 수 있다.

네이멍구內蒙古 다샤 – 베이징에서 가장 신선한 양고기

한국에서도 양고기가 흔한 음식이 되면서 양고기를 즐기는 사람들이 늘고 있다. 한국에도 훌륭한 양고기가 많지만, 안타깝게도 한차례 외식이면 안 그래도 얇은 지갑을 폭풍처럼 훑고 지나갈 정도로 비싸다는 단점이 있다. 그런 의미에서 양고기 애호가들에게 베이징은 천국과도 같은 곳이다. 정말 다양한 가격대와 품질의 양고기가 곳곳에 즐비해 있기 때문이다.

하지만 현지인이 아니면 어느 양고기 집이 맛과 질을 담보하는지 알기 어렵다. 기껏해야 한인촌에 있는 양꼬치 집을 기웃거리면서 '와! 역시 본토는 다르구나' 하며 스스로를 위로할 뿐이다. 요즘 양꼬치 집의 양꼬치는 중국이나 한국이나 크게 다를 바 없다. 물론 신장新疆식이나 몽골식 양꼬치가 남다르긴 하지만 그만큼 가격도 비싸다.

중국에서 양고기가 가장 맛있는 지역을 꼽으라면 단연 네이멍구內蒙古와 신장이다. 두 지역 다 무척 맛있는 양고기 요리가 있지만, 베이징에서라면 네이멍구식 양고기를 맛보는 게 좋다. 대부분 사람이 잘 인식하지 못하지만 베이징과 네이멍구는 경계가 닿아 있을 정도로 가깝다. 그래서 베이징에서 즐기는 양고기 중 질이 가장 좋은 것은 네이멍구산 양고기다. 그중에서도 가장 확실한 맛과 질을 보장하는 곳이 바로 네이멍구 다샤다.

네이멍구는 넓은 초원과 사막이 대부분을 차지하고 있다. 척박하다고 하면 척박할 수 있고, 천혜의 자연환경이라 하면 그렇게 볼 수도 있다. 몽골인 하면 떠오르는 이미지는 일단 기마술 하나로 세계를 호령했던 민족이라는 것이다. 그리고 몽골인들의 일용할 식량이자 재산인 양이다. 초원지대의 유목 민족인 몽골족은 말과 양을 많이 키운다. 요즘에는 많이 도시화해 유목민의 수가 줄었지만, 그래도 여전히 중국에 유통되는 양질의 양고기는 네이멍구 초원에서 나온다.

네이멍구의 성도省都는 후허하오터呼和浩特다. 이 식당의 양고기는 모두 후허하오터에서 가져온다. 이 집의 양고기는 지금까지 베이징에서 먹었던 양꼬치나 양갈비, 양다리와는 차원이 다른 신선도를 자랑한다. 양꼬치나 삶은 양고기를 먹었는데 어떻게 선도를 가늠하느냐고 묻는다면 내 답변은 바로 '냄새'다. 직접 맛을 보면 이 말이 거짓이 아니라는 것을 바로 알 수 있다.

이전에도 베이징에 있는 몽골 식당을 여럿 가봤다. 그런데 갈 때마다 조금 힘이 들었던 것은 냄새였다. 워낙 중국 음식을 현지인처럼 잘 먹는 나지만, 누린내가 강하게 나는 몽골식 조리방법은 익숙지 않았다. 이런 이유로 몽골 식당보다는 강한 양념과 향신료를 써서 잡내를 잡아내는 신장 식당을 더 애용했다. 그래서 항상 누군가 몽골 요리가 맛있느냐고 물으면 "몽골 요리가 독특하긴 한데 생각보다 하드코어 하다"라고 말하곤 했다.

하지만 네이멍구 다샤에 오고 나서 이런 말들을 모두 주워 담고 싶었다. 그동안 먹었던 양고기가 냄새가 강했던 것은 몽골식 조리방법이 잘못된 것이 아니라 바로 고기의 문제였다. 네이멍구 다샤에서 사용하는 양고기는 후허하오터에서 직접 공수해 올 뿐 아니라 어린양을 사용하는 것이 차이점이다.

이곳의 메인 요리는 '손으로 뜯는 양갈비'란 뜻의 서우바러우手把肉다. 특히 맛이 좋은 부위는 양갈비 부위인데 갈비뼈의 크기와 육질로 미뤄 이 양고기는 정말 신선한 것이 분명했다. 내가 확신하는 이유는 조리법이 소금 간만 살짝 한 물에 신선한 양고기를 넣어 삶아 내는 아주 간단한 방식이기 때문이다.

실제로 플레이팅 되어 나오는 요리를 보면 이게 그 값어치가 나가는 음식인가 싶을 정도로 조촐하다. 요리가 나온 뒤 약간의 의구심을 품고 양갈비를 잡고 뜯어보면 완전히 신세계가 펼쳐진다. 이런 양고기는 한국에서는 언

감생심이고, 중국에서도 먹어 본 적이 없다.

유학 시절 호형호제하던 네이멍구 출신 식당 종업원과 베이징에서 같이 양꼬치를 먹을 때 그 친구가 "이건 양꼬치라고 부르기도 민망하다. 나중에 고향에 놀러 오면 꼭 진짜 양고기를 대접하겠다"는 소리를 자주 했었는데 이런 양고기를 어려서부터 먹어왔다면 충분히 그런 말을 할 만하다.

갈비뼈에 붙은 고기인데도 부슬부슬하니 보드랍고, 뼈와 잇닿은 부위는 쫄깃쫄깃 식감이 좋다. 먹다 보면 몽골 초원을 뛰어다녀서 그런지 비육 양

네이멍구 다샤 옌후이팅内蒙古大厦宴会厅
주소 : 北京东城区崇文门内大街2号
전화 : +86 010-65186666
영업시간 : 평일 11:30~14:00, 17:30~21:30
주말 11:30~14:00, 17:30~21:30

이 아니라 아주 다이어트가 잘 된 '몸짱' 양이라는 느낌을 받게 된다.

냄새 역시 소금 간만 한 것이 맞나 싶을 정도로 거의 나지 않는다. 어떻게 이렇게 양 누린내가 하나도 나지 않고 맛있을 수 있을까. 그간 갔던 몽골 식당들이 누린내가 강했던 것은 조리방법의 문제가 아니라 바로 고기 질의 문제였던 것이 확실하다. 이제 이해가 가는 것이 배추가 맛이 없다고 김치 담는 방식을 아예 바꿔 버릴 수 없지 않은가. 베이징에 있는 몽골 식당들도 신선도가 떨어지는 양고기를 가지고 자신들 방식대로 조리를 해왔던 모양이다.

서우바러우는 함께 나오는 소스도 독특했다. 세 가지 소스가 나오는데 가장 독특한 것은 부추를 갈아서 소금 간을 한 녹색 소스다. 이 소스에 양고기를 찍어 먹으면 그나마 조금 남아 있던 잡내마저 싹 잡히는 것이 아주 신기했다. 그리고 부추는 양고기 못지않게 양기를 보충하는 음식이라 생각했던 것보다 둘의 궁합이 잘 맞았다. 이곳에는 TV 다큐멘터리에서나 보던 유목민의 음료인 몽골식 밀크티를 직접 만들어 판매하고 있다. 이 밀크티는 달지 않은 것이 특징인데 독특한 점은 약간 소금 간을 해서 낸다. 소금 간을 하기 때문에 고소함이 더 배가 되고, 느끼함은 반대로 줄어든다. 양고기를 먹으면서 음료로 마셔도 좋을 정도로 깔끔한 맛이 특징이다. 아마도 소금 간이 그 비결 같았다.

디저트처럼 먹을 수 있는 치즈 두부 맛탕奶酪豆腐拔丝도 한국인이면 누구나 좋아할 만한 음식이다. 양젖을 이용해 만든 모차렐라 치즈(치즈 두부)를 튀겨 맛탕처럼 조리한 음식인데 이름 그대로 단짠단짠하다. 다만, 짠 정도가 과하지 않고 딱 알맞다. 이 식당의 장점 중 하나는 소금 간을 정말 절묘하게 한다는 것이다. 그래서 짠 느낌이 있지만, 먹으면서 물을 켜거나 음료를 많이 마시지 않게 된다.

사이드 요리인 양꼬치와 고기만두, 육전도 하나같이 맛이 좋다. 양꼬치는 살코기가 일반 양꼬치보다 두툼해서 식감이 남다르다. 고기만두와 육전 역시 몽골인의 기상이 느껴지게 일반적인 것들보다 고기 양이 압도적으로 많다. 세계를 호령했던 몽골인들의 커다란 덩치와 기상의 근원이 육식 위주의 식단에 있는 것이 분명하다.

이 식당은 홀에 앉으면 몽골 전통 문화 공연도 감상할 수 있다. 몽골 전통 음악과 춤을 주로 공연하는데 유네스코 문화유산으로 지정된 '후미 khoomei(흐미)'도 관람할 수 있다. 후미는 초원의 소리를 흉내내 노래하는 독특한 방식의 몽골 전통 민요다. 후미가 유네스코 문화유산으로 지정된 이유는 한 사람이 두 사람의 목소리를 동시에 내는 신기한 가창 방식을 사용하기 때문이다. 후미는 초원과 말에 관해 노래하기 때문에 카우보이의 음악과도 비슷한 특징이 있다고 한다. 후미는 몽골에만 있는 것은 아니고, 유라시아 초원을 따라 러시아 연방의 투바Tuva, 칼미크Kalmyk, 바슈키르Bashkir, 하카스Khakass, 중국 신장에서도 불리고 있다.

네이멍구 다샤는 음식 맛도 좋고, 공연도 볼만해 귀한 손님을 모시고 와도 좋아 다샤 중에 첫째로 꼽을 만한 곳이다.

푸젠福建 다샤 – 먹고 나면 나른해지는 포타오창

지극히 개인적인 기준에서 애호하는 중국 요리를 꼽으라면 딱 두 가지 음식이 떠오른다. 이것저것 한꺼번에 나오는 코스 요리나 양이 통째로 구워져 나오는 몽골식 양구이인 카오취안양烤全羊 같은 스페셜한 요리가 아니라

단품으로 가장 좋아하는 요리를 꼽으라면 바로 포탸오창佛跳墙(불도장)과 둥포러우东坡肉(동파육)이다.

둘 중에서도 우선순위를 정하라면 포탸오창을 선택하겠다. 베이징에도 포탸오창을 하는 집은 널리고 널렸다. 워낙 유명한 음식이기도 하고, 보양식을 좋아하는 중국인들에게 포탸오창은 아주 매력적인 음식이기 때문이다.

베이징 도심에 가면 가끔 '포탸오창'이라는 간판만 덩그러니 걸려 있는 고택 식당들이 보인다. 이런 곳은 대부분 회원제로 운영되는 포탸오창 집인데 가격이 1000위안 대부터 시작하는 고급 집이다. 이런 식당을 외국인이나 관광객이 찾아가기는 어렵다. 그럴 때 가기 좋은 곳이 바로 푸젠福建다샤다.

포탸오창은 푸젠福建성의 음식으로 육해공 식재료가 모두 들어가는 최고급 요리다. 푸젠 요리는 푸젠 지역의 옛 명칭인 '민闽(옛 오대십국 중 하나)'을 따서 민차이闽菜라고 부른다. 푸젠 지역에서 요리라 부를 수 있는 조리가 시작된 것은 5000년 전이라고 하니 풍부한 재료가 많이 나는 천혜의 자연환경이 푸젠 요리의 길고 긴 역사를 태동시켰다고 볼 수 있다.

푸젠 요리는 중국 8대 요리 중 하나로 중원의 한족 식문화에 남방 현지의 월족식 문화가 혼합된 것이 특징이다. 바닷가에 위치해 해산물을 활용한 요리가 많은 점도 푸젠 요리의 특징 중 하나다. 대만과 마주하고 있는 푸젠성의 지리적 특성상 대만 요리와도 비슷한 것도 재미있는 부분이다.

푸젠성은 명차 산지로도 유명한데 우리가 아는 잘 아는 우이암차武夷岩茶를 비롯해 명품 홍차인 정산샤오중正山小种, 진쥔메이金骏眉, 백차인 바이하오인전白毫银针, 바이무단白牡丹, 모리화차茉莉花茶, 톄관인铁观音 역시 푸젠성에서 나온다. 서쪽에 보이차 명가인 윈난云南이 있다면 동쪽에는 각종 명차의 산지인 푸젠성이 있다.

다시 요리 이야기로 돌아와서 푸젠 요리는 푸젠성의 성도인 푸저우福州 요리를 기본으로 한다. 이후에 민둥閩东, 민난閩南, 민시閩西, 민베이閩北, 푸톈福田 다섯 지역의 요리가 합해져 완성됐다.

푸젠은 바닷가를 끼고 있어 식문화 역시 상당히 개방적이다. 항구를 통해 외래 문물이 오가고, 푸젠 사람들이 해외로 나가 화교로 정착하는 경우도 많기 때문에 이런 특성이 자리 잡았다. 투러우土楼를 짓고 사는 객가족 역시 푸젠에 많이 살고 있다.

푸젠다샤 바민스푸福建大厦八闽食府
주소 : 北京朝阳区安贞西里三区11号福建大厦3楼
전화 : +86 010-64428833
영업시간 : 평일 11:30~14:00, 17:30~21:30
주말 11:30~14:00, 17:30~21:30

푸젠 요리는 내륙에 산지 또한 형성돼 있어 산해진미를 아우르는 것이 특징이다. 그렇기 때문에 재료의 향과 신선도가 뛰어나다. 많은 중국 요리가 그렇듯 푸젠 요리라고 해서 푸젠성의 모든 지역의 요리가 같은 특징을 보이진 않는다. 샤먼厦门, 장저우漳州, 취안저우泉州 일대의 해물 위주인 민난 요리와 창팅长汀, 닝화宁化 주변 내륙 재료를 주로 쓰는 민시 요리로 나뉜다.

대표적인 요리는 한국에도 잘 알려진 포탸오창이다. 뜻은 '도력 높은 스님이 담을 타고 넘어올 정도의 맛을 가진 음식'이다. 포탸오창은 푸젠 요리를 가장 잘 보여 주는 대표적인 요리인데 이유는 한 항아리에 온갖 산해진미를 넣고 약불로 오랫동안 고아 만든 요리기 때문이다. 포탸오창은 의외로 역사가 깊은 요리는 아니다. 기원을 거슬러 올라가 보면 청나라 광서제 2년인 1876년 푸저우 관원의 부인이 당시 지방 장관인 주련周蓮을 집에 초대했을 때 처음 만들었다고 전해진다.

포탸오창이란 이름이 붙게 된 연원도 아주 재미있다. 초기에 관원의 부인이 만든 포탸오창은 저장浙江성의 명주인 샤오싱주绍兴酒 항아리에 닭, 오리, 돼지, 돼지 위, 족발, 양고기, 비둘기 알을 집어넣고 고아서 만들었다고 한다. 포탸오창의 맛에 심취한 주련은 요리 비법을 전수하여 관아 요리사인 정춘발鄭春發에게 포탸오창을 만들게 했는데 이때 고기 양을 줄이고, 해산물을 늘려 현재의 모습을 갖췄다.

후에 정춘발은 관가를 떠나 '삼우재三友齋'라는 식당을 차려 포탸오창을 팔았다. 하루는 식당에서 관리들이 연회를 열었는데 한 고위 관리가 포탸오창의 냄새를 맡고 요리 이름을 물었다. 당시까지 이 요리에 이름은 없었는데 그때 한 관리가 즉흥적으로 이런 시를 지었다고 한다.

'壜啓葷香飄四鄰, 佛聞棄禪跳墙來'

시의 내용을 풀이하면 다음과 같다. '항아리를 여니 향기가 사방에 퍼지네, 선을 하던 스님도 냄새를 맡고 담을 넘어 달려오네.' 이때부터 도력이 높은 스님佛마저 담墻을 넘어跳올 정도로 맛이 좋다는 시구를 따서 포탸오창佛跳墙이라 불렸다고 한다. 푸젠 다샤로 들어와 3층으로 올라가면 바민스푸八閩食府라는 역사와 전통을 자랑하는 식당이 있다. 특히 포탸오창을 간판 요리로 하는 곳으로 베이징에서 먹어본 포탸오창 중에서는 단연 으뜸이라 할 수 있다.

포탸오창은 손님 접대를 하기 좋기 때문에 베이징 여러 곳에 전문 식당이 있지만, 대개 손님 접대용이라 그런지 식당의 외관이나 사이드 요리에 신경을 너무 써 정작 포탸오창 자체의 맛이 조금 떨어지는 경우가 많다.

바민스푸는 허례허식보다는 포탸오창 본질에 승부를 거는 식당이다. 한국에서 먹는 포탸오창과 푸젠성 본토의 포탸오창은 탕의 질감이나 맛의 강렬함에서 차이가 크다. 바민스푸에서 기본 포탸오창을 시키면 재료는 널리 알려진 대로 전복, 해삼, 소 힘줄, 송이버섯, 생선 부레, 샥스핀, 동충하초, 조개관자, 각종 약초 등이 들어간다. 이런 재료를 넣고 고았으니 어떻게 맛이 없을 수 있을까 싶을 정도로 재료가 실하다. 재료의 구성에 따라 가격도 천차만별인데 가장 대중적인 메뉴는 한 그릇에 200위안 정도 하는 중저가 포탸오창이다.

포탸오창은 식당 밥공기 하나 크기의 사기沙器 그릇에 담겨 나온다. 홍초와 고수도 취향에 따라 넣어 먹을 수 있게 함께 나온다. 처음엔 아무 양념도 넣지 않고 맛보는 걸 추천한다. 뭐라고 해야 할까. 진짜 몸에 원기가 도는 맛이라고 할까. 여태껏 먹었던 보양 음식 중에서는 단연 최고라고 할 만하다. 약재와 각종 몸에 좋은 식재료가 오랜 시간 고아지면서 정말 향긋한 향이 올라온다. 질감도 끓인 묵처럼 국물이 진득하다. 육고기와 해물이 적절히 조화돼서 느끼하다는 생각은 전혀 들지 않는다. 삼분의 일쯤 먹었으면 홍초를 조금 넣어 맛을 보자. 홍초를 넣으면 진한 국물 맛이 더 시원하고 가벼워지면서 입안에 상쾌한 느낌이 돈다.

포탸오창 한 그릇을 먹고 나면 이상하게 속이 든든하고, 미각이 다차원적으로 자극돼서인지 다른 음식이 맛없게 느껴진다. 여태껏 먹어 본 적 없는 맛이라 설명하기가 좀 어려운데 먹고 나면 음식의 기에 눌려 격한 운동을 한 것처럼 맥이 풀리는 느낌이다. 다만, 기분 나쁜 느낌이 아니라 몸 안에 열이 훅 올랐다 내려가는 그런 나른한 느낌이다. 조금 야한 느낌 같기도 하다. 가격도 한국에서 먹으면 보통 10~20만 원대니 이 정도 가격이면 먹어봄직하다.

바민스푸는 포탸오창 외에 죽순 묵, 채식 오리구이(오리 대신 버섯을 넣은 요리), 오이장아찌, 얇은 쌀면 볶음, 굴전, 술지게미 소라 볶음, 무조림도 평균 이상의 맛을 자랑하지만, 포탸오창과 함께 먹으면 맛이 반감되니 사이드 요리를 많이 시킬 필요는 없다.

포탸오창은 중국 음식의 정수라고 하는 둥포러우보다 훨씬 선이 굵고 강한 포스를 풍기는 음식이다. 애초에 한국에 없는 맛이기 때문에 기회가 된다면 꼭 푸젠다샤 바민스푸에 들러 포탸오창을 맛보길 바란다.

신장新疆 다샤 – 실크로드 맛집 탐방

신장은 중국 서쪽 끝에서 북쪽에 자리한 이슬람 문화권 자치구다. 예전 실크로드의 중심지이기도 한 신장은 중국의 문화적 다양성을 보여주는 독특한 지역이다. 신장 사람은 베이징이나 상하이 같은 지역에서 터를 잡으면 동향 사람이 정착하는 데 도움을 주면서 한데 뭉쳐 정착한다. 이때 주로 생업으로 삼는 것이 식당이다. 그래서 중국 어디를 가도 유명한 신장 식당 하나쯤은 반드시 있고, 맛 또한 준수한 편이다.

역사적으로는 서한 때(기원전 60년) 신장에 서역도호부가 설치됐던 적이 있다. 중국공산당의 설명에 따르면 1949년 신장은 평화 해방을 이루고, 1955년 10월 1일에 신장웨이우얼자치구가 설치됐다.

우리가 잘 아는 실크로드의 중간 길목이 바로 신장이다. 그래서 이곳을 실크로드의 배꼽이라고도 부른다. 지금은 낙후됐지만, 예전에는 동서양 교역의 중심 길목이었던 탓에 문화적 요소가 여전히 풍부하게 남아 있다. 그래서 문화 하면 빠질 수 없는 음식도 매우 훌륭한 편이다.

한 가지 재미있는 것이, 신장에는 아직도 둔전병제가 남아 있다. 말 그대로 중국 인민해방군들이 전시가 아닐 때는 농토를 일구다가 소집 명령이 떨어지면 전투태세를 갖춘다는 소리다. 바로 옆이 중국과 영토 분쟁을 겪는 인도와 맞닿아 있기도 하지만, 사실은 신장 지역의 독립 움직임에 대한 경계의 목적도 있다. 행정 구획도 병단으로 나뉘어 있고, 행정 문서에도 '○○병단'이라고 공식적으로 사용한다.

중국 양고기의 양대 산맥이 바로 네이멍구와 신장이다. 몽골이 순수한 양고기의 풍미를 살려 조리한다면, 신장은 쯔란孜然(커민)과 라자오辣椒(고추)를 비롯해 각종 향신료를 이용해 양고기를 조리한다. 두 지역 모두 양고기 맛은 두말할 것도 없이 끝내준다.

신장 지역의 양고기 요리 중 특색 있는 것은 붉은 버드나무라는 뜻의 '홍류수紅柳樹' 가지에 양고기를 꽂아 굽는 홍류카오양러우红柳烤羊肉다. 이 붉은 버드나무는 가지가 붉은색이고 잎은 녹색인 관목종이다. 홍류수 가지에 양고기를 꿰어서 구우면, 약간 소금기가 배고, 풍미를 더하는 성분이 나와

홍류카오양러우

맛이 좋아진다. 가지가 굵기 때문에 상당히 큰 덩이로 양고기를 떼서 꿰는 것이 특징이다. 일반 양꼬치가 육우라면 홍류카오양러우는 한우 안심이라 할 수 있다. 개인적으로 몽골식을 좋아하는 편이지만, 대중적으로는 신장

식이 더 인기가 많다.

실제로 유학생들이 처음 현지식에 적응할 때 가장 입맛에 맞아 자주 찾는 곳도 신장 식당이다. 왜 그럴까 곰곰이 생각해 봤는데 신장의 음식은 서양 음식, 특히 유럽 음식과 비슷한 점이 매우 많다.

먼저 신장 음식의 밥 역할을 하는 낭饟만 해도 피자와 무척 닮았다. 낭은 화덕에서 밀가루 반죽을 구워 만든다. 화덕을 이용하는 조리 방법 역시 피자랑 매우 유사하다. 낭을 이용해 만드는 음식들도 종류가 다양한데 간단하게는 낭 위에 고기를 얹는 것이 있고, 낭을 바닥에 깔고 양념이 된 음식을 부어서 내는 낭바오러우饟包肉 같은 음식도 있다.

신장은 면 요리 역시 무척 발달해 있다. 이탈리아 파스타랑 비슷하게 생긴 스파게티 같은 면이 있고, 수제비 같은 콘킬리에Conchiglie 모양도 있고, 칼국수처럼 생긴 탈리아텔레Tagliatelle와 비슷한 면도 있다. 심지어 마카로니와 비슷하게 생긴 딩딩몐丁丁面이라는 것도 있다.

쌀 요리인 필라프와 비슷한 요리도 있는데 이것도 만드는 과정까지 정말 비슷하다. 신장식 이름은 러우좌판肉抓饭이다. 밥을 볶다가 양고기 육수를 부어서 마저 볶고, 그 위에 육수를 낸 삶은 양고기를 얹어서 낸다. 밥의 질감 자체는 필라프라기보다는 고깃국물을 넣어 지은 전주식 비빔밥 같다.

후식으로는 수제 요거트를 먹어 보는 걸 추천한다. 신장에는 양이 있으니 당연히 양젖이 있고, 몽골처럼 특색이 있는 요거트도 있다. 요거트만 따지고 보면 신장 요거트가 몽골 요거트보다 훨씬 맛있다. 신장은 일조량이 많아 포도가 달기로 유명한데 수제 요거트에 건포도와 꿀을 얹어주는 것도 순수하게 요거트만 먹는 몽골과 좀 다른 부분이다.

신장 댜사 음식 맛을 굳이 평가하자면, 일단 한국으로 치면 음식의 기본이 되는 쌀밥 같은 낭이 역대 가본 집 중에 가장 맛있다. 면 요리는 다른 신

장 식당들도 워낙 맛있기 때문에 비슷하지만, 양고기를 잡내 없이 깔끔하게 조리해주는 게 수준급이다. 기본적인 간이 한국인 입맛에 맞는 것도 장점 중 하나다. 중국 요리 초급자를 포함해 4명이 거의 10개 이상의 요리를 시켜 30여 분 만에 먹은 적도 있다.

중국 음식이 입맛에 잘 안 맞는 초보 여행자라면, 유럽 음식 같기도 하고 그보다 조금 더 원초적인 맛이 나는 신장 식당에 꼭 들러보길 바란다.

아, 그리고 신장이 이슬람 지

신장다샤 한텅거리구이빈팅 新疆大厦汗腾格里贵宾厅
주소 : 北京海淀区三里河路7号新疆大厦嘉宾楼
전화 : +86 010-68348887, 010-68339999
영업시간 : 평일·주말 11:00~14:00, 17:00~22:00

역이긴 한데 특산 맥주도 있으니 애주가들은 라거 맥주인 '우쑤乌苏' 맥주와 흑맥주인 '신장 맥주'도 놓치지 마시길.

광저우广州 다샤 – 맛 고장의 자존심

한국에 가장 많이 알려진 중국 요리라면 그래도 역시 광둥 요리가 아닌가 싶다. 홍콩영화의 영향 탓도 있고, 호텔이나 고급 레스토랑에서 나오는 중국 요리 대부분이 광둥 요리인 경우가 많다. 베이징에도 여러 광둥 요릿집이 있지만, 수준이 있는 식당은 역시나 가격이 부담스럽다. 최근 중국에 퓨전 열풍이 불면서 광둥식당에 가도 제대로 된 광둥 요리가 나오는 대신 이 지역 저 지역 요리를 섞어 가격만 한껏 올려 받는 경우가 많다.

중국 요리에 대해 잘 모른다면 그 요리가 광둥 요린지 뭔지도 모르고 먹게 된다. 이럴 때 믿고 갈 수 있는 곳이 바로 광저우广州 다샤다. 광저우 다샤는 베이징 현지인들이 쇼핑을 위해 가장 많이 찾는 시단西单에 자리하고 있다. 광둥 요리가 중국 4대 요리라는 것은 입에 단내가 나게 앞서 설명했으니 생략한다. 광둥 요리 중에서 맏이 격인 요리가 바로 광저우 요리다. 경제적으로 풍요로운 광저우답게 광저우 다샤는 꽤 번화가에 있다. 관광객들은 주로 왕푸징에 가서 쇼핑하지만, 현지인들은 시단을 더 애용한다.

광저우 다샤는 시단에서도 중심에 자리하고 있어 재미 삼아 쇼핑을 하고 저녁식사 시간에 맞춰서 가 봐도 좋다. 광저우 다샤에 들어서면 중간에 소라 모양으로 위 층으로 연결되는 계단이 있다. 이 계단을 따라 올라가면 '광저우 스푸食府'라는 광저우 요리 전문점이 보인다.

광저우 요리는 화려한 외관에 비해 담백하게 조리해 내는 것이 특징이다. 재료의 맛을 살린다는 점에서 서양 요리와도 비슷한 점이 있어 서양에서도 인기를 끄는 게 아닌가 싶다. 우리에게 가장 친숙한 광저우 요리를 꼽으라면 딤섬과 광둥식 바비큐인 차슈를 꼽을 수 있다. 딤섬은 딘타이펑같이 한국에 들어온 프랜차이즈 레스토랑이나 홍콩 여행을 다녀온 사람에겐 익숙한 요리다.

앞서 약간 설명하기는 했지만 차슈는 조금 낯선 사람도 있을 것이다. 홍콩에 가면 요리사가 유리로 된 차단막을 두고 통오리 훈제나 소시지 모양 햄, 통삼겹 훈제를 빨랫줄 같은 데 걸어두는데 이게 바로 차슈다. 광둥 사람들은 돼지고기, 닭고기, 오리고기, 거위 고기를 이용해 차슈를 만들며 밥 위에 얹어 덮밥 식으로 즐겨 먹는다.

광저우 스푸도 두 요리 모두 수준급으로 맛이 좋다. 지금껏 이곳에서 먹어 봤던 요리는 샤오어烧鹅(거위 바비큐), 돼지갈비찜, 새우 딤섬, 차슈 만두, 완탕면, 개구리 난소탕, 닭발 조림, 각종 질솥(점토와 고운 모래로 구워 만든 솥) 요리 등이다.

이곳의 메인 요리인 샤오어는 정말 맛이 좋다. 베이징에는 전통 강자인 베이징덕이 있지만, 잘 구워진 샤오어만큼은 열 베이징덕이 부럽지 않게 맛있다. 바삭한 껍질에 두툼한 거위 살은 간장 양념으로 잡내를 싹 잡아내서 흰쌀밥과 아주 잘 어울린다. 베이징에서 거위 바비큐를 먹고 단 한 번도 맛있다는 생각을 해본 적이 없었는데 역시 광저우 다샤 식당답게 현지 수준으로 손맛을 제대로 냈다.

광둥식 돼지 갈비 요리도 일품이다. 진인쌴정파이구金银蒜蒸排骨는 찜 요리다. 돼지갈비를 찐다고 하면 누린내가 많이 날 것 같다는 생각이 들 수 있다. 하지만 셰프의 솜씨가 좋으면 이런 고민을 하지 않아도 된다. 광저우 스푸에서는 생강과 간장을 이용해 돼지갈비의 잡내를 싹 잡아 전혀 누린내가 나지 않는다. 요리의 이름을 보면 '진인金银'이라는 단어가 들어가는데 여기서 진인은 금과 은이란 뜻으로 색이 노란 고구마와 하얀 토란을 가리킨

다. 광둥 요리에서 일반적으로 '진인'이라는 표현이 들어가면 바로 고구마와 토란이 들어간 요리라고 생각하면 된다. 이 돼지갈비 요리에도 찜기 밑에 고구마와 토란이 깔렸다.

또 다른 돼지갈비 요리는 무와 함께 진한 양념으로 조려 나온 갈비 요리다. 앞선 갈비 요리가 찜기를 이용했다면 이 요리는 솥에서 조리는 방식이다. 밥과 어울리는 달고 짭조름한 맛이 나는데 무를 이용해 고기 잡내를 잡았다. 고기보다 무가 더 맛이 좋을 정도로 푹 익혀져 나온다. 생선찜 요리에 들어 있는 무요리를 좋아하는 사람이라면 누구나 좋아할 맛이다.

광둥 요리에는 우리로 치면 뚝배기 같은 질솥을 이용한 요리가 많다. 질솥을 이용한 요리들도 수준급이다. 질솥은 공기가 잘 통하는 것이 특징으로 요리의 온도가 오래 유지돼 요리를 뜨끈한 상태에서 오래 즐길 수 있다는 장점이 있다. 질솥 요리 중에는 앞서 언급한 돼지갈비 무조림 요리와 당면 솥 요리, 질솥밥을 추천하고 싶다.

질솥밥은 광둥 요리의 대표 음식이다. 홍콩 요리로 아는 사람도 있는데 홍콩 요리 자체가 광둥 요리가 건너가 서양 요리와 결합한 것이니 원류는 광둥 요리가 맞다. 질솥밥에는 광둥식 소시지와 쌀이 들어가며 오랜 시간 질솥에서 끓여서 만들어 강한 소시지 향이 밥 전체에 배어드는 게 특징이다. 제대로 하는 집은 50분 정도 시간이 걸리며, 간장에 비벼서 먹고, 바닥에 눌은 밥이 생기면 이걸 긁어먹는 재미도 있다.

광둥 요리하면 빠질 수 없는 것은 역시 괴식류 요리가 아닐까. 책상다리 빼고 다 먹는다는 광둥인 만큼 광저우 다샤에 왔으면 평소 못 먹는 괴식 요리에 도전해보는 것도 좋다. 기왕이면 가장 특이한 재료를 이용한 요리를 먹어 보는 게 좋으니 개구리 난소로 만든 탕을 먹어 보도록 하자. 이 요리는 말 그대로 개구리 난소를 들큰하게 끓인 것인데 재료를 말해주지 않으면 따뜻한 디저트쯤으로 생각이 들 만큼 맛이 좋다. 역하지도 않고, 나름 보양식이라고 한다.

굳이 하나 더 꼽자면 닭발 간장찜 정도가 있겠다. 닭발은 한국에서도 즐겨 먹는 음식이지만, 중국에서는 뼈를 발라내고 내는 것이 아니라 닭발 모양 그대로 나오기 때문에 약간 혐오스러울 수 있다. 나는 즐겨 먹는 편은 아닌데 간장 양념한 닭발 요리라고 생각하면 된다. 중국에서는 주로 닭발 요리에 봉황의 손톱이란 펑좌凤爪라는 이름을 붙인다.

광둥하면 빠질 수 없는 딤섬도 꼭 시켜야 할 메뉴다. 광둥 요리를 대중적으로 널리 알린 공이 가장 큰 음식이 바로 딤섬이다. 보통 홍콩에서 딤섬을 접하는 사람들이 많지만 딤섬 역시 광둥의 대표 요리라 할 수 있다. 요새는 딤섬 전문점이 세계 곳곳에 생겨 딤섬은 따로 소개하지 않겠다.

주식으로는 완탕면을 시켰다. 한국에도 딘타이펑 같은 체인점이 들어서면서 완탕면이 많이 알려졌지만 광저우가 바로 완탕면의 본향이다. 완탕면의 유래가 참 재미있는데 완탕은 쓰촨 요리인 훈둔混沌의 광둥식 표현이다. 그런데 완탕이란 말이 더 대중적으로 사용되다 보니 내륙에서는 완탕면을 '원둔몐云顿面'이라고 다시 음차해 표기한다. 그러니까 훈둔이 광둥으로 가면서 완탕이 됐고, 이게 다시 내륙으로 오면서 원둔몐이 된 것이다.

중국 남방의 디저트도 빼놓을 수 없는 미식 중 하나다. 대만, 홍콩, 싱가포르 등 남방 중화권 지역을 가본 사람이라면 중국식 디저트의 위대함을 잘 알 것이다. 광저우의 디저트도 이 지역들과 마찬가지로 맛이 아주 훌륭하다. 특히 홍더우쐉피나이红豆双皮奶와 양즈간루杨枝甘露 같은 요리는 광둥을 대표하는 디저트다. 홍더우쐉피나이는 이름 그대로 팥과 우유가 들어간 디저트로, 재료는 우유, 삶은 팥, 계란 흰자, 설탕이다. 재료만 봐도 알 수 있듯이 부드럽고 달짝지근한 맛이 일품이다.

양즈간루도 부드러운 디저트류에 속하는 홍콩식 디저트다. 재료는 야자 밀크, 유자, 망고, 사고야자 녹말 등이 들어간다. 먼저 야자 밀크와 우유, 망고 퓌레를 섞어 기본 베이스를 만든 뒤 여기에 사고야자 녹말을 끓는 물에 넣어 젤처럼 만들어 붓는다. 그리고 위에 자몽과 망고, 딸기 등 좋아하는 과

일을 얹으면 완성된다.

이 음식들은 광저우 요리 중 빙산의 일각에 불과하지만, 그래도 나름 대표적인 음식들이라 할 수 있다. 한 가지 상식으로 일러두자면 광둥 지역에 가면 계산이 끝난 테이블에 꽃이 꽂힌 화병을 올려두는 풍습이 있다. 광저우 스푸도 계산을 마치면 종업원이 꽃이 든 화병을 테이블에 올려준다.

광저우 다샤는 명성에 걸맞게 모든 음식에 손맛이 느껴지는 곳이다. 와서 식사를 해보면 왜 광둥을 미식 천국이라 부르는지 고개가 절로 끄덕여질 것이다.

'중국 면의 발상지' 산시山西 면식로드

베이징에는 각 지방정부의 다샤가 있지만, 꼭 다샤가 아니더라도 그 고장 출신의 셰프나 주인이 운영하는 유명 식당들이 있다. 이런 식당들은 자기 고향의 맛을 고수하면서 전통적인 특색을 잘 유지하고 있는 것이 특징이다. 지금 소개할 '진양판좡晋阳饭庄'이 바로 그런 곳이다. 현지인의 맛집이기 때문에 외국인이나 관광객이 알기는 어렵다. 특히 면식을 좋아하는 사람이라면 '진양판좡'이라는 이름을 꼭 기억하자.

'차진 면발을 한 입 몰아넣고, 오물오물 씹을 때 나오는 단맛과 국물의 어우러짐을 느껴보지 못한 사람은 인생에서 큰 기쁨 하나를 모르는 것과 같다.'

면 요리는 남녀노소 좋아하는 대표적인 대중 요리다. 나 역시 면 마니아로서 항상 면 요리를 즐겨 먹는 편이다. 이따금 면 요리를 앞에 두고 과연 이 면이란 것이 어디서 왔을까 생각하곤 한다. 만물 중국 근원설을 신봉하는 중국인들은 세계 면의 고향을 당연히 중국이라고 주장한다. 그중에서도 산시山西는 중국 면의 근원이라 불리는 지역이다.

세계 면의 역사를 공부하지 않았기 때문에 과연 진짜인지는 확인할 길이 없지만, 산시에는 정말 오래전부터 많은 면이 존재해 왔다. 중국으로만 지역을 국한한다면 정말로 우리가 흔히 봤던 중국 면 종류 대부분은 산시 지역에서 발원했다. 세계 면의 발상지가 중동인지 이탈리아인지 모르지만, 중국만 똑 떼어 놓고 보면 산시가 바로 면의 고장이 맞다.

실제 중국에는 이런 말이 있다.

'세계의 면식은 중국에 있고, 중국의 면식은 산시山西에 있다'

최근 백종원 씨가 한 프로그램에서 시안西安의 빵빵몐을 소개하면서 산시陝西(섬서)의 면이 주목받고 있지만, 면식으로만 따지면 아무래도 같은 발음의 산시山西가 한수 앞선다. 우리 사무실 직원 중 한 명이 바로 산시 출신으로 '면부심'이 상당하다. 하루는 점심을 먹으며 고향에 있을 적에 쌀밥을 먹지 않았느냐고 물은 적이 있다. 이 직원의 대답은 "365일 면만 먹는데요"였다.

나도 무척이나 면을 좋아하는 사람이긴 하지만, 365일 삼시 세끼 면만 먹으라면 자신이 없다. 도대체 얼마나 면이 맛있길래 1년 내내 면을 먹을 수 있을까라는 의문을 가지며 언젠간 산시에 가봐야겠다고 생각했다. 안타깝게도 산시에 갈 일이 좀처럼 생기지 않아 아쉬운 대로 베이징에서 가장 산시 면식을 잘 한다는 '진양판좡'을 찾아갔다.

진양은 산시성 성도인 타이위안太原의 옛 지명으로, 현재도 타이위안의 6구 중 하나의 지명으로 사용되는 곳이다. 산시의 면식 기원은 약 2천 년을 거슬러 올라간다. 그러니까 기원전부터 면식을 했다는 것인데 이 지역의 환경을 생각해 보면 당연하다. 산시는 벼농사보다는 옥수수, 수수, 콩, 메밀, 귀리 같은 곡물이 나는 지역이다.

물론 요즘 같이 물류가 발달한 시대에는 당연히 쌀을 산시로 운송할 수 있지만, 우리 직원의 이야기를 들어보면 수천 년에 걸쳐 이어져 온 식문화는 쉽게 바뀌지 않는 모양이다. 산시의 면식은 면을 만드는 재료에 따라 소맥(밀)면, 수수면, 콩면, 귀리면 등 수십 종으로 나뉜다. 조리 방법에 따라 삶는 면, 끓이는 면, 찌는 면 등으로 나뉜다. 마지막으로 면을 뽑는 방식에 따라 다오샤오몐刀削面(도삭면), 라몐拉面, 꺼다몐疙瘩面 등으로 분류된다. 면의 종류가 너무 많기 때문에 다 먹어 보기란 무리가 있어 가장 대표적인 세 가지 면을 먹어 봤다.

진양판창晋阳饭庄후팡차오점

주소 : 北京宣武区珠市口西大街241号
전화 : +86 010-63031669, 010-63037636
영업시간 : 10:00~14:00, 17:00~21:00
주말 10:00~14:00, 17:00~21:00

면에 부어 먹는 소스로 해삼과 표고버섯을 베이스로 하는 무난한 소스를 택했다. 먼저 한국에도 도삭면으로 많이 알려진 다오샤오몐은 말 그대로 반죽 덩이를 칼로 쳐서 면을 뽑아내는 면이다. 끓는 냄비 속에 칼로 반죽을 탁탁 쳐서 면을 집어넣어 삶기 때문에 식감이 부드러운 것이 특징이다. 면의 끝부분이 얇아 국물이 잘 배는 특징이 있고, 칼이 지나는 면에 따라서 윗부분이 두껍고 점점 아래로 갈수록 얇아지는 특성이 있어 한 면에서 여러 식감이 느껴지는 것이 특징이다. 중국의 면이 흔히 잘 퍼지는 특성이 있다고 생각하는데 제대로 뽑은 산시의 면은 전혀 그렇지 않다. 오히려 한국의 두꺼운 칼국수 면발처럼 쫄깃한 식감이 난다. 물론 도삭면은 두께가 아래로 갈수록 점점 얇아지는 특성 때문에 그보다는 부드럽지만, 가장 두꺼운 윗부분은 찰기가 느껴질 정도로 쫄깃하다.

다음으로 먹은 면은 마오얼둬몐猫耳朵面이다. 이 면은 생긴 모양이 숏파스타인 콘킬리에와 닮았다. 이름을 보면 그 이유를 알 수 있다. 우리 말로 풀어보면 '고양이 귀'면이다. 생긴 모양이 안쪽으로 말려 있어 꼭 고양이 귀처럼 생겼기 때문에 붙은 이름이다. 식감은 다오샤오몐보다는 퍼석한데 질감은 두꺼운 수제비 느낌이 난다. 입안에서도 두께가 느껴지는 것이 마카로니 같은 파스타와 정말 비슷한 식감이 난다. 반죽을 수제비 뜯듯이 손으로 작게 뜯어 쥐어서 모양을 만든다. 만드는 셰프의 내공에 따라서 맛이 달라지기 때문에 식당마다 맛 차이가 날 수 있다.

마지막으로 이 집에서 가장 맛이 좋은 이건몐一根面이다. 이건몐은 라몐拉面의 일종으로 손으로 당겨서 뽑아내는 면이다. 이름 그대로 끊어지지 않고

한 가닥으로 국수 한 그릇을 만드는 것이 특징이다. 면을 끊어지지 않게 한 가닥으로 뽑아내야 하기 때문에 반죽이 매우 차지고, 한국인이 가장 좋아할 만한 식감을 자랑한다. 쫄깃한 면을 좋아하는 나는 세 면 중에서 이건멘을 최고로 꼽는다. 면식 고수들의 비기인 '면치기'에 능한 사람이라면 이건멘을 끊어지지 않게 호로록호로록 한 번에 먹어 보는 것도 재미있을 것 같다.

산시의 면들을 먹으면서 그동안 우리가 알던 중국의 면들이 굉장히 베이징식과 동북식에 국한돼 있다는 생각이 들었다. 이렇게 모양과 면의 재료,

조리 방법이 다양하다면 365일 면식을 하는 것도 가능할 것 같았다. 면을 좋아하는 면 마니아라면 365일 면만 먹고 산다는 중국 면의 발상지인 산시에 꼭 가보길 바란다.

몇 년 전부터 한국에서도 훠궈火锅가 대유행하고 있다. 번화가에서 훠궈 식당을 심심찮게 볼 수 있을 정도다. 훠궈는 몽골의 군대에서 투구를 뒤집어 탕에 고기를 담가 먹던 것에서 유래했다는 설과 북방 흉노족에게서 전해졌다는 설이 있는 중국의 대표 음식이다. 중국에서는 심지어 주周나라 때까지 훠궈의 역사를 거슬러 올라가기도 한다. 뭐가 진실인지는 모르지만, 확실히 송대에 이르러서는 민간에서도 훠궈를 즐겨 먹었다는 기록이 『산가청공山家淸供』에 남아 있다. 청대에 이르러서는 민간에서 유행하던 훠궈가 궁궐로 들어가 궁중 요리가 됐다. 역사가 오래된 만큼 대중에게 오랫동안 사랑받은 음식임은 틀림없다.

확실한 것은 훠궈가 북방 지역의 음식이라는 점이다. 그래서 양고기나 말고기 등이 훠궈의 주재료로 지금까지 사랑을 받고 있다. 훠궈는 조리방법이 간단하면서도 재료나 궈디锅底(훠궈 육수의 중국식 표현)에 변화를 주면 개성이 독특해지는 특징이 있다. 중국에만 해도 지역마다 훠궈 종류가 다 다르고, 프랜차이즈마다 형식과 맛도 다 다르다.

한국에서 주로 먹는 훠궈는 매운 궈디를 쓰는 쓰촨식 훠궈와 맑은 궈디를 쓰는 둥라이순(중국 유명 프랜차이즈) 스타일의 청나라식 훠궈다. 베이징에 여행을 왔다면 이런 훠궈보다는 중국에서만 맛볼 수 있는 훠궈를 찾아 맛보는 것도 좋겠다. 베이징에는 전국 각지의 훠궈 전문점이 모여 있다. 청나라 궁중식 훠궈는 물론이고, 몽골식, 윈난云南식, 쓰촨四川식, 차오산潮汕식 등 다양한 훠궈 식당이 즐비해 있다. 하지만 오히려 거리마다 널린 훠궈 식당 중에서 옥석을 가려내기란 무척 어렵다.

이번 장에서는 베이징의 여러 훠궈 식당을 다녀본 경험을 바탕으로 한국인이 좋아할 만한 훠궈 식당 몇 곳을 소개해 보고자 한다.

'신선한 고기 맛이 일품' 신장 훠궈

훠궈를 먹기 전에 우리가 왜 훠궈를 먹는지 생각해보자. 한국에서 인기 있는 훠궈 메뉴는 고기, 중국 당면, 동과冬瓜(박), 와와차이娃娃菜(애기배추), 고기완자, 생선완자, 새우완자, 유부 튀김, 얼린 두부다.

그중 훠궈의 메인은 바로 고기다. 고기를 궈디에 담가 먹고 나서 그 고기 육수에 채소나 다른 것을 넣어 먹는 것이 훠궈의 참맛을 느끼는 기본이다. 그렇다면 저런 현란한 재료들은 다 무엇일까. 잔기술은 보통 본질을 현혹하기 위한 것일 때가 많다. 저런 재료들도 무척 맛있지만, 훠궈의 본질인 고기에 자신이 없을 때 저런 메뉴를 앞세우기 마련이다. 즉, 신선하지 않은 고기를 숨기기 위한 기만술일 뿐이라는 이야기다. 물론 동의하지 않을 사람도 많을 것이다. 그러나 지금 소개하는 신장新疆 훠궈를 맛본다면 이 이야기가 무슨 뜻인지 알게 될 거다.

제대로 훠궈 고기 맛을 보고 싶다면 베이징 한인촌인 왕징에 있는 '쥐바오위안聚宝源'이라는 이슬람식 훠궈 식당에 가보기 바란다. 신장 위구르족 사장님이 운영하는 쥐바오위안은 베이징 웬만한 유명 훠궈 식당보다 고기 질이 뛰어나고 가격도 합리적인 곳이다.

개인적인 기준으로는 가성비를 떠나서 고기의 질만 놓고 보면 최고의 훠궈 식당이라고 말하고 싶다. 이 식당의 이름은 '쥐바오聚宝(보물이 가득한)'한 '위안源(집)'이라는 뜻이다. 무슬림이 운영하는 집이기 때문에 돼지고기는 판매하지 않고, 양고기를 주력으로 삼는 집이다.

양고기를 잘 먹지 못하는 사람이라도 이 식당의 양고기는 맛있게 즐길 수 있을 정도로 고기가 신선하고 누린내가 나지 않는다. 위구르족은 중국 서북 지역이 터전이다. 아직도 유목 문화를 간직하고 있고, 종교는 대부분 이슬람교다. 서양 국가들이 중국을 비판할 때 항시 신장을 거론하는 것은 중

국정부가 한족 융화정책을 추진하면서 신장 지역에 강한 이주정책을 폈기 때문이다.

한때는 실크로드의 길목이었던 신장 지역은 다양한 문화가 공존하고 식문화도 매우 발전했던 곳이다. 이슬람의 문화를 간직한 이곳은 양고기가 무척 맛있는 곳으로 유명하다. 중국 어느 지역이나 신장 식당이 인기가 있을 정도로 신장 양꼬치나 양젖 요구르트 등도 유명하다. 양고기를 그만큼 잘 다루는 지역이란 의미다.

쥐바오위안聚宝源 왕징점
주소 : 京朝阳区远安路望京东园7区八号楼 1-2层8-35
전화 : +86 010-84727198
영업시간 : 평일 11:00~22:00
주말 11:00~22:00

보통 한국 훠궈 식당에 가서 양고기를 시키면 어떻게 나오는지 떠올려 보자. 대부분은 대패삼겹살처럼 돌돌 말린 고기가 나온다. 왜 그럴까? 바로 고기 질에 자신이 없기 때문이다. 훠궈는 원래 빠르게 데쳐 먹기 때문에 얇게 써는 거 아니냐고 반박하는 사람도 있을 수 있다. 물론 맞는 말이기도 하지만 쥐바오위안의 고기를 보면 그것도 꼭 맞는 말은 아니다.

식도락을 즐기는 사람들은 신선한 고기를 먹고 싶을 때 소를 키우는 지역이나 도축을 하는 우시장 근처의 정육식당에 가곤 한다. 이런 식당의 고기는 살에 윤기가 좌르르 흐르고, 신선해서 살아 숨쉬는 것 같다. 바로 쥐바오위안의 고기가 그런 고기다.

이곳은 청나라식 신선로 같은 특수한 솥을 사용한다. 이 솥의 유래는 이렇다. 훠궈의 기원은 몽골의 유목민 출신 전사들이 투구를 뒤집어 초원에서 불을 지펴 먹은 데서부터라는 설이 있다. 이때 투구 모양의 훠궈가 다시 북방 이민족에게로 전해지면서, 저런 신선로 같은 형태의 훠궈로 변화됐다고 한다. 한국에도 있는 신선로와 비슷하게 이 훠궈도 가운데에 숯을 넣어서 육수를 데우는 방식이다.

쥐바오위안은 맛집답게 육수인 궈디를 손님이 고를 수 없다. 그냥 식당에서 주는 대로 모든 손님이 한 가지로 통일된 궈디를 먹어야 한다. 이곳의 궈디는 맹물에 구기자, 표고버섯, 대추 몇 알을 띄운 것이다. 아주 맵거나 진한 육수를 주는 다른 훠궈 식당을 상상했다면 이게 뭔가 싶을 수도 있다. 그러나 쥐바오위안은 다른 식당에서는 고기 질에 자신이 없기 때문에 맛이 진한 육수를 쓴다는 신념을 가지고 있다.

일단 육수가 끓으면 이 집 간판 메뉴인 '손으로 직접 썬 신선 양고기_{手切鮮}羊肉' 한 접시를 주문해 궈디에 넣자. 여기서 중요 포인트는 핏기가 가시면 바로 건져내 먹는 거다. 이때 익는 데 시간이 오래 걸리는 완자류는 미리 집 어넣도록 하자. 신선한 양고기를 익힌 뒤 역시나 선택권이 없이 일괄적으로 주는 특제 마장(깨소스로 만든 장)에 살짝 찍어 먹으면 된다.

맛이 어떠하냐면, 이런 건 한국엔 없는 맛이다. 그러니까 베이징에 오거나 위구르족이 사는 신장에 가서야 먹을 수 있는 그런 환상적인 맛이다. 고기가 너무 신선하고 약간 두툼하기 때문에 육질을 제대로 즐길 수 있는 것도 일반적인 훠궈 식당과는 다른 점이다. 마치 신선한 우삼겹을 샤브샤브해 먹는 맛인데 구기자향이 은은히 나면서 양고기 누린내도 전혀 나지 않는다.

양고기 맛을 제대로 봤다면 이제 '고칼슘 양고기高钙羊肉'를 훠궈에 넣어 보자. 이 고기는 얇게 썰어 나오는데 왜 이름이 고칼슘이냐면 바로 고기에 오돌뼈 같은 게 붙어 있어 그렇다. 얇은 고기지만 고기 맛은 두말할 필요도 없이 신선하고, 오독오독 씹히는 식감도 재밌다.

이 집에서 고기를 주문하는 비결은 메뉴판에 '서우체手切'라는 한자가 적힌 메뉴를 집중적으로 고르는 것이다. 서우체는 말 그대로 손으로 썬 고기로 고기가 두툼하고, 바로바로 썰기 때문에 고기가 신선하다.

어느 정도 고기를 즐겼다면 백김치를 넣어보자. 순수한 고기 맛을 봤으니 이제 개운한 육수에 빠진 고기 맛을 볼 차례다. 백김치를 육수에 넣으면 하얼빈에서 먹었던 백김치탕 같은 맛이 난다. 다른 TV 프로그램에서도 소개된 적 있는 그 칼칼하면서 약간 시큼한 백김치탕과 맛이 비슷하다. 여기에 신선한 양고기를 담가서 살짝 익은 아삭아삭한 백김치와 먹으면 유명 청나라식 훠궈 식당 둥라이순东来顺 저리 가라 하는 맛의 신세계가 펼쳐진다.

다음엔 처음부터 육수에 들어 있던 표고버섯을 꺼내 먹는다. 육수 재료의

사명을 다한 버섯이니 조금 맛이 떨어진다고 생각할 수 있지만, 이 정도 상태에서 먹으면 양고기 육수가 버섯에 스며들어 아주 맛이 좋다. 그리고 처음 고기를 넣을 때 같이 넣어 두었던 완자가 이쯤 되면 다 익는다. 이걸 건져서 살짝 마장에 찍어 먹으면 새우살이 씹히면서 쫀득쫀득하고 제대로 된 훠궈 완자를 즐길 수 있다.

이제 사이드 요리로 넘어가 보자. 쥐바오위안에서 가장 맛난 사이드 요리는 바로 '체황과뤄보切黄瓜萝卜'다. 한국말로 풀어보면 썬 오이와 무 무침 정도 되겠다. 일반적인 중국 오이 무침에 붉은색 무가 추가된 것인데 무가 들어가서 아삭아삭하니 식감이 좋다. 특히 고기의 기름기로 느끼해진 입안을 상쾌하게 해준다. 같은 이유로 탕쏸糖蒜을 주문해도 좋다. 탕쏸은 중국식 마늘장아찌인데 이름처럼 한국 것보다는 약간 단맛이 강하다.

음료는 바이주도 좋지만 상쾌한 입가심을 위해 맥주와 매실차를 추천한다. 맥주는 베이징 지역 맥주인 옌징燕京을 주문하자. 술을 즐기지 않는 사람이라면 매실차를 시켜 먹는 것도 좋다.

쥐바오위안은 피크 타임에 오면 대기시간이 기본 1시간일 정도로 현지인에게 인기가 많다. 웬만해선 대기시간이 긴 집에 안 가는 편인 나 역시 이 집에서는 다소곳하게 차례를 기다린다. 테이블에 앉아 나눌 대화는 대기하면서 나누고 먹을 때는 침묵한 채 빠르게 손과 입을 놀려 먹는다.

베이징에서 가을에 꼭 해야 하는 일 10가지 중 하나가 외교 공관 거리에 있는 둥라이순에 가서 떨어지는 낙엽을 보며 훠궈를 먹는 것이다. 저녁 자리나 취재 활동 때문에 둥라이순을 자주 가는 입장에서 말하자면 쥐바오위안이 둥라이순보다 고기 맛이 10배 이상 좋다.

야구로 비유하자면 일반 훠궈가 기교파 좌완 투수라면, 이 집은 직구 전문 우완 투수의 맛이랄까. 정말로 고기 맛이 애리조나 다이아몬드백스 전성기 시절 랜디 존슨 선수의 시속 102마일 직구같이 묵직하다. 가을에 베이징을 찾았다면 쥐바오위안에 가서 양고기 훠궈를 꼭 맛보기 바란다.

'중국의 횡성' 차오산 훠궈

한국에도 맛의 고장이 있듯이 중국에도 맛의 고장이 있다. 바로 광둥성. 여기서 좀 더 범위를 좁혀 보면, 차오저우潮州와 산터우汕头 이 두 지역을 꼽는다. 하여튼 책상다리 빼고 다 먹는다는 바로 그 광둥에도 훠궈가 있다.

차오산 훠궈 고기

　광둥이 워낙 넓기 때문에 훠궈에도 여러 종류가 있지만, 이번에 소개할 훠궈는 소고기 명가 차오산의 훠궈다. 맛의 고장에서는 모든 요리가 맛있다는 이야기가 있듯 차오산의 훠궈도 정말 맛이 좋다. 베이징의 한인촌에도 '스차오산터우센뉴관食潮汕头鲜牛馆'이라는 차오산 훠궈 식당이 한 곳 있는데 이곳은 하이디라오海底捞같은 유명 프랜차이즈보다 값은 저렴하고 맛은 훨씬 좋다.

　이 식당은 한인촌인 왕징에 있지만 주로 현지인들이 오고 한국인은 잘 오지 않는다. 그래서 언제 가든 대부분 테이블이 현지 손님들로 가득 차 있다. 식당 이름에 특별히 소고기가 붙은 것은 소고기만 팔아서가 아니라 궈디(육수) 베이스가 소고기이고, 이 집의 주메뉴가 소고기이기 때문이다.

　나는 가끔 고기가 무척 당기는 날이면 이 식당을 찾는다. 중국은 보통 고기를 부위별로 나눠 먹는 편이 아니지만, 차오산 훠궈 식당에서는 소의 각 부위를 골라서 주문할 수 있고, 가격도 훌륭해 양껏 시킬 수 있다. 4인 기준으로 소 부위에 따라 6접시를 시키고, 양고기도 1접시 정도 시키는 게 좋다. 여기에 부속물인 천엽이나 내장 부위를 추가하면 고기 욕구를 충분히 충족시킬 수 있다.

사이드로 버섯, 채소 세트, 두부피 튀김, 생선완자는 필수고, 전채 요리로 피딴을 주문한다. 입가심용으로 마늘장아찌, 후식으로는 칼국수 면 2개 정도를 시키면 얼추 이 집을 즐길 준비가 끝난다.

이 집 육수의 장점은 한국의 소고깃국 맛이 나 한국인 입맛에도 잘 맞는다는 것이다. 소고기 육수만 떠먹어도 해장이 되는 느낌이 들 정도로 육수가 맑고 시원하다. 실제로 육수에 무가 듬성듬성 썰어져 있는 것을 볼 수 있다.

여기서 훠궈 먹는 방법을 잠깐 소개해 보자.

1. 소스 바에 가서 취향대로 소스를 제조한다.

2. 전채 요리를 먹으면서 육수가 끓을 때까지 기다린다.

3. 고기를 먼저 집어넣어서 육수를 진하게 만든다.

4. 육수가 진해지면 나머지 채소와 생선완자 등을 집어넣어서 육수가 스미게 한 다음 먹는다.

5. 추가 주문을 해서 처음 시킨 것 중 맛있었던 것을 좀 더 먹는다.

6. 후식으로 면을 담가서 '진한 고기 육수+채소 육수'가 혼합된 탕에 익혀 먹는다.

너무 순서가 복잡하게 느껴진다면 '선고기 후채소'만 기억해도 된다. 이

차오산 훠궈

식당에 올 때는 식당 길 건너에 있는 중국 술 판매점에서 바이주를 사와 먹으면 된다. 내가 이 식당에서 자주 먹는 술은 샤오후투셴小糊涂仙이란 농향형 바이주인데 한국말로 풀이하면 샤오는 '작은 또는 조금', 후투는 '어리석은', 셴은 '신선'이란 뜻이다. 합쳐서 풀이하면 '조금 어리석게 살면 신선처럼 살 수 있다'는 뜻이다. 이 술은 한국에도 잘 알려진 마오타이가 생산되는 구이저우貴州 마오타이현에서 만들어진다. 가격은 마오타이의 10분의 1도 안 되는데 맛은 훌륭한 편이다. 가격은 130위안 정도지만, 한국의 중국집에서 마시는 바이주와는 비교하면 안 되는 수준의 맛과 향이 난다.

차오산 훠궈는 소스 종류가 일반 훠궈 식당보다 많다. 나는 이 집에 오면 간장소스, 마장소스, 차장소스 세 가지를 제조해 먹는다. 마장은 우리가 흔히 먹는 그 훠궈 소스로 들큰한 맛 때문에 여성들에게 인기가 많다. 간장소스는 해물 간장으로 제조하는데 굴 소스로 간을 잡고, 파, 고수, 간마늘, 마늘 튀김 가루를 첨가해 풍미를 살리면 더 맛있다. 차장소스는 차茶가루로 소스를 만든 것으로 약간 짭짤한 맛이 나는 것이 특징이다. 초반에 육수가 배기 전에 찍어 먹으면 간이 맞고 풍미도 살려 준다. 이 식당의 고기 질은 중국 맛의 대명사인 차오산의 이름이 걸린 만큼 다른 프랜차이즈 식당보다 훌륭하다. 매일 직접 소를 한 마리 도축해서 판매하는 콘셉트로 운영하는데 고기가 떨어지면 영업도 종료한다. 특히 이곳에서 내오는 내장 부위 중에는 천엽을 꼭 먹어 보길 바란다. 천엽은 너무 오래 국물에 담그면 질겨지기 때문에 한 5~7초 정도 담갔다가 양쪽 끝이 말릴 때쯤 건져 내어 먹으면 된다.

배가 어느 정도 차오르면 두부피 튀김을 먹으면서 면을 체에 밭쳐 육수에 담근다. 두부피를 다 먹을 때쯤 면이 알맞게 익는다. 이렇게 이어지는 순서가 왜 중요하냐면 훠궈는 흐름이 끊기는 순간 쉽게 배가 불러 남은 재료들이 맛이 없어지기 때문이다.

차오산은 중국에서 맛의 대명사처럼 쓰인다. 중국 요리를 잘 먹지 못하는 사람이라면 절대 실패할 일이 없는 차오산 소고기 훠궈부터 시작해보는 것도 좋은 방법이다.

'중국 약초 산지' 윈난 훠궈

칼바람이 부는 베이징에서는 겨울이 다가오는 늦가을이 되면 훠궈 식당을 찾는 일이 잦아진다. 그래서 그런지 훠궈집마다 사람이 복작복작하다. 감기 환자들도 자연스레 늘어나는데 이런 때 내가 찾는 훠궈 식당이 있다.

바로 윈난云南식 훠궈 식당 '샹차오샹차오香草香草'다. 식당 이름을 풀이해보자면 '샹차오香草'가 '허브' 또는 '약초'로 해석되기 때문에 '허브허브' 아니면 '약초약초' 훠궈집이란 뜻이다. 아니 윈난에 보이차랑 쌀국수 말고 훠궈도 있어?라고 할 사람들이 있겠지만, 뭐 따로 윈난 훠궈 장르가 있는 것 같지는 않고, 훠궈 자체가 그냥 '솥=궈锅'에 재료를 '데쳐=훠火' 먹는다는 뜻이니 윈난에서 나는 특산 재료들을 집어넣어서 먹는 것을 윈난 훠궈로 부른다고 보는 게 맞다. 그렇다면 윈난 훠궈에는 무슨 특징이 있을까?

보이차 산지로 잘 알려진 윈난은 약초로도 유명하다. 중국 생약 시장에 유통되는 약초 대부분이 윈난에서 왔다. 무슨 말이냐면, 남미에 아마존이 있듯이 중국에는 윈난의 산과 숲이 있다는 말이다.

실제로 윈난 지역에서 의약 분야 연구자들이 많은 연구를 하기도 하고, 국가에서 운영하는 생약 연구소가 있기도 하다. 지금까지 윈난에서 자라는 약초의 절반도 연구되지 않았다고 하니 그 규모는 가히 어마어마하다고 할 수 있다. 2015년 개똥쑥에서 말라리아 퇴치 성분을 발견한 공로로 중국인 최초 노벨 생리의학상을 수상한 투유유屠呦呦 교수도 이런 천연 약재들을 연구하는 연구자다.

감기가 맹위를 떨치는 계절이면 나는 꼭 윈난 훠궈 식당을 찾는다. 아니 뭐 훠궈에 온갖 약초라도 들어간단 말인가?

윈난 훠궈

라는 의문을 가질 수 있을 거다. 그런데 정말이다. 이 집은 그걸 무기로 장사를 하고 있다.

특히 버섯을 좋아하는 사람들은 이 집을 꼭 들러보길 권하고 싶다. 이 집 역시 프랜차이즈로 운영되는 집이긴 한데 중국은 아시다시피 프랜차이즈라고 해서 다 균일한 음식이 나오는 것이 아니다. 내가 이 집에 간다는 것은 나름대로 수준 있는 식당이란 뜻이다.

이 집의 간판 메뉴는 윈난에서 직접 냉동 컨테이너에 넣어 항공으로 공수해온 야생버섯 세트와 한국의 산채 비슷한 윈난 산채 세트다. 당연히 훠궈 하면 빠질 수 없는 고기도 있다. 이 집은 할랄 푸드를 사용하는 신장 훠궈 식당만큼 육질이 좋진 않지만, 손으로 직접 썬 양고기 세트가 있다. 이 세트를 시키면 기름진 부위, 된살 부위, 기름과 살이 적절히 섞인 부위까지 모두 한 쟁반에 담겨 나온다. 양이 좀 부족하다 싶으면 대패삼겹살처럼 슬라이스로 썬 양고기와 소고기를 추가해도 좋다.

사이드로는 쫀득쫀득한 식감이 매력적인 두부와 목이버섯, 팽이버섯, 우묵가사리 매듭, 하트모양 생선완자 등 기호에 따라 메뉴판 사진을 보고 시키면 된다.

주문을 마친 뒤에는 소스 바로 가서 소스를 제조해 보자. 엄청 고급 훠궈 식당이 아니라면 중국 대부분 훠궈 식당은 소스 바가 한 쪽에 마련돼 있다. 특히 이 집은 소스 바가 아주 잘 돼 있는데 한쪽 편에는 무료로 먹을 수 있는 오이, 비트, 배추꼬랑이, 귤, 방울토마토 등 서비스 코너도 마련돼 있다.

훠궈 초보자라면 내가 자주 먹는 두 가지 장 만드는 법을 참고해 장을 만들어 보길 추천한다. 가장 클래식하고 한국에도 널리 알려진 깨를 갈아 만든 마장麻醬, 그리고 '표고버섯장+굴소스+해산물간장'을 조합한 특제 해물간장 소스다.

마장 만드는 방법을 잠시 소개하자면 다음과 같다.

1. 마장을 빈 소스 그릇에 담는다.

2. 고소한 맛을 더하기 위해 땅콩 가루를 넣고, 쪽파를 위에 뿌린다.

3. 매콤하게 고추기름, 고소한 참기름, 마지막으로 고수를 왕창 뿌린다.

특제 해물 간장 소스의 핵심은 표고버섯장인데 이게 이 집의 전매특허다. 간장과 소금으로 절인 표고버섯을 해산물 간장과 섞으면 아주 식감도 좋고, 맛도 좋다. 마지막으로 소스 점도와 간을 맞출 수 있도록 굴 소스를

약간 추가해준다. 굴 소스를 넣으면 감칠맛이 도는 특제 해물 간장 소스가
완성된다.

이제 본격적으로 윈난 훠궈를 먹어 보자. 이 집 훠궈의 특징은 솥이 매우
특이하다는 것이다. 가운데 동그란 칸이 따로 구분되어 있는데 여기가 바로

보양과 직결되는 중요한 자리다. 이곳은 야생버섯을 다른 육수와 섞이지 않게 끓이기 위한 공간이다. 종업원이 처음에 훠궈 재료를 서빙하면서 주문한 버섯을 이곳에 넣은 다음 타이머를 주고 간다. 냉동된 버섯의 육수가 우러난 뒤 먹을 수 있도록 '15분'을 맞춰 놓고 가는 것이다.

국물은 알람이 울리면 종업원이 와서 따로 퍼준다. 국물 맛은 정말 진하고 향긋하다. 버섯을 잘 못 먹는 손님에게도 대접해 봤는데 맛이 진하고 마치 고깃국 같은 맛이 난다며 엄청 좋아했다. 여기서 나오는 육수는 진짜 보약과 같다. 먹으면 감기가 뚝 떨어지는데 내가 직접 여러 번 임상 시험을 거쳤다.

다음은 산채 차례다. 산채는 반씩 나눠 매운 육수와 맑은 육수에 각각 넣는다. 산채의 맛이 상상이 안 갈 텐데 의외로 점성이 느껴질 정도로 질긴 느낌도 나고, 한 입 먹으면 향긋한 내음이 입안에 사악 퍼진다. 그냥 산채만 먹어도 되고, 고기나 야생버섯, 각종 사이드 재료를 한 번에 산채에 싸서 먹어도 맛있다.

지리산 자락 밑에서 나는 한국의 산채하고는 또 다른 느낌이니 산채를 좋아하는 사람은 꼭 시켜야 할 메뉴다. 나머지 재료들은 다른 훠궈랑 비슷하다. 다만, 버섯과 산채를 먼저 넣기 때문에 향긋한 향이 온 재료마다 느껴지는 게 다른 훠궈와 원난 훠궈의 차이다.

그리고 훠궈를 먹으면 꼭 먹어야 하는 것이 있다. 바로 후식으로 먹는 면이다. 이 집은 전에는 삼색면(당근, 시금치, 마)을 냈는데 이제는 손이 많이 간다는 이유로 넓은 면 한 종류로 메뉴를 통일했다. 겉모양은 삼색 면이 더 좋지만, 먹고 나니 왜 면을 바꿨는지 알 수 있었다. 전에 면이 너무 가늘어 면을 넣고 대화하다 보면 살짝 면이 퍼지는 경우가 많았는데 이 면은 오래 삶아도 퍼지지 않고, 굉장히 식감이 쫄깃했다.

윈난 훠궈는 맛이 좋은 음식이기도 하지만, 한국에서 접할 수 없었던 약초 같은 재료를 맛보는 재미도 선사해 준다. 베이징에 여행을 와서 몸살 기운이 든다면 윈난 훠궈로 원기를 보충해보는 게 어떨까.

'1인당 10만원' 최고급 훠궈 레드볼

훠궈는 서민의 음식이다. 만드는 방법도 쉽고, 재료도 만드는 사람이 원하는 대로 넣을 수 있기 때문에 싸게 만들기로 하면 엄청 싼 값에 즐길 수도 있다. 반대로 비싼 재료를 사용하면 한도 끝도 없이 값이 올라가는 게 바로 훠궈다.

요즘 베이징에서는 최고급 훠궈가 유행하고 있다. 베이징 상업 중심인 궈마오国贸 인근에는 1인당 5~10만 원 하는 훠궈 식당이 인기를 끌고 있다. 아니 무슨 훠궈를 저렇게 비싼 값을 주고 먹어야 하나 싶은 사람은 굳이 가보지 않아도 좋지만, 훠궈를 고급스러운 분위기에서 즐긴다는 이색적인 경험을 해보고 싶은 사람에게 '레드 볼RED BOWL', 중국어로는 츠훠궈赤火锅라는 식당을 추천하고 싶다. 둘 다 뜻은 붉은 솥, 조금 의역을 하자면 뜨거운 솥이라고 해석할 수 있겠다.

베이징 시내 중심에 자리한 로즈우드 호텔에서 직영으로 운영하는 레드볼은 훠궈 식당 중 가장 상급에 해당하는 집이라고 할 수 있다. 일단 간단히 레드볼의 '위엄'에 대해서 설명하자면, '중국의 미슐랭'이라 불리는 중국 맛집 앱 다중뎬핑大众点评에서 평점이 매우 높다. 보통 4점 이상이면 먹어줄 만하다고 평가하는 다중뎬핑에서 4.5점 이상을 늘 유지한다는 것은 대중적인 맛을 넘어 그 식당만의 필살기가 있다는 것을 의미한다.

내 생각에 레드볼이 5점 만점을 받지 못한 이유는 딱 하나, 바로 가격 때문이다. 호텔 안에 있는 독채 건물에 자리 잡은 레드볼은 훠궈 식당으로서

레드볼의 입구

는 좀 과하다 싶을 정도의 인테리어와 식기, 와인 등 주류 라인을 꽤 폭넓게 갖추고 있다. 종업원 서비스 역시 최상급으로 제공한다. 다만, 가격이 훠궈 맛에 비해서 다소 과하다는 느낌이 있다.

그렇다면 레드볼의 식재료들은 어떨까? 앞서 말했지만 훠궈는 서민의 음

식이다. 한국의 짜장면이나 짬뽕, 순대국밥, 돼지국밥처럼 특유의 대중적
인 포인트가 있어줘야 먹으면서 흥도 나고 그 꾸릿함이 매력으로 승화한다.
하지만 레드볼에는 그런 포인트가 1 아니 0도 없다.

레드볼 입구에 들어서면 이게 휘궈집이 맞나 싶을 정도로 사람이 주눅이

든다. 커다랗게 적힌 '적赤'자 밑에 붉은색 솥을 상징하는 조형물이 식당 앞을 장판파의 장비처럼 지키고 있다.

문을 열고 들어가면 생각했던 것보다 공간이 크진 않지만, 고급스러운 인테리어는 뉴욕의 고급 식당을 그대로 떼어다가 베이징에 옮겨 놓은 것 같은 느낌이 들게 한다. 입구 쪽에는 간단한 알코올을 즐길 수 있는 바가 있고, 안쪽에는 홀 테이블이 흩어져 놓여 있다. 홀 중앙에는 사각형 테두리 모양의 바 형태 좌석이 마련돼 있다. 식탁 위에 놓인 물수건 포장부터 식기, 양념통까지 어느 것 하나 허투루 놓은 것이 없다. 모든 포인트를 신경 쓴 게 티가 나 테이블에 앉기만 해도 기분이 좋아진다.

메뉴를 보면 지역적으로 구분하기 모호하게 여러 지역 음식이 섞여 있다. 굳이 구분하자면 그냥 '고급 훠궈 식당'이라고 보면 된다. 궈디는 일반적인 훠궈 식당처럼 쓰촨식 매운맛과 버섯이 든 맑은 육수 등이 있다. 육류로는 소고기, 양고기, 돼지고기가 있고, 해산물에는 고가의 블랙타이거새우 등이 있다. 채소와 사이드 메뉴도 망태버섯, 치즈어묵완자, 돼지성대, 오리선지, 황금만두, 일반 만두, 얼린 두부, 신선야채, 햄, 얇은 당면, 후식으로 먹는 면 등을 갖추고 있다. 훠궈 소스는 따로 소스 바가 마련돼 있지는 않고, 주문하는 형식이다. 종류는 마장麻醬 소스, 참기름 마늘 소스, 해산물 간장 소스 등 세 종류다.

먼저 고기 질에 대해서 이야기하자면 솔직히 신장 훠궈보다는 아주 조금 떨어진다. 선도가 떨어지는 것은 아니고, 써는 방식에서 고기 두께가 차이 난다. 만약 레드볼의 고기를 신장 훠궈 주방에서 손질한다면 비슷한 퀄리티를 낼 수 있을 것 같다. 아마도 기계를 사용해 고기를 손질을 하다 보니 차이가 난다.

맛으로 보나 재료 손질로 보나 레드볼은 모든 면에서 다른 훠궈 식당보다

월등히 앞선다. 다만, 훠궈 특유의 서민적인 정서가 부족하고 고기 질에서 신장 훠궈에 조금 못 미치는 점 때문에 개인적인 순위로는 신장 훠궈 식당에 이어 2위에 올리고 싶다.

레드볼에서 가장 놀라웠던 메뉴는 블랙타이거새우다. 중국에서 신선한 새우를 만나기란 사막에서 오아시스를 찾는 것만큼 어렵다. 대부분이 쪄서 나오거나 아니면 냉동 새우를 어설프게 해동해 낸다. 하지만 레드볼은 무슨 재주를 부린 것인지 생생한 새우를 그것도 블랙타이거새우를 내놓는다.

망태버섯 같은 메뉴도 상당히 식감이 좋고 맛도 좋았다. 망태버섯은 중국 훠궈 재료로 널리 사랑받는 식재료다. 균사체지만 망태기같이 생긴 몸통이 독특한 식감을 느끼게 해주고, 특히 스펀지같이 생긴 모양 때문에 훠궈의 육수를 빨아들여 육수 맛을 제대로 느끼게 해주는 훠궈 재료다. 보통 망태버섯은 말려서 유통되는데 레드볼은 무슨 농간을 부렸는지 아주 싱싱한 버섯을 식탁에 올린다.

레드볼에서 가장 쇼킹한 메뉴를 꼽으라면 바로 돼지성대와 오리선지다. 돼지성대는 나도 이곳에서 처음 먹어봤는데 뭐라고 해야 하나 그 식감이 정말 오묘하다. 꾸덕꾸덕하기 때문에 버섯 육수가 아닌 매운 육수에 넣고 한참을 끓여도 매운맛이 배지 않는다. 맛에서도 전혀 거부감이 없고, 뭐랄까 막 잡은 돼지 한 마리를 가지고 하루 장사를 하는 시골 유명 순대국밥집에서 주인아주머니가 몰래 감춰뒀다가 단골손님이 오면 내놓는 특수 부속물 같다. 맛도 혼자서 한 접시를 다 비울 수 있을 정도로 좋다.

오리선지는 중국에 온 뒤에 먹기 시작했는데 소선지와 비교하면 그 식감이 이루 말로 할 수 없을 정도로 부드럽고, 비단결 같다. 다만, 다른 식당에서 먹을 때는 선도가 약간 떨어지는지 비린내가 났는데 레드볼의 오리선지는 전혀 그런 것이 없다.

레드볼赤火锅
주소 : 北京朝阳区朝阳门外大街呼家楼京
广中心北京 瑰丽酒店1楼
전화 : +86 010-65360066
영업시간 :평일 17:30~익일 01:00 주말
11:30~14:30, 17:30~익일 01:00

만두는 두 종류가 있다. 하나는 황금색 만두고 다른 하나는 흔히 보는 흰색 만두다. 황금 만두는 만두피를 노른자로 반죽해 만들어 노란빛을 띄는 것이 특징이다. 이 만두는 식감도 정말 부드럽고 맛도 훌륭했다. 일반 만두도 다른 집이었다면 엄청난 찬사를 받았을 텐데 황금만두 포스가 워낙 강해서 약간 맛에 비해 인상이 깊지는 않았다.

채소와 얼린 두부는 여태껏 가본 훠궈 식당 중 손질과 신선도 면에서 모든 것이 압도적으로 앞섰고, 재료의 선도와 공들인 손질법은 그대로 맛에 반영됐다. 주식인 면도 여러 종류가 있는데 맑은 탕인 버섯 육수에는 얇은 당면을 넣고, 매콤한 쓰촨식 육수에는 밀가루 면을 넣는 걸 추천한다.

서민 음식인 훠궈를 이렇게 비싼 값을 주고 먹어야 하는가에 대해서는 의견이 갈릴 수 있다. 개인적으로도 굳이 그럴 필요까진 없어 보인다. 다만, 여행이라는 즐거운 이벤트에 즐길 거리를 첨가하고 싶다면 이런 고급 훠궈 식당에 한 번쯤 방문해 보는 것도 재밌지 않을까.

베이징 가을 밤 운치와 함께 즐기는 훠궈 '르탄쇄러우'

중국에 훠궈는 크게 매운 마라맛의 충칭식 훠궈와 원나라 시기부터 전해져 내려오는 맑은 궈디锅底 (훠궈 육수)의 북방식 쇄러우涮肉로 나뉜다. 충칭식 훠궈는 이미 한국에도 많이 소개가 된 마라 맛 훠궈로 우지를 넣어 걸쭉하면서도 용암같은 궈디가 '지옥'을 연상시키는 훠궈다. 이를 대중화시켜 하이디라오의 마라맛 훠궈 등이 널리 대중화했다. 반대로 쇄러우는 베이징의 전통 훠궈라고 볼 수 있는데 한국의 신선로와 같은 동과铜锅에 양

고기와 소고기 등 고기를 거의 맹물 상태인 궈디에 살짝 흔들어 먹는 샤부샤부 같은 훠궈다. 한마디로 충칭식 훠궈가 궈디의 맛을 재료에 베이게 해서 먹는다고 한다면, 쇠러우는 신선한 양고기 등 재료의 본연의 맛을 즐기기 위한 방식이다.

쇠러우는 원나라 때 황제나 귀족들이 먹던 음식으로 청나라 광서제에 이르러서야 민간에 전해졌다. 역사로 따지면 700여 년에 달하지만, 사실 베이징에 쇠러우가 유행하기 시작한 것은 중국공산당 집권 후 금지됐던 자

영업이 점차 풀리기 시작한 1980년대 말 이후의 일이다. 그전에도 쇄러우를 하는 식당이 있었지만, 민간에서 자유로이 이용할 수는 없었다. 현대 중국의 식음 역사가 40여 년에 불과한 것을 감안하면 사실 쇄러우의 역사는 나름 긴 편이다. 왜냐하면 재료를 손질해 동과에 약재를 조금 넣고 판매하면 되었으므로 다른 음식들보다 쉽게 복원됐기 때문이다. 그래서 베이징에는 쇄러우 노포가 꽤 있다. 이번에는 그중에서도 '베이징에서 가을이면 반드시 해봐야 하는 것 톱10'에 선정된 르탄쇄러우日坛刷肉에 대해 소개해 볼까 한다.

르탄쇄러우는 중국의 대표적인 공원인 르탄공원 서쪽에 자리하고 있다. 공원 근처에 있는 것이 아니라 공원과 연결이 된 출입문을 가지고 있다. 한국이라면 조금 이해가 가지 않지만 중국에는 이런 국유지에 사유 건물이 자리한 경우가 종종 있다. 주중인도대사관 맞은 편에 자리한 르탄쇄러우는 바로 앞쪽에 가로수가 쭉 늘어서 있다. 가을이면 야외 테이블에서 시원한 가을 바람을 맞으며 아름답게 물든 단풍을 즐기며 쇄러우를 먹을 수 있기 때문에 가을 명소로 꼽힌다. 손님 대부분은 현지인으로 오랫동안 르탄쇄러우를 찾았던 단골 고객이 대부분이다. 실내 역시 중정이 있는 중국 전통 사합원으로 개인적으로는 먼지가 흩날리는 야외 테이블보다 사합원의 정취를 느낄 수 있는 중정 테이블이 더 좋다. 르탄쇄러우는 2000년대 초반 문을 열어 20년 정도의 비교적 짧은 역사를 갖고 있다. 경쟁업체인 난먼쇄러우가 1994년에 문을 연 것과 비교해도 그리 길지 않은 역사다. 앞서 설명한 대로 원래 쇄러우 식당의 역사는 그리 길지 않다.

르탄쇄러우가 인기가 좋은 이유는 단순히 아름다운 경치와 사합원 운치 때문은 아니다. 인기 있는 쇄러우집답게 신선한 양고기와 맑고 깔끔한 궈디 그리고 매일매일 들어오는 생기 있는 채소와 버섯 등이 단골 손님의 입맛을 오랜 세월 붙들어 놓는다. 가끔 중국에서 훠궈를 먹고 나면 배탈이 나는 경우가 있는데 르탄쇄러우에서는 단 한 번도 그런 적이 없다. 특히나 손으로 직접 썬 양고기는 맑은 훠궈 국물에 샤부샤부로 먹으면 노린내가 전혀 나지 않는다. 한국에서는 쉽게 맛볼 수 없는 신선한 양고기는 그 자체로도 훌륭한 요리다.

르탄쇄러우의 양고기는 모두 내몽골의 초원에서 기른 양을 공수해 온다. 인기 있는 부위는 조기에 재료가 소진되기 때문에 조금 일찍 방문하는 것을 추천한다. 또 고기 외에 야채는 물론이고 훠궈 식당에서 퀄리티가 떨어지는 완자류도 매우 신선하고 전분의 함량이 낮아 재료 본연의 맛을 느낄 수 있다. 대구완자나 새우완자, 소고기완자 등 메뉴는 다른 훠궈 식당과 달리 재료의 맛과 향이 진하게 느껴져 제대로 된 훠궈 완자를 먹고 싶다면 꼭 주문해 보기를 추천한다.

한 가지 더 르탄쇄러우를 즐기는 팁은 개인별로 제공되는 동과를 유심히 관찰하는 것이다. 이 동과는 경태람이라는 명대 공예품으로 동으로 만든 구슬이나 그릇 등에 파란색 도료를 입혀 만든다. 그 화려함이 단순히 훠궈 그릇에 그치는 것이 아니라 하나의 공예품에 가깝다. 실제로 자금성 등 관광지에 가면 경태람으로 만든 구슬을 판매하기도 한다. 인스타 감성이 충만한 그릇을 사진으로 찍어 친구들에게 자랑해 보는 것도 좋을 일이다. 르탄쇄러우의 종업원들은 숙련공이 많아 군더더기 없이 서비스를 제공하고, 대부분 친절하게 응대한다는 점도 큰 장점이다. 외국인을 상대한 경험이 적을 수도 있지만, 손짓 발짓을 해가며 원하는 것을 말하면 분명 어떡해서든 원하는 것을 찾아 줄 것이다.

마지막으로 르탄쇄러우는 르탄공원과 인접해 있기 때문에 훠궈를 배불리 먹은 뒤에는 공원을 한 바퀴 도는 것도 좋다. 무엇보다 르탄쇄러우는 식

르탄쇠러우

당 자체에서 풍겨오는 분위기가 압도적이기 때문에 중국 북방의 훠궈 문화를 경험하고 싶다면 꼭 방문해 보기 바란다.

막간 코너

똠양꿍보다 시원한 광시성 특산 '우렁이 전골'

'우렁이 전골? 우렁이 훠궈?' 이 요리는 베이징에 있지도 않고, 훠궈라고 할 수도 없는 그런 음식이다. 하지만 책을 기획할 때부터 훠궈 챕터에 꼭 한 자리를 내주고 싶을 정도로 특이하고, 중국스럽고, 맛있는 음식이기도 해 소개하고자 한다.

'뤄쓰바오螺蛳煲'라는 생소한 이름을 가진 이 음식은 중국과 베트남의 접경 지역인 광시广西장족자치구에서 만난 진귀한 음식이다. 2019년 2월 말 2차 하노이 북미 정상회담을 취재하기 위해 나는 김정은 북한 국무위원장의 특별열차를 따라 중국 대륙을 횡단했다. 베이징에서 출발해 중국과 베트남 하노이까지 가는 긴 여정을 특별열차 하나만 보고 따라나섰다가 종국에 도착한 중국과 베트남의 접경지대, '핑샹凭祥'에서 뤄쓰바오를 만났다. 이 요리는 똠얌꿍을 먹을 수 있는 사람이라면 진짜 맛나게 먹을 수 있는 음식이다.

광시에 오기 전에 지인들의 맛집 추천을 받고, 중국 포털사이트인 바이두百度를 뒤져서 미식을 검색해 보았다. 모두 하나같이 '우렁이 쌀국수', '우렁이 전골'을 먹어 보라고 추천했다. 정말 거짓말 안 하고 다른 음식 추천이 하나도 없었다. 그런데 현지에 와 보니 그 이유를 알 것 같았다.

알다시피 열대기후인 이 지역은 먹을거리가 넘쳐나다 보니 조리를 열심히 할 필요가 없다. 복잡하기보다 재료 본연의 맛을 살리는 조리법이 발달했고, 쌀농사를 짓다 보니 밥이나 쌀국수에 이것저것 밭에서 키운 채소 요리를 곁들여 먹는 게 주식 같았다.

식사를 마치고는 지천으로 널린 과일을 따 먹으면 후식도 해결되니 음식에 대해 특별한 공을 들일 필요가 없는 것이다. 어떻게 보면 축복받은 것이고, 어떻게 보면 풍요 속 빈곤 같은 것인데 뭐 나쁘지도 좋지도 않은 그런 환경이다. 다만 한 가지 아쉬운 것은 미각을 극단까지 자극해 줄 요리가 없다는 것이다. 그나마 좀 맛있게 즐길 수 있는 것은 제법 베트남 본토와 비슷한 베트남 음식들이다.

내가 머물던 광시성 핑샹은 베트남 수도 하노이에서 기차로 약 5시간 거리, 차로는 4시간 정도밖에 떨어져 있지 않다. 그러다 보니 많은 베트남 사람이 핑샹으로 넘어와 살고 있다. 솔직히 말하면 근대 국가 개념이 생긴 뒤에야 국경이 생긴 셈이니 국적의 딱지가 붙은 것뿐이지 그 사람이 그 사람인 셈이다.

바쁜 일정 때문에 때우기 식으로 끼니를 건너뛰다가 하루 저녁 잠시 여유가 나 숙소 옆 메이스제美食街에 찾아가 봤다. 메이스제에는 한 500m 정도 되는 거리에 상가들이 야시장처럼 쭉 늘어서 있었는데 파는 음식은 동남아 야시장과 거의 흡사했다.

각종 고기 야채 꼬치, 열대과일모듬, 생굴구이, 생선구이, 족발구이, 로티, 반미, 요탸오油条 등 주로 간식류가 많았다. 식사거리로는 쌀국수 그리고 이 거리의 주인공인 뤄쓰바오가 있었다.

뤄쓰바오를 굳이 한국어로 번역하자면 '우렁이 전골' 쯤으로 부를 수 있지 않을까? 어쨌든 미식 불모지였던 이곳에서 뤄쓰바오와의 만남은 신선한 충격이었다. 뤄쓰바오에 대해 사전에 얻은 정보는 약간 쿰쿰한 냄새가 난다는 것뿐이었다. 그러나 똠얌꿍을 무척 사랑하고, 홍어탕도 잘 먹는 나로서는 뭐 처우더우푸臭豆腐(삭힌 두부) 정도로 심하지만 않다면 얼마든지 먹을 수 있겠다 싶어 내심 기대하고 있었다. 하지만 북미 정상회담 취재 일정은 여유 있게 끼니를 찾아 먹을 수 있을 정도로 한가롭지 않았다. 회담 일정 체크에 기사 송고에 쫓겨서 잘 차려진 밥은 한 끼도 먹지 못했다. 그나마 게 눈 감추듯 먹었던 요리는 '뤄쓰펀螺蛳粉(우렁이 쌀국수)' 정도다. 뤄쓰펀도 맛은 엄청 있었는데 그냥 점심에 가볍게 한 끼 때우는 용도라 따로 다룰 만한 정도는 아니었다. 그런 생활을 하다가 기사를 마감하고 한두 시간 짬이 났을 때 메이스제 어디에선가 흘러나오는 쿰쿰한 냄새를 맡게 됐다. 냄새를 따라 고개를 돌린 순간 간판에 보이는 '뤄쓰바오'라는 글자가 눈에 확 들어 왔다. 드디어 찾았구나! 얼른 가까이 가서 보니 현지인 맛집인지 다른 점포에 비해 엄청 많은 손님으로 북적였다. 한쪽 구석에 자리를 잡고 앉아 메뉴판을 보고 주문을 했다.

닭, 해물, 돼지고기 세 종류의 우렁이 전골이 있었는데 나는 노계老鷄로 요리하는 중국 닭요리를 좋아하지 않고, 중국 돼지 육수의 그 누린내를 최대한 살린 조리법이 싫어서 해물 우렁이 전골을 시켰다. 그리고 여기에 곁들일 두부피 튀김과 쌀국수도 추가로 주문했다. 식사하면서 마실 음료로 광시 특산 맥주도 한 병 시켰다.

이미 조리된 상태로 나오는 우렁이 전골은 비주얼에서부터 나를 압도했다. 이건 뭐랄까. SF 영화 속 외계인이 광선을 쪼여 어려서 논에서 보던 우렁이를 몇 배 키워 놓은 듯한 압도적인 크기였다. 그런 우렁이가 한 솥 가득 담겨 나왔다. 처음엔 꼬릿한 냄새와 압도적인 비주얼에 나도 모르게 주춤했지만 그래도 용기를 내서 먼저 국물부터 먹어봤다. 한 숟갈 국물을 목으로 넘기는 데 '어머, 이게 뭐야?'

혹시 우렁이 된장국을 먹어본 사람이면 알겠지만, 우렁이가 들어가면 국에서 아주 시원한 맛이 난다. 강된장에 넣어도 우렁이에서 나온 육즙이 뻑뻑한 된장을 개운하게 해주는 효과가 있다.

이 육수는 개운한 맛을 내는 우렁이를 메인으로 듬뿍 넣고, 나머지 해물

우렁이 전골

과 액젓 소스를 넣어 뒤를 든든히 받치면서 서로 어우러지도록 해 시원하고 깔끔한 맛을 극대화했다. 똠얌꿍보다는 연하면서도 그에 못지않은 깔끔하고 시원한 맛이 났다. 그리고 무엇보다 홍어탕이나 과메기, 청국장 같은 음식에 비해서 쿰쿰함이 무척 덜했다. 냄새와는 달리 국물을 마셔보면 시원한 물메기탕을 먹는 듯한 느낌이 들 정도로 시원칼칼한 맛이 났다.

주인아주머니는 내가 혼자 테이블에 앉는 것을 보더니 주문할 때부터 양이 너무 많으니 기본 메뉴만 먹기를 권했지만, 맛이 너무 좋아 주문한 두부피와 쌀국수까지 깨끗이 비웠다. 전골에 들어있는 우렁이며, 새우며, 죽순도 맛있지만, 사이드로 시켜서 넣은 두부피 튀김과 쌀국수는 육수를 가득 머금어 환상의 조화를 이뤘다. 이 점이 꼭 훠궈 같았는데 이 궈디锅底(훠궈 육수)를 베이징에 가져다가 팔면 대박이 날 것 같았다.

육수가 졸아들면 종업원들이 와서 계속 채워주기 때문에 잠시 기다리는 시간이 생기는데 이때는 무엇을 하느냐면 바로 우렁이를 이쑤시개로 빼 먹으면 된다. 이 재미가 쏠쏠했다. 게다가 엄청 큰 우렁이 살은 진짜로 먹을 만했다.

식사하는 동안 주위를 둘러보니 이 솥을 가운데 놓고 가족이나 친구들이 둘러앉아 오손도손 이야기하면서 우렁이도 까먹고 훠궈처럼 다른 재료들을 샤브샤브해서 먹기도 하면서 즐겁게 식사를 하고 있었다. 나는 혼자 앉아서 전골을 먹었지만, 이 정도 음식이면 정말 좋아하는 사람들과 함께 이야기를 나누고, 술잔을 기울이며 몇 시간이고 먹을 수 있을 것 같았다.

식사를 마치고 계산을 할 때 내 테이블을 보더니 주문을 받았던 종업원이 마구 웃었다. 거의 전쟁터가 된 내 테이블을 보면서 스스로도 웃음이 나 종업원과 함께 웃다가 잠시 대화를 나눴다.

"어디서 왔나요?"

"베이징에서 왔어요."

"아, 그렇군요."

"혼자 와서 우렁이 전골 먹는 사람 처음 봤어요."

"한국에서는 요새 혼밥하는 사람이 많아요."

"한국사람이세요?"

"네"

"베이징에서 왔다고…."

"한국사람인데 베이징에서 일합니다."

"(동공지진) 아, 중국사람처럼 생겼네요."

"하하하하하."

"하하하하하."

맛있는 밥도 먹고 즐거운 대화도 나누니 취재로 쌓인 피로가 조금 가시는 기분이었다. 머리와 옷에 조금 쿰쿰한 냄새가 배긴 했지만, 그래도 든든하게 배에 찬 우렁이들 때문인지 겨울철 중국 남방의 뼈가 시린 추위에도 온몸 가득 따스운 기운이 돌았다. 혹시 광시에 갈 일이 만에 하나 생기거든 꼭 우렁이 전골 아니 우렁이 훠궈인 뤄쓰바오를 드셔 보길 바란다.

중국 훠궈 배달 어디까지 가능할까?

최근 온라인으로 특강을 한 적이 있다. 중어중문과 학부생들을 대상으로 한 강연이었다. 요즘 학생들은 안타깝게도 코로나19로 중국에 와보지 못해 현지 생활이나 환경 등을 궁금해했다. 강연이 끝나고 질의응답 시간이 되자 한 학생이 중국의 배달 인프라가 어떤지 물었다. 문득 지난해 3월 잠시 귀임해 2주간 격리를 하던 때가 생각났다.

당시 4년여 만에 귀국한 나에게 가장 답답했던 것은 한국의 배달 시스템이었다. 아니 배달 강국 한국이 답답하다고?라고 생각할 수 있지만, 실제로 중국의 배달 시스템은 저가의 노동력과 코로나19가 2년 넘게 지속하면서 참신한 방법들이 새롭게 생겨나며 빠르게 진화하고 있었다. 내가 가장 답답했던 부분은 배달 품목에 한계가 있다는 점과 배달 속도가 중국보다 조금 느리다는 점이었다. 물론 아주 근소한 차이였지만 드넓은 대륙에서도 웬만한 택배는 하루 이틀 내에 받아 왔던지라 한국의 배달 속도가 아주 조금 답답하게 느껴졌다. 배달 속도보다 더 확연하게 차이가 났던 것은 배달 품목이었다.

코로나19가 창궐한 이래 중국의 패키징과 배달 시스템은 나날이 발전하고 있다. 중국에서는 우스갯소리로 '배우자 빼고는 다 배달이 된다'라는 말이 있을 정도로 뭐든 배달이 가능하다. 그중 가장 '고난도'로 불리는 훠궈 배달에 대해서 소개해 볼까 한다. 사실 훠궈를 배달한다는 게 어디까지를 말하는 것인지 배달을 시켜보기 전까진 감이 잡히지 않는다. 훠궈 재료를 배달한다는 것인지 훠궈 육수도 배달해 준다는 것인지 아니면 훠궈를 먹을 수 있는 모든 준비를 해준다는 것인지 한국 사람으로서는 선뜻 이해가 가

훠궈

지 않는다. 쉬운 이해를 위해 한국에서도 인지도가 있는 훠궈 브랜드인 하이디라오의 배달 서비스를 예로 들어 본다. 위챗에서 하이디라오 공식 계정을 찾아 들어가면 배달을 뜻하는 '와이마이'外卖라는 별도의 탭이 있다. 와이마이를 눌러보면 훠궈 육수와 각종 재료들을 주문할 수 있게 사진과 수량 선택 버튼이 나온다.

여기까지는 일반적으로 우리가 상상할 수 있는 범위다. 재밌는 것은 기본 재료 아래 나와 있는 식기류 메뉴다. 식기류 메뉴라니. 아니 무슨 훠궈 솥이

라도 빌려준단 말인가. 그렇다. 하이디라오에서는 고객이 원하면 두 가지 육수를 맛볼 수 있는 원앙궈鸳鸯锅(가운데가 태극무늬로 갈라져 있는 솥)부터 불을 붙일 수 있는 액체연료, 액체연료가 싫다면 전기냄비 등을 대여해 준다. 중국에 1인 가구는 보통 대학생이거나 공동 주택에서 여러 명이 같이 집을 공유하는 경우가 많다. 이런 사람들에게 휘궈를 해 먹을 살림살이가 있기란 어려운 법이다. 또 중국인 자체가 집에서 음식을 해 먹기보다는 음식을 사가서 집에서 간단히 조리해 먹거나 외식을 많이 하기 때문에 이런 배달 시스템이 발달했다고 본다. 결론적으로 원앙궈는 약 7천 원에 대여가 가능하고, 전기냄비의 경우는 3만 원에 대여가 가능하다. 하이디라오에서 휘궈를 시키면 개인 식기부터 소스 그릇, 비닐장갑, 식탁보, 휘궈를 먹고 난 뒤 뒤처리에 필요한 쓰레기 처리용 봉투까지 가져다준다. 식기 외에도 방역을 위해 소독제, 머리가 긴 여성 고객들을 위해 휘궈 먹을 때 묶을 수 있는 머리 끈, 먹고 난 뒤 입냄새 제거를 위한 일회용 가글팩, 휘궈 먹는 법을 모르는 사람들을 위한 그림이 첨부된 설명서까지 동봉돼 있다. 말 그대로 가져다주는 대로 도구를 세팅하고 육수를 끓여 주문한 메뉴를 하이디라오 매장에서 먹듯이 즐길 수 있다.

메뉴 포장 역시 빈틈 없이 깔끔하게 배달이 오기 때문에 국물 재료가 흐르거나 고기 같은 재료가 흐트러지지도 않는다. 무엇보다 가장 감동적인 서비스는 뒤처리 서비스로 식사를 마친 뒤 대여해 준 집기를 챙기러 온 배달원이 음식물 쓰레기까지 다 수거해 간다. 하이디라오에는 양꼬치 역시 꼬치를 구울 수 있는 도구까지 배달하는 서비스가 있다. 부탄가스나 전기를 이용하는 꼬치 구이판을 단돈 1만 원에 대여해 준다. 부탄가스와 꼬치구이용 조리 도구 역시 1~2천 원 선에서 빌릴 수 있다. 워낙 서비스가 좋기로 소문난 하이디라오기 때문에 이러한 서비스가 가능하다고 생각할 수도 있겠지만, 동네에 있는 웬만한 훠궈집도 이 정도 서비스가 가능하다. 요즘같이 사람이 많은 곳이 꺼려질 때 훠궈가 너무 당긴다면 하이디라오나 동네 훠궈 식당에 배달 서비스를 이용해 보기 바란다.

6장
베이징에서 맛보는 세계 맛집

베이징은 우리의 생각보다 꽤 그럴싸한 도시다. 규모도 서울의 약 28배 정도 되는 것은 물론이거니와 국제적인 명성도 대단하다. 베이징 주민들의 경제적 수준도 부동산 가격이 폭등하면서 상당히 올라갔다. 주요 지역의 경우에는 서울 핵심 지역보다도 부동산 가격이 비싸다. 돈이 몰리니 자연스레 고급문화를 비롯해 세계의 다양한 문화가 베이징으로 몰려들었다.

음식 역시 마찬가지다. 세계 각국의 요리가 베이징에 자리를 잡았다. 한마디로 글로벌 도시인 베이징에서는 한국에서 맛보기 힘든 음식도 쉽게 접할 수 있다는 뜻이다. 프랑스, 아일랜드, 일본, 그리스, 팔레스타인, 심지어 북한 요리까지 베이징에는 없는 게 없을 정도로 다양한 국적의 요리들이 자리하고 있다.

중국까지 와서 다른 나라의 음식을 먹을 필요가 있나 싶겠지만, 소설가 김영하 씨의 여행 방법처럼 어떤 여행지에 가서 그 지역과 전혀 상관없는 음식을 먹어 보는 것도 여행의 재미가 아닌가 싶다. 하지만 기왕 먹을 거면 좀 더 제대로 된 음식을 먹기를 바라는 마음이 든다. 그래서 골라보았다. 맛객과 함께 베이징에서 즐길 수 있는 세계의 맛집을 찾아가 보자.

베이징에서 즐기는 고품격 프랑스 요리 'FLO'

주중한국대사관 근처에 가면 너른 주차장과 정원이 매력적인 정통 프랑스 레스토랑인 'FLO'가 있다. FLO는 베이징 외교가에서 웬만한 사람들은 대부분 알 정도로 유명한 레스토랑이다. 한국, 미국, 인도, 일본 등 대사관이 모여 있는 외교가에 있는 데다가 조경과 실내 인테리어도 뛰어나 이 근방 사람이라면 누구나 지나가며 FLO 건물에 시선을 뺏기게 된다.

베이징에 사는 주민들 사이에서는 너무 유명하지만, 여행객들에게는 대로변에 그것도 확 눈에 띄는, 으리으리한 인테리어로 치장한 이 식당에 쉽

사리 발길이 닿지는 않을 것이다.

그러나 FLO는 프랑스 요리를 평소에 즐겼던 사람에게도, 한 번도 프랑스 요리를 먹어 보지 않은 사람에게도 모두 즐거운 식사를 제공할 만한 식당이다. FLO의 넓은 주차장에 차를 세우고 나면 레스토랑 건물과 정원 사잇길이 손님들을 맞는다.

정원은 화려하기보다 베르사유 궁전의 정원처럼 깔끔하고 깨끗한 인상을 준다. 레스토랑 안은 프랑스풍 장식으로 꾸며져 있다. FLO 홈페이지의 설명으로는 프랑스 파리 북역을 모티브로 삼았다고 한다.

FLO는 1901년 파리에서 처음 문을 연 선술집 스타일 레스토랑이다. 프랑스와 바르셀로나, 암스테르담, 리스본 등 유럽 지역과 아시아에는 중국 베이징, 톈진에 레스토랑을 운영 중이다. 요리 강국 프랑스답게 FLO는 브라스리la brasserie(비싸지 않은 프랑스풍 식당)다. 다만, 프랑스 식당이 흔하지 않은 중국에서는 고급 레스토랑으로 자리하고 있다. 실제로 FLO는 주중프랑스대사관의 주요 행사의 케이터링을 맡고 있다.

직접 먹어 보면 맛도 아주 훌륭하다. 내 입맛 기준으로 베이징에서 먹은 서양 음식 중 톱클래스에 드는 것 같다. 가성비 역시 브라스리답게 좋다.

가격대도 점심 코스 기준으로 198위안, 248위안 등으로 상당히 합리적이다. 가장 저렴한 198위안 세트는 전채+메인 또는 메인+디저트 코스, 248위안 세트는 전채+메인+디저트 코스로 제공된다. 점심 코스는 시즌마다 가격과 구성이 대동소이하게 달라지는 것 같다. 여행객으로 FLO를 방문했다면 너무 무리하지 않는 선인 248위안 세트를 추천한다.

프랑스 요리에 대해서는 문외한이니 음식 맛을 명쾌하게 판단하긴 그렇다. 하지만 맛있는 건 누가 먹어도 맛있는 것이니 내가 먹었던 코스를 예로 들어 설명해 보겠다.

식전 빵은 일반적인 서양 레스토랑과 크게 다를 바가 없다. 전채 요리부터는 다른 레스토랑하고는 좀 다르다. 전채는 표고버섯 위에 부드러운 크림을 얹고, 시금치로 만든 소스를 두른 요리였다. 일단 익힘 정도가 아주 적정해서 버섯의 풍미와 따뜻한 온기가 입안에 잘 퍼지고, 시금치 소스 맛도 일품이었다. 시금치를 싫어하는 사람도 부담 없이 먹을 수 있을 정도로 향이 은은하고 간도 적절했다.

신혼여행으로 갔던 프랑스에서 프랑스 음식을 먹을 때 너무 간이 세서 실망을 금치 못한 뒤로 프랑스 음식에 대한 선입견이 있었다. 지금 생각해 보면 당시 내가 운이 나빴던 것 같다. 메인 요리인 돼지고기 안심 스테이크와 제철 야채도 아주 맛이 좋았다. 특히 돼지고기를 수비드 방식으로 조리한 뒤 다시 겉을 구워서 내는 구이 요리는 웬만한 소고기 못지않게 훌륭한 식감을 자랑했다. 무엇보다 음식의 온도가 입안에 들어갈 때까지 따뜻하게

유지되는 것이 좋았다. 그리고 식감이 너무 부드러워서 아이들도 쉽게 먹을 수 있을 정도였다.

제철 야채로는 토마토와 감자, 아스파라거스, 노란 호박이 나왔다. 야채를 데친 뒤 간만 한 것 같은데 그 절묘한 맛의 밸런스가 다섯 가지 미각을 전부 자극해서 좋았다. 특히 야채를 얹어서 먹을 때 살짝 올라오는 단맛이 소스의 짠맛과 어우러졌다. 일행이 주문한 트러플 리소토도 아주 맛있었다. 쌀의 익힘 정도가 딱 적정해 식감을 알맞게 유지하면서 혀에 거슬리지 않고, 간도 딱 맞았다. 향이 확 느껴질 정도로 듬뿍 뿌린 트러플은 리소토의 맛을 극대화했다. 양식을 별로 좋아하지 않아 경험이 일천하지만, 여태껏 내가 먹었던 리소토 중에서는 단연 최고였다.

디저트로는 딸기 셔벗과 크림 요거트 세트를 시켰다. 점심 세트 중 198위안짜리와 248위안짜리의 차이는 디저트의 유무다. 고작 50위안을 아끼자고 이런 훌륭한 디저트를 거부한다면 그건 매우 바보 같은 일이라 할 수 있겠다.

과하게 달지 않은 요거트에 과일이 내는 단맛으로 달달함이 군데군데 박히고, 딸기를 얼려 갈아 만든 셔벗은 시럽을 둘렀는지 요거트의 부족한 단맛을 채워줬다. 앞에 먹은 음식의 맛을 싹 잊을 정도로 먹는 순간 행복해지는 맛있는 디저트였다.

크렘 브륄레도 쨍한 단맛이 메인 디시를 일거에 소화시킬 정도로 좋았다. 특히 겉에 씌운 캐러멜과 차가운 커스터드 크림은 당도와 온도 차로 확연히 구분돼 입안에서 묘한 즐거움을 느끼게 해줬다.

다시 한번 말하지만 이 모든 구성이 한화로 단돈 5만 원 정도라면 과한 가격은 아니다. 모든 요리마다 정성이 가득 담겼다는 것이 바로 전해질 만큼 품이 많이 든 느낌이 든다. 서비스로 나오는 커피에 디저트를 먹고 나면 크게 대접받는 느낌이랄까.

참, 이곳이 정통 프랑스 레스토랑이라는 것을 알 수 있는 또 다른 이유가 있다. 이곳의 메인 셰프인 사무엘 우는 프랑스 리옹 최고의 요리학교인 폴 보퀴즈 요리학교를 졸업하고, 와인 공부까지 마친 정통 프랑스 요리 전문가다. 제대로 된 프랑스 요리를 저렴한 값에 즐기고 싶다면 베이징에 와서 하루쯤 FLO에 들러 보는 것도 좋다.

베이징 가심비 최고 이탈리안 레스토랑 '피터팬'

베이징 같은 대도시에 살다 보면 파인 다이닝부터 길거리 음식까지 다양한 음식을 즐길 수 있다. 문제는 그 폭이 넓다 보니 자칫 방심해 무턱대고 먹다 보면 주머니가 헐거워지는 사태가 발생할 수 있다는 것. 한 가지 다행인 것은 대도시에는 다이닝의 폭이 넓기도 하지만 층이 두텁다는 특징이 있다. 다시 말하면 가격대별로 촘촘하게 식당들이 들어차 있어 가심비가 좋은 식당을 열심히 찾다 보면 보배 같은 식당을 발견할 수 있다는 말이다. 한국에 와서 가장 아쉽다고 느낀 것이 '조금만' 유명세를 타거나 '조금만' 고급 식재료를 넣거나 '조금만' 서비스가 좋으면 가격이 그 '조금만' 이상으로 천정부지로 치솟는다는 점이다. 이러한 문제는 얇은 공급 시장과 소비층으로 인해 발생하는 문제기 때문에 인구가 적은 지역에서는 당연한 현상일 수 있다. 특히 서양 요리를 하는 식당의 경우 이런 현상이 심하게 나타난다. 그럴 때마다 베이징에서 가던 피터팬이 떠오른다. 이 식당은 베이징 외교관 거리가 있는 싼리툰三里屯과 량마차오亮马桥 주중이탈리아 대사관 근처에 있다. 왜 '피터팬'이라는 이름이 붙었는지는 모르겠으나 늘 이탈리아 사람들로 북적거리는 것이 특징이다.

이탈리아 가정식을 표방하는 식당답게 가격도 매우 싸다. 음식의 퀄리티는 손님을 모셔가도 좋을 만큼 훌륭하고, 가격은 그에 비해 매우 합리적이어서 이탈리아 사람 외에도 인근 대사관 사람들로 붐빈다. 무엇보다 이탈리아 대사관 사람들과 이탈리아 거주민들이 많이 찾는 것을 보면 외국 한인타운의 한식당 수준 정도의 고향의 맛이 보장된다는 의미다.

실제로 음식 맛을 보면 상당히 수준이 있고, 특히 파스타의 경우 면 종류, 소스 등을 커스터마이징해서 주문할 수 있도록 해놓았다. 런치코스 역시 시기별로 변화를 줘서 다양한 메뉴를 즐길 수 있게 운영하고 있다. 솔직히 한

국에서 이 정도 가격에 이 정도의 이탈리아 음식을 먹어 본 적은 없는 것 같다. 종업원들도 매우 친절하고, 사람이 늘 붐비는 상황에서도 미소를 잃지 않고, 일 처리가 중국답지 않게 빠르다. 피터팬에서는 토마토를 활용한 음식을 개인적으로는 추천한다.

카프레제와 토마토 부르스케타는 신선한 토마토와 모차렐라 치즈를 사용하고, 전체적인 요리에 들어가는 올리브유 역시 싱그럽다. 뇨끼나 라자냐, 해물 파스타를 비롯한 파스타 메뉴도 베이징 시내 웬만한 음식점보다는 수준이 높다. 디저트로 나오는 티라미수와 케이크들도 꼭 맛봐야 할 메뉴다. 이 식당의 또 한 가지 매력은 창가 자리에 앉으면 낮의 싱그러운 햇살을 받으면서 식사를 할 수 있다는 것이다. 햇빛 좋은 자리에 앉아 병에 든 싱그러운 올리브유를 보며 기분 좋은 식사를 즐겨 보기를.

'세계 맛집이 한자리에' 베이징 맛집 집합소 '팡차오디'

눈과 입이 즐거운 팡차오디芳草地는 내가 선정한 베이징 관광 명소 1번지다. 팡차오디는 부티크 호텔과 쇼핑센터, 오피스 건물로 이뤄진 복합 쇼핑센터다. 미식가이자 예술 애호가인 홍콩 파크뷰 그룹 황젠화(홍콩명 조지 웡) 회장이 지은 이곳은 베이징에서 친환경 설계를 통해 지은 최초의 건물이자 친환경 건축 수상 경력으로 유명한 건물이기도 하다.

이곳에 오면 철 따라 바뀌는 예술품을 감상할 수 있다. 또한 팡차오디에서는 천재 조각가 달리의 진품을 밟에 채듯 볼 수 있다. 정말 진품이 맞나 싶게 정문에서부터 쇼핑센터 곳곳에 달리의 작품이 전시돼 있다.

황젠화 회장은 한국 미술을 아주 좋아하는 것으로도 유명해 실제로 팡차오디 곳곳에는 한국 작가들의 작품이 전시돼있다. 정문에 들어서면 머리 위에 초대형으로 걸린 강형구 작가의 관우 초상화가 눈에 들어온다. 이승구 작가의 익살스러운 불테리어 조형 작품, 최정화 작가의 꽃을 주제로 한 설치미술까지 팡차오디에 숨어 있는 한국 작가의 흔적을 찾는 것도 하나의 재미다.

한국 작가들이 베이징 예술과 쇼핑의 정수인 팡차오디에 작품을 걸 수 있었던 것은 팡차오디 미술품을 5년간 담당했던 큐레이터 김미령 관장의 공이 컸다.

미식가인 황젠화 회장이 입점시킨 식당의 맛있는 음식들을 즐길 수 있는

강형구 작가의 관우 초상화

것도 팡차오디의 매력 포인트다. 2018년 12월 황젠화 회장이 세상을 떠난 뒤에도 그 명성은 이어지고 있다.

팡차오디의 식당을 추천하는 이유는 간단하다. 황젠화 회장의 입맛을 믿기 때문이다. 황젠화 회장은 입점한 식당을 직접 다 선별하고, 철저하게 관리했다. 어떤 식당은 임대료를 많이 내겠다고 해도 그의 기준을 만족시키지 못하면 입점하지 못했을 정도다. 현재 입점한 식당들도 딘타이펑, 이치도 롤케이크, 카오야 명가 중 하나인 다둥大董, 싱가포르 바쿠테 등 전 세계 맛집이 총망라돼 있다.

그렇기 때문에 베이징에서 맛집 찾기에 익숙지 않다면 팡차오디를 찾아서 아무 식당이나 골라 들어가면 된다. 특히 1층에 있는 일본 라멘집인 '하카타 이코우샤'는 항상 줄이 10m 정도 서 있는 집이다. 중국에 있는 라멘집이 뭐 얼마나 맛있다고 줄을 서나 싶겠지만, 이 집은 일단 내가 가본 일본 본토의 라멘집과 비교해도 얼추 비슷한 수준의 맛을 낸다. 자신 있게 이런 이야기를 하는 이유는 내 입맛을 믿기 때문이 아니라 황젠화 회장의 미식에 대한 열정을 믿기 때문이다.

언제나 줄을 길게 늘어선 하카타 이코우샤에 들어가면 깔끔한 인테리어가 눈에 띈다. 이곳은 혼자 여행을 하는 관광객이 오기에도 좋다. 식당 전체가 테이블이 따로 없고 혼밥족을 위한 스타일로 인테리어가 돼 있다. 그래서 일행과 같이 가도 마주 보고 앉지는 못하고 옆으로 나란히 앉아야 한다.

자리에 앉으면 먼저 육수를 골라야 한다. 육수 종류는 전통 돈코츠 라멘처럼 진한 국물, 좀 가벼운 국물, 흑임자를 넣은 국물, 약간 매운 국물, 아주 매운 국물 5종류다. 그다음에는 소금 간, 면 익힘 정도, 파 유무, 토핑, 사리 추가 여부 등을 고를 수 있다. 내 추천은 간, 익힘 등은 보통으로 통일하고, 파는 반드시 넣으며, 차슈와 반숙 계란 토핑을 추가하는 것이다. 이미 계란 토핑이 들어가 있지만, 선계란 후면발, 선면발 후계란을 고민할 필요 없이 그냥 계란을 하나 더 시켜서 라멘 먹기 전에 계란 하나를 먹고, 면을 다 먹고 나서 또 하나를 먹는 것도 이 집 라멘을 맛있게 즐기는 팁이다. 라멘은 토핑만 얹어져서 나오기 때문에 테이블에 마련된 매운 기름, 참깨, 절임 반찬, 맛술 등을 자유롭게 넣어서 DIY로 만들어 먹는 맛이 있다.

사이드 메뉴로 감자 샐러드, 가라아게, 야끼만두를 추천한다. 세 가지 모두 일본 본토 못지않은 맛을 낸다. 나는 일본 드라마 〈고독한 미식가〉에서 감자 샐러드를 본 뒤로는 항상 일식집에 가면 감자 샐러드를 시켜 먹는다. 감자 샐러드가 어떻게 나오는지 보면 그 일식집의 간이라든지, 재료 관리 수준 등을 가늠해 볼 수 있기 때문이다. 이 집 감자 샐러드는 간이 심심하고, 감자를 완전히 으깨지 않는 특징이 있다. 간을 잡을 때 손님이 직접 간을 할 수 있는 여백을 남겨 두는 배려인 셈이다.

가라아게는 염지를 한 것인지 자체적으로 간이 배어 있어 별도로 나오는 소금을 굳이 찍어 먹지 않아도 된다. 야끼만두 역시 즐기지 않는 나도 먹을 만한 수준으로 나온다.

팡차오디에는 이 일식집 외에도 우리에게도 익숙한 일본식 돈까스집인 사보텐도 있다. 사보텐 같은 프랜차이즈 음식점이 뭐가 맛있느냐고 할 수도 있지만, 팡차오디의 사보텐과 일반 사보텐은 분명한 차이가 있다. 이렇게 자신하는 이유는 프랜차이즈 또한 황젠화 회장의 까다로운 입맛을 통과해야 입점이 가능하기 때문이다. 2018년 황젠화 회장이 갑자기 작고했다는 소식을 듣고 무척 놀랐다. 이 자리를 빌려 맛있는 음식을 맛보게 해준 그의 열정에 감사하다는 인사를 꼭 하고 싶다. 세상은 맛객들이 있어 아직 살만하다. 베이징에 오면 팡차오디를 꼭 들러보길 바란다. 멋진 예술품도 감상하고, 맛집도 많아 눈과 입을 호강시키기 딱 좋은 곳이다.

최근 중국에도 베지테리언 식당이 우후죽순처럼 생겨나고 있다. 이런 식당은 베지테리언 식당을 표방하면서 주로 외국인과 하나둘 생겨나는 중국 채식주의자, 또 건강을 중시하는 중국 중상류층을 타깃으로 한다. 전에도 몇 번 이런 베지테리언 식당을 방문한 적이 있는데 가격은 엄청 비싸지만, 맛이 너무 떨어져 실망을 금치 못했다. 중국의 강점 중 하나는 빠르게 어떤 문화가 주입되면 무서울 정도로 휘몰아친다는 것이다. 그러다 보면 그중 우수한 개체가 살아남고 하나의 표준이 된다. 내가 방문한 린서霖舍가 바로 그런 표준이 될 만한 식당이다. 베이징에 부는 베지테리언 식당 광풍 속에 피어난 한 떨기 꽃과 같은 파인 다이닝을 즐길 만한 베지테리언 식당이라고 할 수 있다.

파인 다이닝은 어떻게 규정할 수 있을까? 당연히 각자의 기준이 있겠지만, 내 경우는 이렇다. 음식 맛은 당연히 기본이고, 음식을 먹었을 때 조리 과정에서 공을 많이 들였다는 느낌을 받을 수 있어야 한다. 이 '공을 많이 들였다'라는 느낌은 지극히 주관적인데 보통 음식을 첫 술 떴을 때 판가름이 난다. 신선한 재료, 셰프의 정교한 솜씨가 느껴지는 재료 손질, 그리고 깔끔하게 떨어지는 음식의 맛이 갖춰졌을 때 이런 공이 많이 들었다는 느낌을 받는다.

미슐랭 1스타를 받은 린서의 이름은 장마를 뜻하는 린霖과 식당을 나타내는 서舍를 써서 지었다. 예쁜 식당 인테리어와 요리처럼 이름도 아기자기하다. 린은 수풀 림林 위에 비 우雨를 얹어 숲속에 비가 내리는 모습을 나타내는 상형 문자다. 글자 자체에서도 수채화 같은 느낌이 난다. 린서는 무엇보

린서

다 인테리어와 분위기, 종업원의 서비스, 음식까지 흔히 '파인 다이닝'이라 불리는 요소를 모두 갖췄다. 음식은 특정 지역의 요리를 표방하지 않고 각지의 채식 요리를 가져다 리스트업 해뒀는데 나오는 요리를 보면 특정 지역에 편중되지 않고 모두 준수한 수준을 유지한다.

채소를 주재료로 하는 객가, 윈난云南, 쓰촨四川 쪽 요리가 주를 이루고 있다. 전채 요리는 여느 채식 식당처럼 두부나 버섯 위주로 하고 있으며, 그래서 윈난식 요리가 많다. 수프와 탕 같은 요리는 고기가 필요 없는 쏸라탕酸

린서 요리

辣汤이나 크림 버섯 수프, 맑은 버섯탕이 나온다. 린서는 베지테리언 식당에서 가장 약점으로 꼽히는 메인 요리를 채식 민물고기 요리나 채식 베이징덕 요리로 커버한다. 특히 채소로 만들었다는 느낌이 전혀 들지 않는 채식 민물고기를 얇게 잘라 기름을 적게 넣고 큰 홍고추와 함께 매콤하게 조리해 내는 야오군마라위摇滚麻辣鱼는 이 집의 간판 메뉴다. 이 요리는 중국에서 맛본 민물고기 요리 중 단연 톱5 안에 들 정도였다. 함께 나오는 홍고추도 많이 맵지 않아 민물고기 편片에 곁들여 먹기 좋다. 수프나 탕도 조미료 맛이 강한 게 아니라 좋은 재료를 듬뿍 넣어 진한 본연의 맛을 살렸다. 이런 요리의 맹점인 '밍밍하고 맛없음'도 재료의 질과 양 수준을 높게 유지하며 극복해 낸 점이 아주 인상 깊었다. 또 한 가지 인상 깊었던 요리는 유포몐油泼面이다. 유포몐은 고기장이 무게감을 잡아주는 요리기 때문에 채식 메뉴로 가능할까 싶었다. 서빙이 된 유포몐을 바라보며 고기장醬이 빠지면 어떤 맛이 날까 젓가락을 들어 맛을 봤다. 이건 뭐랄까? 유포몐 특유의 매콤한 홍유를 곁들인 소스와 쫄깃한 면, 신선한 재료로 고기장의 진득한 감칠맛의 부재를 메웠다. 아마도 표고버섯 같은 재료를 써서 감칠맛을 구현한 것 같았다. 하지만 역시 한 그릇을 다 비울 때쯤에는 밑에서 든든히 받쳐주는 고기 맛이 없으니 뭔가 아쉬움이 남긴 했다.

한참 식사를 하다가 주위를 둘러봤는데 이 식당은 외국인 손님보다는 중국 중상위층 여성이 주 고객인듯 했다. 사교 모임을 하는 중년 여성 손님과 가끔 연인 손님이 눈에 띄었다. 실내 인테리어도 SNS에 올리기 좋게 세련돼 중국 손님의 발길을 잡기에 충분해 보였다.

가장 중요한 가격은 미슐랭 레스토랑임에도 불구하고 코로나 여파로 손님이 없어서인지 2인 세트 메뉴가 5만 원대였다. 세트 메뉴라고 해서 양이 줄거나 하지 않고, 온전한 양의 요리가 나오니 가성비도 좋다고 할 수 있다. 혹시 주변에 베지테리언 친구가 있다거나 맛있는 채식 식당을 찾는다면 린서를 추천하고 싶다.

막간 코너

'중국의 해로즈' 세계 명품 매출 2위, 'SKP 백화점'

중국인의 명품 사랑이야 굳이 말하지 않아도 널리 알려져 있다. 중국인들에게 해외여행이 대중화되면서 세계 방방곡곡을 돌며 명품을 쓸어 담는 중국인의 모습을 이제는 어디서나 볼 수 있다. 부유한 중국인의 증가와 명품 소비가 정비례하는 것도 주지의 사실이다.

한 가지 재미있는 점은 세계 명품 소비의 30% 이상을 차지하는 중국인이 자신의 안방에서는 지갑을 잘 열지 않는다는 것이다. 여기에는 사치품에 붙는 높은 중국 관세와 부가가치세가 원인이기도 하지만, 돈이 많다는 것을 남들에게 들키고 싶지 않은 중국 부자들의 속사정도 작용한다. 시진핑习近平 중국 국가주석이 집권한 이후 반부패 운동이 중국 전역을 휩쓸면서 부패 관료와 대부호들의 눈살을 찌푸리게 하는 졸부 행위가 많이 사라졌다.

이런 추세를 반영하듯 중국에서 돈 자랑하는 사람의 수는 급격히 줄어들고 있다. 설령 명품을 사더라도 남몰래 조용히 사는 것이 하나의 문화로 자리 잡았고, 고급 식당들도 회원제 프라이빗 식당으로 업태를 바꿨다.

그러나 해외로 나가면 이야기는 달라진다. 눈치를 볼 필요가 없어진 중국 부자들은 그동안 억눌린 한을 풀기로 작정이나 한 듯 지갑을 마구 열어젖힌다. 말 그대로 명품 판매장을 통째로 쓸어 담는 슈퍼 파워를 보여 주고 있다.

명품 매장마다 중국 VIP에 대한 무용담 하나쯤은 있을 만큼 중국인의 명품 사랑은 남다르다. 국내와 해외가 극명한 대비를 이루는 중국 명품 소비 패턴에 이단아같이 등장한 곳이 있었으니 그곳이 바로 베이징화롄그룹(BHG)이 베이징시 중심에서 운영하는 SKP 백화점이다.

SKP 백화점의 본점인 SKP 클래식은 전 세계 백화점 중 단일 매장 명품

SKP 백화점 내부 명품 매장

매출 2위를 기록하는 명품의 메카다. SKP 클래식보다 명품이 많이 팔리는 곳은 영국 왕실이 명품 쇼핑을 하는 곳으로 유명한 영국 해로즈Harrods 백화점뿐이다.

백화점 전체가 명품 매장으로 채워진 SKP 클래식의 2019년 매출액은 150억 위안, 한화로 2조 5천억에 달한다. 명품 판매 불모지인 중국에서 SKP가 성공을 거둔 전략은 판매를 위한 카테고리 구성에 있다. 베이징 최고 번화가인 왕푸징과 궈마오의 유명 백화점이나 쇼핑센터를 가보면 도대체 그 비싼 임대료를 어떻게 충당하나 싶을 정도로 매장에 파리 한 마리 보이지 않는다. 하지만 SKP 백화점은 다르다. 그 수많은 명품 매장에 사람이 북적북적하다. 내가 아는 한 이렇게 사람이 붐비는 백화점은 베이징에서 SKP가 유일하다. 앞서도 말했 지만 SKP에 중국 부자들이 몰리는 이유는 살 만한 제품이 있기 때문이다. 중국 명품계에는 이런 말이 있다.

'SKP에 없으면 중국 어디에도 없다'

이 말인즉슨 SKP에는 일반적인 명품 브랜드의 제품 외에 에디션 제품이 많이 구비돼 있다는 소리다. 지난해 새로 문을 연 SKP-S를 직접 둘러보니 한눈에 봐도 스페셜 에디션 같은 제품들이 자주 눈에 들어온다. 실제로 SKP 관계자의 설명을 들어보니 많은 고객이 신제품이 론칭되면 스윽 매장에 와서 물건을 보고 조용히 주문하고 백화점을 빠져나간다고 한다. 몰래 명품을 사야 하는 중국에서만 볼 수 있는 중국 특색 명품 소비 형태다.

SKP 백화점은 한국과도 인연이 있다. 현재 SKP 백화점은 본점 격인 SKP 클래식과 클래식 길 건너편 남쪽에 새로 들어선 SKP-S 두 곳을 운영 중이다. 세계 톱2에 드는 백화점 치고는 규모가 매우 작은 편인데 클래식은 6층 규모, SKP-S는 3층 규모다. 두 곳 중 2019년 12월 12일에 문을 연 SKP-S가 특히 더 한국과 인연이 깊다. BHG 그룹의 지샤오안吉小安 회장은 한국 유명 선글라스 브랜드인 젠틀몬스터에 SKP-S의 전체 콘셉트 디자인을 의뢰했다.

고고도 미사일 방어 체계THAAD(사드) 갈등으로 한중관계가 엄혹한 시기에 한국 기업에 중국 최대 명품 백화점의 실내 건축 디자인을 맡긴다는 것은 정말 용기와 배짱이 없이는 불가능한 일이다. 하이 리스크 하이 리턴이라고 했던가. 지 회장의 위험해 보이기까지 한 용단은 엄청난 보답으로 돌아왔다. 젠틀몬스터가 보여준 근 미래의 화성 생활을 모티브로 한 디자인은 베이징에서 대히트를 쳤다. 새로 오픈한 SKP-S는 밀려드는 손님으로 발 디딜 틈이 없을 정도다.

현대 설치 미술 같은 인테리어 소품

SKP-S에 들어서면 양떼가 손님을 맞고, 할리우드 영화 〈마스〉에 나왔던 우주 식량이 벽을 채우고 있는가 하면, 요즘 말로 인스타 감성이 충만한 현대 설치 미술 같은 인테리어 소품들이 80·90 허우(1980~90년대 이후 출생 세대)의 발길을 붙잡는다. 사람을 모으는 SKP답게 이번에도 사람을 끌어모으는데 성공한 것이다.

SKP-S에 가보면 또 한 가지 놀라운 것이 있다. 그 콧대 높은 명품 브랜드들이 SKP에서 요구한 디자인에 따라 브랜드 로고를 새긴 간판을 매장 앞에 걸어 두었다. 세부적인 매장 디자인은 자율에 맡겼지만, 전체적인 톤이나 콘셉트는 SKP의 요구에 따라 통일성을 갖춘 것이다. 아무리 콧대가 높다 한들 세계 명품 매출 2위인 SKP의 요구를 거부하기는 쉽지 않았을 것이다.

명품에 관심이 있는 사람이라면 베이징에 왔을 때 SKP백화점에 가서 한국에서 보지 못했던 명품 에디션 제품을 구경하고, 인스타그램용 사진도 찍어 보기 바란다.

베이징에서 전통 나고야 장어덮밥을 즐겨보자

'히쓰마부시 ひつまぶし'

일본 아이치현 나고야의 전통 음식인 장어덮밥의 이름이다. 이름 그대로 '히쓰'로 불리는 둥근 모양의 나무그릇에 나온다. 베이징 최대 오피스 거리인 궈마오에는 미슐랭급 식당들이 즐비하다. 중식뿐 아니라 각국의 요리를 내는 외국 식당까지 조금 과장하면 전 세계 모든 요리를 맛볼 수 있다.

히쓰마부시를 나고야 전통 기법으로 내는 이 장어 요릿집은 '아오만傲鰻'이라는 식당이다. 교만할 '오'자에 뱀장어 '만'자를 썼는데 오만이라는 뜻보다 '굽히지 않는다'라는 뜻으로 '오'자를 쓴 것 같다.

히쓰마부시는 말 그대로 덮밥, 장어가 밥 위에 덮어져 나오는 음식이다. 하나 특기할 것은 히쓰에 담긴 덮밥을 네 등분해서 먹어야 한다는 것. 나고야에 여행을 가서 직접 먹어 본 사람도 많겠지만, 히쓰마부시는 먹는 법이 특이하니 가게에 적혀 있는 먹는 법을 소개해 본다.

1. 덮밥이 나오면 일단 밥주걱을 이용해 밥과 장어를 4등분으로 나눈다.

2. 첫 번째 덩이는 빈 공기에 덜어서 아무런 양념을 치지 않고 맛본다.

3. 두 번째 덩이는 덮밥 위에 함께 나온 파, 김, 화자오花椒즙, 고추냉이, 깨를 뿌려서 싹싹 비벼서 먹는다.

4. 세 번째 덩이는 두 번째 덩이와 같이 고명을 얹은 뒤에 녹차와 장어 뼈를 함께 곤 물을 말아서 먹는다.

5. 마지막 덩이는 위의 세 가지 방법 중 가장 맛있던 방법으로 먹는다.

나는 마지막 덩이를 녹찻물에 말아 먹었다. 대부분 사람이 이 방법을 택한다고 한다. 먹는 법부터 특이한 이 장어 덮밥은 장어에 대한 나의 인식을 완전히 바꾸어 놓았다.

한국에서 장어가 가장 맛있는 지역이 어디일까. 바로 고창이다. 고향이

히쓰마부시

전북인 나는 장어철이 되면 자주 고창에 가서 장어를 먹었다. 고창의 장어
는 풍천장어로 바닷물과 민물을 오가며 자라서 살이 탱글탱글하면서도 적
절히 기름기가 배어있다. 한마디로 '근육이 가득 찬' 느낌의 식감을 자랑한
다. 중국에 와서 여태 내가 맛본 장어는 식감이 장어라기보다는 젤라틴에
가깝달까. 이게 무슨 맛이냐면 비린 맛에 특유의 중금속 향이 나는 중국 민
물고기 맛이 배어서 아예 입에 대지도 못할 수준이다.

　고창 풍천장어로 길들여진 까다로운 내 입맛을 완전히 사로잡은 것이 바
로 아오만 히쓰마부시였다. 솔직히 고창 풍천장어와 히쓰마부시 중 어떤 것

아오만傲慢 **IFC점**
주소 : 北京朝阳区建国门外大街IFC国际财
源中心B座一层
전화 : +86 170-1007-8882
영업시간 : 평일 11:30~14:00, 17:30~22:00
주말 11:30~14:00, 17:30~22:00

을 먹을 것이냐고 묻는다면, 배가 고플 때는 기름기가 적절히 밴 고창 풍천장어, 배가 좀 찼을 때는 히쓰마부시를 먹겠다고 하겠다.

이런 답을 하는 이유는 조리법에 있다. 히쓰마부시는 일단 재료인 장어를 키우는 것부터 요리가 시작된다. 히쓰마부시 조리법에 따르면 먼저 장어를 3일간 굶긴다. 이런 다이어트 과정을 통해 좋은 기름만 몸에 남기고, 나쁜 기름을 빼낸다고 한다. 그렇기 때문에 기름기가 적당히 빠져서 이것이 장어를 먹는 것인지 아니면 잘 구워진 소갈빗살을 먹는 것인지 구별이 안 될 정도다. 풍천장어가 기름기가 즌뜩하니 맛나게 낀 두터운 안심 스테이크 맛이라면, 히쓰마부시는 적절한 기름기를 가진 토시살 정도라고 보면 된다.

이 집의 또 하나의 맛 포인트는 바로 화자오즙이다. 가끔 고급 일식집에 가면 사시미에 곁들여 화자오즙을 내주기도 한다. 생화자오즙이 이렇게 맛을 살려준다는 것을 느낀 것은 이번이 처음이었다. 장어의 느끼한 맛을 잡아주면서 입안을 화하고 청량감 있게 해줘 덮밥을 다 비울 때까지 느끼함을 못 느꼈을 정도다.

히쓰마부시가 너무 맛있어 확인해 본 결과 여기 사장님은 나고야에서 오신 분이고, 장어도 일본에서 직접 공수해 온다고 한다. 실제로 사장님은 홀에 거의 나오지 않고, 장어 맛을 위해 주방에서 장어를 굽기만 하신다고 한다. 유통이나 비싼 임대료 등으로 인해 가격은 358위안으로 조금 비싼 편인데 이 정도 맛이면 그래도 먹어 봄직할 정도로 맛있다. 베이징에 온 김에 쉽게 먹어 보기 힘든 비싼 나고야 정통 장어덮밥을 먹으면서 자신에게 호사를 선물해 보면 어떨까.

베이징에서 먹는 평양냉면은 어떤 맛일까?

평양냉면이 서울 음식일까? 평양 음식일까?

세상에서 가장 멍청한 질문 같지만, 베이징에 와서 북한 식당들을 찾아다니며 '북한식' 평양냉면을 맛보고는 이 의문이 내 머릿속을 떠나지 않았다.

처음 평양냉면을 먹었을 때가 떠오른다. 평양냉면 마니아 선배 손에 이끌려 필동면옥을 가게 됐다. 누구나 그렇듯 한 젓가락을 입에 넣고는 '이런 걸 왜 먹나?' 하는 생각에 맛을 제대로 느낄 수조차 없었다. 그 뒤로 선배 손에 친구 손에 이끌려 평양냉면 집을 전전하다 보니 어느새 멍하니 있으면 평양냉면이 떠오를 정도로 이 묘한 음식의 매력에 빠져들게 됐다.

그런 나에게 베이징은 진정한 평양냉면을 맛볼 수 있는 기회의 땅과 같았다. 또 마침 내가 베이징에 부임하고 남북교류가 활발해지면서 평양냉면이 다시 조명을 받기 시작했다. 북한 공연에 참가한 연예인들이 '진짜' 평양냉면 후기를 올리기 시작하자 내 궁금증은 단순한 호기심을 넘어 폭발 직전까지 갔다.

그때부터 북한 옥류관의 평양냉면 맛이 궁금해 베이징의 북한 식당을 전전하며 평양냉면의 본류를 찾는 여정을 시작했다. 여러 북한 식당을 다녔지만 대부분은 수준 미달의 냉면을 내놨고, 돌고 돌아 북한 옥류관 냉면과 가장 유사하다는 북한 대사관 옆 은반관에 정착하게 됐다. 은반관은 북한대사관과 담 하나 사이를 두고 있는 식당이다. 북한 대사관 사람들이 자주 가는 곳으로 북한 로동신문 특파원과 외교관들을 식당에서 쉽게 마주칠 수 있다.

은반관에 드나들 때쯤 한국에서 서울과 수도권의 평양냉면을 분석한 경향신문 기사가 대히트를 쳤고, 북한식 평양냉면에 지쳐가던 나는 서울식 평양냉면 맛이 그리워졌다. 몇 달 뒤 서울에 볼 일이 있어 갔을 때 서울식 평양냉면을 실컷 먹고 왔다. 추가 사리를 시켜 먹고 있을 때 문득 이런 생각이

베이징 북한대사관 옆 은반관

들었다. 지금의 평양 옥류관 냉면이 원조일까? 아니면 실향민들이 보존한 서울식 평양냉면이 원조일까?

두 냉면은 비교할 수 없을 만큼 서로 다른 음식이었다. 서울식 평양냉면은 양념장이 전혀 없고, 고명도 무채와 오이, 계란, 수육, 배가 아주 소량 들어가 육수와 면으로 승부를 보는 타입이다. 반면 베이징 은반관의 북한식 평양냉면은 온갖 고명을 켜켜이 쌓고, 육수도 좀 더 간이 되어 있고, 양념장 양이 많고, 면은 더 쫄깃한 것이 특징이다.

그럼 어떤 것이 원조에 더 가까울까? 내 생각에는 서울의 평양냉면이 원

형에 가까운 평양냉면의 형태를 보존하고 있을 것이다. 그렇지만 평양 시민의 입맛에 따라 변해온 은반관의 북한식 냉면에 '변절자'라는 딱지를 붙일 수도 없는 노릇 아닌가. 게다가 나는 '면스플레인'과 '육수플레인'을 극도로 싫어하기 때문에 두 냉면 중 원조를 구별하지 않기로 했다.

베이징에 있는 북한식당들은 이제 공식적으로는 북한에서 운영하지 못한다. 유엔 안보리 제재로 인해 2019년 1월 9일부로 다 중국인 명의로 바뀌었기 때문이다. 북한의 주요 외화벌이 수단이었던 북한식당은 이제 유엔의 감시를 피해서 돈벌이를 해야 할 처지에 놓이게 됐다. 평양냉면 마니아로서

은반관銀畔烤肉
주소 : 北京朝阳区朝阳门外大街38号
전화 : +86 010-85633191
영업시간 : 평일 11:00~15:00, 17:00~23:00
주말 11:00~15:00, 17:00~23:00

는 이런 조치가 반갑기도 하다. 유엔 제재 덕분에 베이징에 난립한 북한식당의 수가 줄고, 손맛이 훨씬 좋아졌기 때문이다.

은반관 냉면 맛을 표현해 보자면 이렇다. 은반관 평양냉면은 평양식과 마찬가지로 양념장을 엄청 넣어준다. 그래서 일단 양념장을 조금 덜어내고 육수 맛을 먼저 보는 것이 좋다. 육수는 서울식 평양냉면보다는 아주 조금 간이 더 돼 있는 편이다. 육수에서 조미료의 맛이 거의 느껴지지 않는 것도 특징이다. 면발은 익히 알려진 대로 칡냉면처럼 검은 색을 띠고, 생긴 그대로 쫄깃하다. 고명은 배, 계란, 소고기, 닭가슴살, 무초절임이 얹어져 있다. 서울식 평양 냉면보다는 고명 종류도 다양하고, 가격이 24위안인 것을 고려하면 훌륭하다.

이곳에 오면 평양냉면 말고도 다른 다양한 북한 요리를 즐길 수 있다. 추천할 만한 요리는 통김치, 가자미식해, 녹두전, 꼬막초무침, 명태포조림이다. 김치 반 포기째 나오는 통김치는 어떻게 숙성시키는지 모르겠으나 매우 아삭아삭하다. 북방식으로 간도 약하지만, 맛이 들어 김치만으로도 공깃밥 두 그릇이 거뜬하다.

다른 북한식당에선 조미료 맛이 많이 나는 편인데 여기 가자미식해는 조미료 맛이 하나도 나지 않는다. 가자미 뼈가 적당한 정도로 삭아서 꼬독꼬독 씹히고, 가자미 살은 어르신들도 잘 드실 수 있을 정도로 연하다.

북한식 녹두전은 얇은 돼지고기를 가운데 넣어 부친다. 돼지비계가 비리지도 않고 고소한 맛을 더해줘 냉면과 환상의 콜라보를 이룬다. 꼬막초무침은 상상하는 그 맛인데 이건 순천에서 먹었던 참꼬막보단 맛이 덜한 편이다. 생꼬막을 공수하기 어려운지 냉동꼬막을 써서 약간 아쉽다. 그래도 북한산 해산물답게 살이 꽉 들어차 있다.

명태포조림은 평양냉면과 어울리니 꼭 맛보길 추천한다. 한국식 명태포조림과 생긴 것만큼이나 맛도 비슷하다. 다만 한국식보다 좀 더 맛이 좋다. 왜냐하면 이제 자취를 감춘 동해에서 잡은 명태로 만든 북어를 사용하기 때문이다. 북한산 북어는 타오바오몰에서도 판매하는데 최고의 맥주 안주다.

은반관의 메뉴판을 보는 것도 하나의 재미다. 정겨운 북한 말을 메뉴판에서 많이 볼 수 있다. 냉면 종류도 '비빔랭면'도 있고, '회랭면'도 있고, '쟁반랭면' 등 다양하다.

냉면 마니아라면 한번쯤 도전해볼 만한 맛이다. 뒤로 가보면 단고기도 있는데 단고기는 북한 말로 개고기다. 나는 개고기를 먹지 않기 때문에 먹어 본 적이 없어 맛은 잘 모르겠다.

마지막으로 북한식 평양냉면 먹는 방법을 소개해 본다. 물론 자신만의 스타일로 먹어도 상관없다.

북한식 평양냉면 맛있게 먹는 법!

1. 냉면이 나오면 고명을 흩어버리지 말고 육수를 떠먹는다.
2. 고명에서 양념장을 걷어 내고 순수한 냉면 육수와 면발 맛을 본다.
3. 절반 정도 먹으면 면 위에 겨자를 뿌려서 쌉쏘름한 맛을 느끼며 먹는다.
4. 1/4 정도 남으면 식초를 면발에 뿌려 먹는다.
5. 국물과 바닥에 가라앉은 면발은 양념장을 마저 풀어 자극적으로 먹는다.
6. 국물을 다 마시고 완냉을 인증한다.

한국엔 '역세권'? 중국엔 '허세권'이 있다

'허마셴성盒马鲜生'

이게 뭐에 쓰는 물건인고 싶을 텐데, 지금 중국은 하마 선생님 열풍이다. 하마라는 중국어 '허마河马'와 선생님이라는 뜻의 '셴성先生'을 음차해 지은 알리바바의 신선식품 전문 매장 허마셴성은 중국 물류 시장에 새바람을 불러일으키고 있다.

'아니 뭐 신선식품 매장이 그리 대단하다고 난린가'라고 할 수 있겠지만, 이 넓디 넓은 중국에서 신선식품 유통, 즉 '콜드체인'을 운영한다는 것은 굉장히 어려운 일이다. 신선식품이 무엇인가? 바로 날것 그대로의 생물을 취급하는 것이다.

한국같이 웬만한 지역은 2시간 안팎으로 주파할 수 있는 나라에서는 당연하게 느껴지겠지만, 중국 내에서 콜드체인은 엄청 까다로운 사업 분야 중 하나다. 물류 천국이라는 중국에서도 콜드체인만큼은 블루오션으로 남아 있다. 중국 진출 기업 CJ도 대한통운을 인수한 뒤 중국 현지 콜드체인 업체를 인수해 콜드체인 분야에 공을 들이고 있다.

2019년 7월 이 불모지에 중국의 거대 IT 공룡 삼형제 BAT(바이두, 알리바바, 텐센트) 중 하나인 알리바바가 뛰어들었다. 온라인 물류 업체가 오프라인으로 영역을 확장하는 것은 아마존을 비롯해 중국 내에도 징둥京东, 텅쉰腾迅(텐센트)까지 이젠 흔한 일이 됐다.

그러나 이 중 허마셴성이 유독 주목을 받는 이유는 무엇일까? 아직 문을 연지 1년 조금 넘었지만, 허마셴성은 벌써 전국 20개 도시에 109개 매장(2019년 말 기준)을 갖췄을 정도로 빠른 속도로 중국 전역에서 세를 불리고 있다. 마침 한인촌인 왕징에 허마셴성이 문을 열었다기에 찾아가 봤다.

허마셴성 왕징점 규모는 다른 매장에 비해 비교적 작은 편이다. 일단 첫인상은 뭐랄까. 롯데마트 서초점 같다고 할까? 규모가 아니라 운영 시스템이 그렇다는 이야기다. 반조리 제품은 물론, 해산물 같은 생물을 그 자리에서 조리해서 맛볼 수 있게 되어 있다. 무엇보다 놀라운 것은 스마트폰 앱을 이용한 쇼핑인데 집에서 앱을 켠 뒤 쇼핑을 하고 조리 방법 등을 선택하면 오프라인 매장에서 조리돼 집까지 배달된다.

허마셴성의 배달 시스템은 소비자가 집에서 주문하면 매장의 직원이 대신 장을 봐 매장 내 설치된 컨베이어 벨트에 장바구니를 걸어 배송 센터로 보내는 구조로 돼 있다. 허마셴성의 최고 강점은 신선도가 최고에 가깝다는 것이다. 신선도에 대한 고집은 알리바바라는 공룡이 팔을 걷어붙였음에도 아직 중국 내 매장이 109개밖에 안 되는 이유이기도 하다. 신선도가 생명인 신선식품을 유통하려면, 항공이나 항만 등 까다로운 인프라 조건이 보장돼야 한다. 그렇기 때문에 대도시, 소비력이 받쳐 주는 지역이어야만 입점이 가능하다. 허마셴성은 배달 서비스와 관련해 '매장에서 반경 3㎞ 이내를 30분 안에 배달한다'는 아주 높은 기준치를 모토로 삼고 있다.

알리바바가 간택해 허마셴성이 들어선 곳은 항공 물류까지 동원해 신선식품을 공급받을 수 있다. 한마디로 노량진 시장이나 자갈치 시장 같은 것이 집 바로 옆에 있다고 보면 된다. 직접 매장에 가서 본 것 중 가장 놀라웠던 것은 한국산 굴이었다. 중국에 온 뒤로 자연히 굴을 삼가고 있다. 이유는 중국 동해(한국 서해) 안에 널린 조선소를 비롯한 중공업 단지에서 나오는 폐수를 중국산 굴들이 꿀꺽꿀꺽 먹어 금속성 맛이 강하게 나기 때문이다. 그런데 허마셴성에서 먹은 굴은 통영 수준은 아니지만, 노량진 시장에서 맛보는 수준 정도는 됐다. 가격도 한국보다 저렴해 깜짝 놀랐다.

허마셴성의 콜드체인 시스템으로 공급되는 신선한 수산물

그 외에도 허마셴성에서는 죽합, 전복, 광어, 우럭, 킹크랩, 랍스터, 제철 꽃게 등 싱싱한 해산물을 사서 집에 가져갈 수도 있고, 그 자리에서 간단한 조리를 부탁해 맛볼 수 있다. 현장에서 직접 조리해 먹는다는 점도 허마셴성이 소비자들에게 사랑받는 이유다.

가장 궁금했던 것은 가격인데 놀랄 만큼 저렴하다. 그래서 중국 농수산물 물류 관련 기관에 일하는 지인에게 물어보니 허마셴성은 농가와 1:1 계약을 통해 신선식품을 공수하는 방식으로 영업하고 있다고 한다. 물론 중간에서 중개 수수료를 엄청 받기는 하지만, 농가 입장에서도 유통 단계를 줄이면서 많은 물량을 출하하니 서로 윈윈이 가능한 구조다.

매장을 방문해 즉석에서 죽합 매운 볶음과 광어찜, 전복 잡채 마늘찜, 굴찜을 주문했고, 조리제품인 새우 칩과 돼지 갈비찜, 초밥을 먹어 봤다. 가격은 광어 중자 한 마리가 약 1만 원, 죽합 500g 약 7천 원, 전복 마리당 약 1천 원으로 무척 저렴했다. 직접 먹어보지는 못했지만, 2㎏짜리 바닷가재(약 9만 원)와 1.5㎏짜리 킹크랩(약 2만 원), 제철꽃게(마리 당 약 1만 원)도 중국 내에서는 최고라 할 수 있을 정도로 저렴하고 신선했다.

한국에도 이러한 방식의 유통업이 도입된다면 농가와 소비자의 불만을 일소할 수 있을 것 같지만, 한국에서는 중간 유통업자들의 엄청난 반발에 부딪힐 것이 불 보듯 뻔해 이런 사업모델이 도입되긴 어려워 보인다.

허마셴성에는 좋은 품질과 합리적인 가격의 수입산 육류와 채소, 식재료가 많다. 특히 주부들은 허마셴성 앱을 까는 순간 가산을 탕진한다고 할 정도라고 하니 그 매력이 가히 짐작된다. 아내도 최근 허마셴성 앱을 깐 뒤로는 평소 이용하던 한국 청과 매장의 배달 서비스를 이용하지 않고 있다. 이유는 허마셴성이 신선도와 가격에서 압도적으로 소비자를 만족시키기 때문이다.

허마셴성의 유일한 단점은 재고 물량이 항상 부족하다는 점이다. 신선식품의 특성상 재고 관리를 보수적으로 하기 때문에 오후 6시가 넘어가면 대부분 물품이 매진된다. 이러한 이유 때문에 중국에는 '허세권(허마셴성 주변 지역의 집값이 오르는 현상)'이라는 신조어가 생겨난 모양이다.

7장
밥 먹으면서도 차, 밥먹고 나서도 차!
밥 먹으면서도 차, 밥먹고 나서도 차!

중국차, 알고 마십시다

중국의 대표적인 마실거리를 소개하라고 하면 당연히 차와 술이다. 역사도 오래됐거니와 두 음료 모두 세계 최고 수준의 맛과 품질을 자랑한다. 내가 중국에 와서 잘했다 싶은 일이 두 가지 있다. 하나는 중국 차에 입문한 것이고, 또 다른 하나는 중국 술의 맛과 향을 즐길 수 있게 된 것이다.

중국 차와 술은 모두 향으로 즐기는 음료이다. 중국 요리의 맛을 돋워주는 역할도 하지만, 그 자체로서도 훌륭한 음식이기도 하다. 차와 술 모두 역사면 역사, 종류면 종류, 맛이면 맛, 그리고 가장 중요한 향까지 어느 곳에 내놔도 빠지지 않는 중국의 혼과 같은 음식이다.

그중 가장 독특한 특징을 하나 소개하자면 바로 향이다. 중국에는 수많은 차와 술이 있다. 어느 지방에 가든 그 지역을 대표하는 술이 있고, 찻잎이 나는 곳이면 그 지역을 대표하는 차도 반드시 있다. 넓은 땅덩어리만큼이나 다양한 차와 술이 존재하다 보니 그 맛과 향도 천차만별이다. 맛이 좋은 것도 있고, 정말 형편없는 것도 있다. 그런 가운데 정말 좋은 차와 술을 만날 때 느끼는 반가움 내지 기쁨의 순간이 오면 '참 향기롭다'라는 말이 자연스레 나오게 된다.

중국에서 차나 술이 맛이 좋을 때 꼭 나오는 이 표현을 중국어로 하면 '저주(차) 헌샹这酒(茶)很香'이라고 한다. 해석하면 '와 이 술(차) 정말 향기롭다'라는 뜻이다. 처음에 이 말을 듣고는 '아니 무슨 향기롭다고 하지'라는 생각을 했었는데 중국에서 생활하며 차와 술을 즐기다 보니 그 이유를 자연스레 알게 됐다.

차야 커피처럼 맛과 향을 즐기는 음료니 이해를 하겠지만, 대개 향이 없는 술을 즐기는 한국 사람에게 술이 향기롭다라는 말은 다소 생소할 것이다.

그런데 생각보다 이유는 간단하다. 중국에서 술의 종류를 구분할 때 기준이 바로 향에 따라 결정되기 때문이다. 중국의 술은 농향濃香, 청향清香, 장향醬香 등 향기로 그 종류를 구분한다. 나중에 설명하겠지만, 중국에서는 차와 술에 향을 불어넣는데 엄청난 공력을 들인다. 그래서 정말 향기로운 차와 술을 만났을 때 중국 사람들은 그 차와 술을 만든 사람에 대한 존경과 감탄의 의미로 '와, 정말 향기롭다'를 외치는 것이다.

우리가 중국의 마실거리에 대해서 다소간의 교양을 쌓아야 하는 중요한 이유가 또 있다. 중국 식당에 가서 사람들이 가장 당황하는 것이 바로 차와 술을 주문하는 것이다. 종류도 워낙 다양할 뿐더러 어느 것이 좋은지 어떤 차가 음식과 어울리는지 알기가 매우 어렵다.

서양 레스토랑에 가서 식전주와 메인 와인을 시키듯이 중국 사람들은 요리를 주문할 때 반드시 차와 술을 주문한다. 간단하게 요령을 설명하자면, 미리 준비해 간 차나 술이 없을 경우 차는 가장 싼 차를 시키고, 술은 한화로 약 2만 원 안팎에서 기호에 따라 정하면 된다. 식당의 차와 술은 대체로 시중가보다 가격이 꽤 나가기 때문에 직원에게 추천을 해달라고 하면 덤터기를 쓰기 십상이다.

중국어 수준이 높지 않거나 중국차와 술에 대한 이해가 부족하면 이조차 쉽지 않다. 가장 유용한 팁은 식당에 갈 때 직접 차와 술을 들고 가는 것이다. 아니 밥을 먹으러 가는 데 차와 술을 들고 가도 된단 말인가 하는 의문이 들 것이다. 하지만 중국에서는 자신이 먹을 차와 술을 들고 식당에 가는 것이 아주 자연스러운 일이다.

한국과 달리 '콜키지corkage'를 받는 경우는 5성급 호텔이나 최고급 레스토랑이 아니면 극히 드물다. 그래서 실제 식당에 가서 음료와 술 메뉴를 봐도 특별히 신경 써서 준비해 둔 식당은 많지 않다. 이런 문화가 자리한 데는 재미있는 연원이 있다.

중국에서는 식당이든 호텔이든 가짜 차와 가짜 술에 대한 우려를 떨치기 어렵다. 그래서 대부분 중국 사람은 중요한 사람과의 식사에 평소 구해 둔 좋은 술이나 차를 가지고 나가는 게 하나의 에티켓처럼 자리 잡았다.

중국의 '짝퉁 문화'가 빚어낸 웃지 못할 단면이기도 하지만 어떻게 보면 합리적이고 손님 입장에서도 좋은 술을 싸게 먹을 수 있어 좋다. 관광객 입장에서는 차와 술이 없는데 어떡하냐고 우려할 수도 있다. 이런 걱정은 다행히 내려놓아도 된다.

중국은 유명 식당 근처나 작은 동네에도 술을 파는 주류 잡화점이 많고, 차를 파는 차 매장도 중소형 마트마다 대부분 입점해 있다. 그러니 식당에 가기 전 주변에 있는 주류 판매점이나 차 매장에 들러 차와 술을 준비해 가면 된다.

중국에 와서 차와 술의 가격을 보고 놀라는 사람들을 가끔 보게 된다. 중국에서 먹는 것은 뭐든지 쌀 것이라는 선입견 때문인지 수십만 원에서 수백만 원, 수천만 원이 넘는 차와 술을 보면 이성적으로 이해가 되지 않을 수도 있다. 하지만 역으로 생각해보면 이 먹거리 싼 동네에서 그렇게나 비싼 값이 나간다면 얼마나 귀하고, 좋은 음식이란 말인가.

요즘 한국에도 보이차와 마오타이 같은 중국 고급 차와 술이 많이 알려져서인지 이 분야에 대한 관심들이 많다. 와인이 테루아terroir에 따라 미묘한 맛과 향의 차이를 내는 것은 이미 잘 알려져 있다. 이 원리를 그대로 중국차와 술에 적용해 보면 중국의 광활한 대지와 환경이 빚어낸 차와 술의 다양함을 가늠할 수 있을 것이다. 중국의 차와 술은 와인에 못지않은, 아니 어쩌면 훨씬 더 깊이 있고 폭이 넓은 맛의 세계를 가지고 있는 셈이다.

워낙 심오한 분야이기 때문에 이 글을 통해서 제대로 중국의 차와 술을 이해한다는 것은 불가능하다. 대신 중국의 차와 술에 관심 있는 사람이 글을 읽은 뒤 '정식으로 입문해 볼까'라는 생각을 가질 정도만 된다면 글쓴이로서 매우 만족스러울 것이다. 한편으로는 이 글이 중국 요리를 즐기고 싶은 사람으로서 중국 요리에서 빠져선 안 되는 차와 술에 대한 기본적인 지식을 알려주는 길라잡이가 되길 바란다.

차를 배워봅시다

이번 장은 국내에서도 갈수록 인기를 얻고 있는 중국차에 대해 아주 조금이라도 이해를 넓히자는 취지에서 쓴 글이다.

널리 알려진 커피와 달리 차에 대한 정보는 매우 제한적이고, 용어도 생소해 쉽게 다가가기 어려운 것이 현실이다. 이 글은 이제 막 차 생활을 즐기기 시작한 필자 같은 초심자들의 이해를 돕기 위해 중국 고급 다예사, 고급 품차사와 한국 다례 지도사 자격증을 보유한 김진영 선생님과 나눈 대화를 알기 쉽게 정리한 것이다.

차의 유래, 역사, 우리는 방법 등 기본 지식과 차의 종류처럼 헷갈리는 내용을 노트 필기식으로 때론 대담 형식으로 재미있게 정리했다. 또 각 장 사이에 중국에 와서 마셨던 명차를 소개하는 〈명차 열전〉 코너도 준비했다.

초심자인 필자의 단순무식한 질문과 이에 친절히 답하는 김진영 선생님의 이야기를 따라가다 보면 어느새 누군가에게 선물 받아 집 골방 어딘가에 방치해 뒀던 차를 찾고 있는 자신을 발견하게 될 것이다.

차는 어디서 왔을까

무언가를 알아갈 때는 연원에 대해서 생각해 보는 게 첫걸음이다. 고향에서 상경했을 때 가장 황당했던 경험 중 하나가 쌀밥을 매일 먹는 서울 친구들이 볍씨가 열리는 벼에 대해서 모른다는 것이었다. 촌에서 자란 나에게는

중국 다구

상당히 충격이었는데 반대로 서울에서 자란 친구들에게는 그걸 아는 내가
오히려 충격이었던 것으로 기억한다.

이런 기본적인 것을 우리는 간과하는 경우가 많다. 차도 마찬가지다. 차

와 친구가 되기 전에 근원을 찾아가 보는 과정이 꼭 필요하다.

이제 다구茶具에 우려지는 찻잎을 떠올려 보자. 찻잎은 어디서 왔을까? 찻잎은 당연하게도 차나무에서 왔다. 차나무의 학명은 '카멜리아 시넨시스 *Camellia sinensis*'다. 카멜리아는 동백나무과라는 뜻이고 시넨시스는 중국을 뜻한다. 풀어 말하면 중국에서 나는 동백나무과 식물의 한 종류다. 차나무의 원산지는 중국 서남부로, 윈난云南, 구이저우贵州, 쓰촨四川 일대에 많이 분포하고 있다. 이 지역의 차나무는 대부분 교목형으로 우리가 어려서 도화지에 그리던 아름드리나무 같다고 생각하면 된다.

차를 뜻하는 한자 '茶'자를 보면 이런 이미지를 금방 떠올릴 수 있다. 한자를 자세히 보면 나무木 위에 사람人이 올라가 잎草을 따는 상형문자라는 것을 알 수 있다. 한자에도 드러나듯 차는 차나무에서 따는 잎을 말한다. 아주 당연한 것 같지만, 보성 녹차밭만 봐온 우리에게는 생소하게 느껴지기도 한다.

차를 나누는 방법은 크게 세 가지인데 수형樹型, 재배 방법, 잎의 종류에 따라 구분한다. 가장 기본이 되는 수형에 따른 분류 방법에 대해서 알아보자.

수형에 따른 차나무 분류

수형에 따라 차를 분류하면 교목형喬木型, 반교목형半喬木型, 관목형灌木型 등이다. 말이 어려워 보이는데 생각보다 간단하니 일단 잘 들어보자.

교목형은 우리가 머릿속에서 쉽게 떠올릴 수 있게 생긴 나무라고 생각하면 된다. 쭉 뻗은 나무 기둥 윗부분에 가지가 퍼져 있고 거기에 잎이 나 있는 모양이다. 보통 윈난 지역에 있는 고수차古樹茶(오래된 차나무에서 딴 차)들은 이런 아름드리 차나무에서 딴 차를 말한다.

관목형은 이름 그대로 관목 수종같이 키가 작고, 지표면부터 가지가 펼쳐

져 있는 차나무를 말한다. 우리가 흔히 아는 보성 녹차 밭에 있는 차나무라고 생각하면 된다. 채엽을 하기 쉽고, 중국에서는 창장长江(장강)을 따라 많이 분포해 있다. 원래 아름드리 차나무가 북쪽으로 가면서 낮은 기온과 건조한 기후 때문에 이렇게 변했다고 한다.

그럼 반교목형은 무엇일까. 바로 이 둘의 중간쯤 된다고 보면 된다. 반교목형은 1m 이하에서 주 기둥이 끝나고 가지가 그 지점에서부터 뻗치는 것이 특징이다. 주요 자생 지역은 우롱차가 많이 생산되는 광둥广东, 푸젠福建, 대만이다.

재배 방법에 따른 분류

차를 구분하는 방법 중 재미있는 것이 있는데 바로 재배 방법에 따른 분류다. 보통 야생차, 야방차, 밭차 등 세 가지로 나뉜다. 용어가 생소해 이해하기가 좀 어려울 수 있지만, 한약재인 삼參을 분류하는 방법을 적용하면 아주 쉽게 이해할 수 있다.

먼저 야생차는 산삼을 생각하면 된다. 그러니까 한마디로 처음부터 누군가 재배를 한 것이 아니라 야생 상태 그대로 자란 차나무에서 채엽한 차다. 중국에서도 굉장히 구하기 어려운데 중국 서남부 지역 원시림에서 주로 발견된다. 단, 시중에서 파는 야생차 중 대부분은 가짜가 많으니 속지 말기 바란다. 그리고 야생차는 발견한 즉시 우려 마실 수 있는 것이 아니다. 순화 과정을 거치듯 몇 년간 찻잎을 따서 차나무를 길들인 다음에 채엽을 해야만 마실 수 있다. 그냥 바로 야생차를 따서 마시면 배탈이 날 수 있다.

야방차는 장뇌삼 같은 차나무라고 보면 된다. 의도했든 의도하지 않았든 한동안 방치된 차나무밭에서 딴 차가 야방차다. 예전에 화전을 일구던 화전민이 재배하던 차밭이나 차 공출을 못 견디고 농민들이 차밭을 버리고 떠난 자리에서 살아남은 차나무, 또는 전쟁이 나면서 농부들이 도주하고 방치된 차밭을 다시 가꿔서 따는 차를 야방차라고 한다. 이런 차밭은 마치 야생 차밭 같은 모양을 띠게 되는데 이런 곳을 발견한 뒤 차나무를 관리해 채엽하는 것이 바로 야방차다. 우리가 야생차라고 부르는 것 중엔 야방차가 많으리라 추측할 수 있다.

밭차는 우리가 흔히 아는 재배차를 말하며, 차밭에서 나는 차라고 생각하면 된다. 대량 생산하는 차들은 대부분 밭차라고 보면 된다. 야생차나 야방차가 무조건 맛이 좋다거나 밭차가 품질이 떨어지는 것은 아니니 너무 선입견을 가질 필요는 없다.

잎 종류에 따른 분류

차를 구분하는 또 하나의 방법은 잎의 모양에 따라 나누는 것이다. 세 종류로 나눌 수 있는데 대엽종, 중엽종, 소엽종으로 분류하는 방법이다. 이름을 보면 알겠지만, 찻잎의 크기에 따른 분류다. 대엽종은 주로 잎이 20㎝ 이상이고, 가장 작은 싹만 해도 고춧잎 크기만 한 찻잎을 볼 수 있다. 대엽종은 보통 찻잎이 튼튼하기 때문에 대부분 발효차를 만드는 데 많이 쓰인다. 윈난 지역의 보이차도 대부분 대엽종을 이용해 만든다. 물론 소엽종으로 만든 보이차도 있다. 또 홍차나 우롱차도 대엽종으로 만들기도 한다.

중엽종은 찻잎이 10~15㎝ 정도 되는 크기로 주로 푸젠이나 광둥 지역에서 많이 자란다. 우롱차나 홍차를 제조할 때 많이 쓰이는 차종이다. 소엽종은 우리가 흔히 먹는 10㎝ 이하의 잎을 가진 차라고 보면 된다. 잎이 작기 때문에 한국에서도 재배가 가능하다. 한국에서 자주 마시는 세작細雀 같은 차가 바로 소엽종을 이용해 만든 녹차다.

대엽종, 중엽종, 소엽종은 차나무의 북방한계선을 따라 올라가면서 분포한다고 보면 이해하기 쉽다. 언뜻 생각해 봐도 남쪽은 잎이 빨리 자라기 때문에 잎이 크고, 위로 올라갈수록 잎의 크기는 작아진다. 그러니까 남쪽에서 북쪽으로 갈수록 대엽, 중엽, 소엽종 차가 분포한다고 보면 된다. 차나무의 북방한계선은 산둥성 남부까지다. 그래서 위도가 비슷한 한국에서도 관목형 차나무가 재배되고, 녹차가 나온다. 요즘에는 지구온난화로 북방한계선이 점점 북상하고 있어 한국에서 재배할 수 있는 차나무의 종류는 앞으로 늘어날 것으로 예상된다.

단순하게 정리를 해보자면 이렇게 대입해 볼 수 있다. 교목형은 대엽종, 반교목형은 중엽종, 관목형은 소엽종으로 생각하면 될 것 같다.

"담장 밖 봄바람이 불어오니 연못(서호)의 경치가 서시西施의 미소처럼 아름답고, 청명淸明 전에 딴 룽징차는 명주名酒 뉘얼홍만큼 귀하다(院外風荷西子笑 , 明前龍井女兒紅)."

이 시구는 청명절(양력 4월 5일 즈음) 전에 딴 룽징龙井(용정)차를 예찬한 문장이다. 룽징차는 중국 4대 미녀인 서시와 샤오싱绍兴의 명주인 뉘얼홍女儿红에 비유될 만큼 명차 중의 명차다. 중국차 중 시후룽징西湖龙井(서호용정)은 입문용이면서 끝판왕인 차라 할 수 있다. 녹차 중 최고의 차가 무엇이냐고 묻는다면 나는 단연코 '시후룽징'을 고르겠다.

중국차에 대해서 잘 모르는 사람이라도 한 번쯤은 '룽징'이라는 이름은 들어봤을 것이다. 시후룽징은 중국의 10대 명차가 처음 선정된 1959년부터 한 번도 10대 명차에서 빠진 적이 없을 정도로 맛과 향이 최고라 할 수 있다. 녹차 중 가장 으뜸이라 불리는 룽징차는 항저우의 명승지인 시후西湖 인근에서 나기 때문에 '시후룽징'이라고도 불린다. 유명한 이유야 당연히 맛과 향이 좋아서겠지만, 아무래도 어떤 인기 상품이 만들어진 데는 그 명성을 널리 알린 셀러브리티가 있기 마련 아니겠나. 시후룽징은 아마도 청대 성군으로 널리 알려진 건륭황제가 그 유명세의 지분 80%를 가지고 있다. 건륭황제는 수도인 베이징을 떠나 치세를 위해 남쪽 강남으로 여섯 차례 순시했는 데 이중 4번이나 시후룽징을 마시기 위해 룽징 차구茶区를 방문했을 정도로 룽징차를 사랑했다. 건륭황제는 호공묘胡公庙라는 사당 앞에서 처음 시후룽징을 마신 뒤 절 앞 18그루의 차나무를 '어차御茶'로 지정하고 봉했을 정도다. 시후룽징은 산들이 모여 있는 항저우 시후 인근 지역에서 나는 차를 말하는 것으로, 스펑獅峰(사봉), 웡자산翁家山(옹가산), 후파오취안虎跑泉(호포천), 메이자우梅家塢(매가오), 윈치云栖(운서), 링인쓰灵隐寺(영은사) 일대가 주요 산지다. 시후룽징은 다 엄청난 맛을 갖고 있지만 그중 많은 이가 최고로 꼽는 것은 스펑에서 나는 룽징이다.

시후룽징이 나는 지역은 온난하고 비가 많이 내리며, 일조량이 많고, 토양이 비옥하다. 또 배수가 좋은 환경을 가지고 있다. 이 지역의 평균 기온은 16도, 연 강수량은 1500㎜ 안팎이다. 우이산武夷山이나 대만 아리산阿里山처럼 운무가 자주 끼는 고산에서 자라는 차나무가 척박한 환경에서 깊은 맛을 내는 찻잎을 틔운다면, 시후룽징은 샘솟는 봄의 기운을 그대로 받아 자란 차나무에서 딴 잎으로 만든 봄의 전령 같은 차라고 보면 된다. 시후룽징은 강남의 온난한 기후 덕에 싹과 찻잎이 계속해서 발아되며, 그래서 채집 기간도 길다. 그중 청명절 전에 딴 것을 가장 좋은 차로 쳐준다.

등급은 총 6등급이 있는데 특급, 1급, 2급, 3급, 4급, 5급 등이다. 특급은 1아1엽 (싹+첫잎), 1급은 1아2엽(싹+첫번째, 두번째 잎) 이런 식으로 싹을 기준으로 점점 거친 잎이 들어가면 등급이 떨어진다. 청명절 전에 따는 명전차는 500g에 60만 원에 팔릴 정도로 고가인데 채엽부터 덖기까지 모든 과정이 수작업으로 이뤄지는 데다가 시후룽징의 명성을 생각하면 그만한 가치가 있다.

1200년의 역사를 가진 시후룽징은 다성茶聖이라 불리는 육우陸羽가 살던 당대에 등장해 송대에 이름을 알리고, 원대에 소문이 나기 시작했으며, 명대에 널리 알려졌고, 청대에 와서 명성을 얻었다고 한다. 지금이야 비싼 고급차지만 처음에는 룽징에 사는 주민들의 식후 음료로 쓰였다고 한다.

차 애호가인 지인을 통해 직접 룽징에 가서 사 온 차를 맛본 적이 있다. 이 차는 스펑에 차밭을 가진 할머니가 찻잎을 따고, 차를 만들고 하는 것을

옆에서 지키고 있다가 사온 진짜 시후룽징이다. 이 애호가는 재작년에도 스펑에 시후룽징을 사러 갔다가 물량이 없어 허탕을 쳤는데 지난해는 기필코 청명절 전에 딴 시후룽징을 마시겠다는 각오로 직접 차 산지인 스펑에 가서 머물렀다고 한다.

나도 스펑에서 나는 룽징은 처음 마셔 봤는데 시후룽징 중 최고로 치는 스펑룽징이라 그런지 그간 먹었던 어떤 녹차보다 맛이 좋았다. 차를 우리면 아주 고소한 향이 올라오고, 마셨을 때 청량감이 느껴질 정도로 맑은 느낌이 나며, 쓴맛은 거의 없었다. 고소한 향이 가시면서 올라오는 싱그러운 봄 내음은 녹차에서 처음 느껴보는 압도적인 맛이었다. 신록을 갈아 넣은 것 같은 이 향은 여태껏 마셔 본 녹차에서는 느껴 본 적이 없다. 시후룽징의 잎은 약간 노란빛이 난다. 이는 찻잎을 태우듯 바싹 덖기 때문이다. 차에서 구수한 향이 났던 것도 그을린 찻잎 때문이다. 아무리 차를 모르는 사람이라도 입만 대면 "와, 정말 맛있다"는 소리가 저절로 나올 정도로 좋은 차다. 녹차를 별로 즐겨 마시지 않는 편인 나도 여태껏 마신 차 중에서 시후룽징을 톱3 안에 꼽을 만큼 엄청난 맛이었다.

시후룽징은 찻잎이 납작한 것이 특징인데 제다 과정에서 솥에 꾹꾹 눌러가며 차를 만들기 때문에 그렇다. 요즘에는 룽징에서도 기계를 써서 차를 만든다고 하니 핸드메이드 시후룽징을 마시는 것은 점점 더 어려워질 것 같다.

차의 역사

김진방 : 앞서 차가 어디서 왔는지에 대해서 알아봤습니다. 바로 차나무 입죠. 이번에는 그럼 '차'라는 것이 역사 속에서 어떤 경로를 거쳐 현대사회의 모습을 갖추게 됐는지 알아보도록 하겠습니다. 우리를 도와줄 김진영 차 선생님 나와 계십니다. 선생님, 안녕하세요?

차 선생님 : 네. 안녕하세요. 지루할 수 있는데 최대한 흥미롭게 이야기해 보도록 하겠습니다.

김진방 : 제가 알기로는 차를 처음 마신 사람이 신농씨라고 하는데 이런 기원설은 어디에 근거한 것인지요?

차 선생님 : 그걸 누가 알겠습니까. 신농씨가 차를 먹었다는 기록이 처음 나온 것은 『신농본초경神農本草經』입니다. 여기에는 풀 덕후인 신농씨가 이 풀 저 풀 먹다가 독에 중독됐는데 찻잎이 떨어진 물을 마시고 독이 해독됐다는 이야기가 기록되어 있습니다. 물론 후에 나오는 당나라 시대 진성 차 덕후 육우陸羽가 쓴 『다경茶經』에도 이 이야기가 언급됩니다.

김진방 : 오호. 역사적으로 근거가 있는 말이군요.

차 선생님 : (절레절레) 그게 무슨 역사적 근거가 있겠어요. 그냥 설화 같은 거지. 다만 여기서 우리가 알아야 할 것이 있습니다.

김진방 : 그게 뭔가요?

차 선생님 : 바로 차가 처음에는 약으로 쓰였다는 것이지요. 『신농본초경』역시 의약서적으로 한나라 때 저술된 책입니다. 민간에서 약재를 먹고 효험을 본 경험적 내용을 집대성한 책이라고 하지요.

김진방 : 신농씨가 살던 근 5천 년 전부터 차가 내려왔다는 것인가요?

차 선생님 : 실생활 중 차 문화에 관련된 기록이 등장한 것은 기원전 59년 왕포王褒라는 사람이 『동약僮約』이란 노비 매매 문서에 적은 것이 처음이

차를 처음 마셨다고 알려진 신농씨

에요. 편료便了라는 노비에게 시킬 일을 적은 문서인데 거기에 보면 차 달이기, 다구 정리하기, 우양武阳(쓰촨성 성도 근처 도시)에서 차 사오기 등이 적혀있었다고 해요.

김진방 : 당시에도 차는 상당히 고급문화였군요. 차 노비가 있을 정도면.

차 선생님 : 그렇다고 볼 수 있죠. 이렇게 약으로 쓰이던 차는 나중에는 식용으로도 쓰입니다. 윈난 지역에서 차죽과 차나물 같이 식용으로도 먹었다고 합니다.

김진방 : 너무 쓸 것 같은데요? 그걸 어떻게 먹어요?

차 선생님 : 저도 한번 차나물을 먹어봤는데 음, 맛있지는 않더라고요. 떫은맛이 좀 강해서 쓴맛이 매력적인 씀바귀 같은 나물과는 좀 다른 맛입니다.

김진방 : 아마도 선생님의 요리 솜씨에 문제가 있는 게 아닐까요. 제가 전에 한번 먹어봤는데 우리 와이프보다 요리를 못 하는 사람도 있을 수 있구나 하는… 아아, 아닙니다.

차 선생님 : 아무튼 이렇게 약으로도 먹고, 식용으로도 먹던 차는 수당 시기에 지금처럼 음용되기 시작했습니다.

김진방 : 아니, 일본에 차 문화가 건너간 것이 수나라 때라고 하는데 그럼 일본이 더 빠른 것인가요?

차 선생님 : 그럴 리가요. 아마도 승려들이 중국으로 유학을 왔다가 돌아갈 때 차 문화도 함께 건너간 게 아닌가 싶어요. 승려들이 수행하다가 차죽 형태로 차를 먹은 것으로 추정됩니다. 당시 승려들은 하루 두 번 밥을 먹었다고 합니다. 아무래도 하루 종일 수행을 하다가 차를 마시면, 카페인도 들어 있고 하니 잠도 깨고 정신이 맑아지고, 허기도 해결되지 않았을까 합니다.

김진방 : 그럼 한국에는 언제쯤 건너왔을까요?

차 선생님 : 신라 흥덕왕 3년인 828년에 사신으로 당나라에 갔던 김대렴이 차 씨를 받아다가 지리산에 심었다는 기록이 있습니다. 이때 차죽의 형태로 넘어왔을 것이라 추정합니다.

김진방 : 그럼 지금처럼 차 문화가 나온 것은 언제인가요?

차 선생님 : 아까 잠시 언급했는데 풀 덕후 신농씨 다음으로 차에서 중요한 사람이 차 덕후 육우陸羽입니다. 육우는 지금 중국의 다예茶艺, 한국의 다례茶禮, 일본의 다도茶道의 뼈대를 세운 사람입니다.

김진방 : 육우가 대단한 사람이군요. 뭐 하던 사람이죠?

차 선생님 : 육우는 고아였다고 해요. 스님 밑에서 자랐다는데 그때 차에 대해서 정통하지 않았나 싶습니다. 나중에 차 문화와 차를 우리는 방법 등을 집대성한 『다경』을 쓴 것도 이런 배경이 있지 않나 싶어요.

김진방 : 그럼 지금처럼 차를 우려먹는 것을 정리한 것이군요?

차 선생님 : 어허 또 성급한 일반화를. 당시 당나라는 단차團茶를 먹었는데 이 단차는 찻잎을 따서 증제(수증기를 쐬어 활성효소를 죽이는 과정)해서 찧어서 틀에 넣고, 엽전 모양으로 만들어 말린 '차병茶餠' 형태의 차를 말합니다.

김진방 : 육우가 책을 썼다고 해서 이게 여기저기 다 퍼진다는 것은 언뜻 이해가 안 가네요. 이 넓은 땅에서 그게 가능한가요?

차 선생님 : 역시 무식하지만 예리한 구석은 있군요. 당나라 때 과거 제도가 시행된 것은 알고 있지요? 그때 과거를 보러 온 선비들에게 국가에서 차를 끓여 주었다고 합니다. 그러면서 낙방해 고향으로 간 사람, 금의환향한 사람들로 인해 차 문화가 널리 보급됐습니다.

김진방 : 아니 그런데 차를 무슨 차병으로 만들어 우리나요? 원래 잎을 우리는 게 아닌가요?

차 선생님 : 차를 먹는 방법을 역사적으로 보면, 당나라는 자차법煮茶法, 송나라는 점차법點茶法, 명나라는 포차법泡茶法이 있었습니다.

김진방 : 아니 운전면허도 아니고, 뭔 차, 뭔 차요? 참으로 머리가 아프군요.

차 선생님 : 자차법을 먼저 설명하면 이해가 쉽습니다. 자차법은 엽전 모양으로 만든 '차병'을 불에 살짝 구워서 다시 빻은 다음에 체에 친 뒤 끓는 물에 넣어 먹는 방법입니다.

김진방 : 그럼 지금 우리가 마시는 보리차하고 똑같은 방법이군요. 오호. 점차법은 그럼 뭐가 다른 건가요?

차 선생님 : 점차법은 엽전 모양의 차병을 똑같이 갈고 채에 거른 다음에 거품을 내는 구둣솔같이 생긴 차선을 이용해 막 저어 거품이 일어나게 해 마시는 방법입니다. 현대의 일본 말차 같은 형태라고 보면 됩니다. 이렇게 차 거품을 일으키는 것을 격불擊拂이라 합니다. 과정만 봐도 매우 복잡해 다동茶童이나 차 노비가 왜 필요한지 알 수 있죠.

김진방 : 송나라 때는 참 차를 재미있게 먹었군요.

차 선생님 : 송나라 때 투차는 구운 차병을 갈아서 하는데, 차거품을 내면

아이보리 색이 납니다. 계속해서 휘저으면 하얀색이 나면서 달걀로 머랭을 만든 것처럼 아주 단단한 거품이 나오게 되죠. 거품이 잘 꺼지지 않아서 그 위에 그림을 그리거나 시를 쓰거나 하는 놀이도 즐 길 수 있습니다. 그걸 투차斗茶라고 해요. 이때 흰 거품이 잘 보이는 검은색 찻 잔인 흑유잔黑釉盞(천목잔, 건잔)이 유행하게 됩니다.

김진방 : 정말 신기하군요. 그럼 도대체 찻잎을 직접 우려먹는 차 형태(포차법)는 언제부터 유행하게 됐나요?

차 선생님 : 그건 명나라의 태조 주원장 때부터 널리 사용된 방법입니다. 태조 주원장은 공출 부담 등 백성들을 힘들게 하는 복잡한 차 제조법을 금지합니다. 엽전 모양의 단차 폐지령을 내린 것이지요. 그래서 이때부터 그냥 민간에서 찻잎을 우려 먹는 방법이 유행하게 됩니다.

김진방 : 역시 대중문화일수록 전파가 빨리 되는군요. 그래도 점차법보다는 잎을 우리는 지금의 형태가 더 맛이 좋은데 이건 개인차일까요?

차 선생님 : 당연히 개인차죠. 6대 다류라든지 여러 제다법은 대부분 명말 청초에 정립된 겁니다. 굳이 따지면 1368년 명나라가 건립된 이후부터 현대 차 문화가 생겨났다고 보면 됩니다.

김진방 : 어떻게 쭉 따라오긴 했는데 저 같은 역덕 아니 역사 마니아도 무지 헷갈리네요. 그럼 보이차도 그때부터 전해져 내려온 겁니까?

차 선생님 : 아닙니다. 현대의 차 문화는 청나라 때 주로 정립됐다고 보시면 됩니다. 우연히 탄생한 것도 있고, 보이 숙차를 만드는 악퇴 기법은 1970년 광둥 지역에서 연구됐다고 하니 역사가 그리 길지 않다고 할 수 있습니다.

김진방 : 이 끝을 알 수 없는 차의 세계. 역사를 알아봤으니 이제 드디어 차를 종류별로 마시면서 응? 홀짝홀짝 명차를 막 들이키고 그런 거 합니까?

차 선생님 : 쯧쯧쯧. 제사보다 제삿밥에만 관심이 있어서 뭘 배우겠어요!

명차 열전

관세음보살을 닮은 '톄관인'

우롱차는 한국인, 중국인, 일본인, 대만인 모두에게 사랑받는 차다. 우롱차는 녹차와 홍차의 중간쯤으로 보면 되는 반발효차이다. 종류에 따라 발효도가 아주 낮은 것도 있고, 높은 것도 있다.

우롱차의 고장은 중국 명차 산지인 푸젠福建성이다. 유명한 우롱차를 추려 보면 차 중 왕이라 불리는 다훙파오大红袍(대홍포)를 비롯해 내가 좋아하는 둥딩우롱冻顶乌龙(동정우롱), 대만 둥팡메이런东方美人(동방미인), 우이암산의 러우구이肉桂(육계), 수이셴水仙(수선) 등이 있다.

톄관인铁观音(철관음)도 우롱차 중에서는 꽤 상위급 차로 중국인들이 즐겨 마시는 차 중 하나다. 톄관인은 푸젠성 안시安溪현에서 생산된다. 이 안시현은 사계절이 따뜻하고, 강수량이 많은 지역이다. 톄관인은 약효가 좋은 것으로도 유명한데 동맥 경화, 당뇨병, 충치 예방, 노화 방지, 숙취 해소, 다이어트 등에 효과가 있다.

톄관인은 차의 종류이기도 하지만, 차나무를 가리키는 말이기도 하다. 관목형인 톄관인 차나무는 싹이 작고 잎이 두터우며, 가지는 거칠고 단단한 것이 특징이다. 차를 실제로 우리고 나서 찻잎을 펴 보면 꽤 두터운 잎을 볼 수 있다. 잎이 두껍기 때문에 여러 차례 우려도 그 맛이 유지되며 그래서 '일곱 번 우려도 향이 유지된다'라고 평하기도 한다.

차를 우리기 전 모양은 동글동글 콩벌레 같이 생겼는데 찻잎을 이렇게 말아 모양을 만드는 과정을 포유包揉라고 한다. 톄관인은 안시현을 비롯해 그 주변 지역에서 많이 재배되며, 가장 유명한 안시현에서 나는 것을 안시 톄관인이라 부르고, 나머지는 푸젠 톄관인으로 구분해 부르기도 한다. 또 상

대적으로 발효도가 낮은 것(탕색에 청색이 돈다)을 청향형淸香型 톄관인, 상
대적으로 발효도가 높은 것(탕색에 노란빛이 돈다)을 농향형濃香型 톄관인
이라고 부르기도 한다.

톄관인은 사철 찻잎을 따는데 봄에 난 차와 가을에 딴 차를 높이 쳐준다.
톄관인은 중국 10대 명차 중 하나로, 톄관인이라는 정확한 이름이 붙은 것
은 청대 건륭황제 초기로 추정된다. 이름을 풀어보면 쇠를 뜻하는 '철'과 관
세음보살을 나타내는 '관음'으로 이뤄져 있다.

톄관인이라는 이름이 붙은 데는 여러 유래가 있는데 그 중 하나를 소개
하면 다음과 같다. 왕씨 성의 한 선비가 난옌산南岩山에서 이 차를 발견한 뒤
청나라 건륭 6년(1741)에 이 차를 건륭황제에게 진상했다고 한다. 차를 마

신 건륭황제는 차 맛에 반했고, 찻잎을 자세히 들여다보다가 관세음보살의 형상을 봤다고 한다. 또 차가 무겁기가 철과 같다 하여 이름을 '톄관인'이라 불렀다고 한다. 나는 아무리 들여다봐도 관세음보살이 보이지 않는데 건륭황제가 난사람은 난사람인가 보다.

내가 마신 톄관인은 아주 높은 등급으로, 차 포장지에 '사장차私藏茶(부호나 고관이 개인적으로 먹기 위해 특별히 만든 차)'라고 적혀 있다. 평소 차를 나눠 마시는 지인이 내가 차를 좋아한다는 것을 알고 선물해 줬는데 포장만 봐도 아주 귀한 느낌이 난다.

톄관인은 중국인들이 즐겨 마시기 때문에 가격대가 폭이 넓은데 내가 마신 톄관인은 적어도 1포당 1만 5천~2만 원대로 추정된다. 포장도 세 겹으로 밀봉이 돼 있고, 찻잎 색과 위생 상태도 매우 정갈하다.

차를 끓여 보았다. 그 향이 다른 톄관인에 비해 짙고, 탕색도 아주 맑은 청색이 났다. 맛은 처음에는 녹차향이 먼저 나다가 꽃향기가 느껴지고, 마지막에는 단맛이 진하게 올라온다. 발효도가 낮은 편인지 쿰쿰한 향이 다른 우롱차보다 덜 나서 초보자들도 쉽게 즐길 수 있을 것 같았다. 누가 만든 사장차인지는 모르겠으나 이름값을 톡톡히 했다. 내포성이 강한 차답게 7~9번 우려도 차 맛이 유지되는 것이 매우 강점이었다.

차는 어떻게 우려야할까

앞의 두 장에서 우리는 차가 어디서 왔는지에 대해서 배워봤다. 그럼 이제 차를 어떻게 마셔야 하는지에 대해서 배워보자. 찻잎이 있어도 어떻게 마실지 모르는 사람들을 주변에서 많이 보게 된다.

나도 '다구는 뭔가 거추장스러운데?'라는 생각에 커피를 주로 마시거나, 막 우려먹을 수 있는 보이차나 흑구기자차를 주로 마셨다. 그런데 생각보다 차를 우리는 방법은 복잡하지 않다. 한 시간 정도만 집중해서 보면 기본적인 차를 우리는 방법을 익힐 수 있다.

먼저 차를 마실 때 필요한 기본 요소를 살펴보자. 가장 중요한 것을 추려보면 찻잎, 물, 다구, 사람 정도로 말할 수 있다. 찻잎이야 없으면 차를 마실 수 없으니 그렇다 치고, 물도 역시 기본 요소이기도 하고, 이 둘은 이미 확정된 필수 요소다.

그런데 다구와 사람은 가변성이 있다. 특히 사람을 차의 주요 요소로 넣은 이유는 차는 우리는 사람에 따라서 같은 찻잎이라도 맛이 천차만별이기 때문이다. 가장 맛이 좋은 차는 사춘기 전 아이들이 우리는 차라고 한다. 그 이유는 잡념이 없이 차를 우리기 때문이다. 우리가 무협지나 무협 영화에서 보면 산속에서 수행하는 대사 옆에 다동茶童이 있는 것을 종종 볼 수 있다. 이 다동이 왜 있는지 이제 이해가 좀 갈 것이다.

그러면 본격적으로 차를 우리는 순서에 대해서 알아보도록 하자.

1. 개완(또는 자사호 등 티팟)을 100도로 끓인 물로 덥힌다.

2. 찻잎을 꺼내서 감상하고, 다구를 준비한다.

3. 물을 끓이는 동안에 개완에 찻잎을 두고 향을 맡는다.

4. 찻잎에 첫물을 부어 세차洗茶와 윤차潤茶를 한다(이 과정은 메마른 찻잎이 잘 우려지도록 준비시키는 과정이다. 보이차에서는 세차라는

용어를 쓰고, 우롱차에서는 윤차라는 용어를 쓴다).

5. 물을 따라내고 열후熱嗅(뜨거울 때 향을 맡는 행동)를 하며 향을 즐긴다.

6. 다시 물을 넣고 우린다.

7. 차를 우리는 횟수는 차의 성숙도, 발효도에 따라 정한다.

8. 찻잎이 식었을 때 개완을 가지고 냉후冷嗅(식었을 때 향을 맡는 행동)을 하며 향을 즐긴다.

이 정도 기본기를 익혔으면, 다음은 차를 우릴 때 고려해야 하는 5가지 요소에 대해서 알아보자. 차를 우릴 때 고려해야 하는 5가지 요소는 ▲물 온도 ▲물줄기 ▲차와 물의 비율 ▲우리는 시간 ▲우려내는 횟수 등 5가지다.

먼저 물의 온도는 '여린 잎은 낮은 온도에서, 성숙한 잎은 높은 온도에서, 발효도가 낮으면 낮은 온도에서, 높으면 높은 온도에서'가 기본 공식이다. 말했다시피 이것은 기본 공식이다. 실제로는 찻잎의 상태에 따라 우리는 사람이 판단해야 하는 부분이 좀 있다. 그래도 녹차나 여린 싹은 70~80도 정도가 적당하고, 1아1엽 정도의 차일 경우는 90~95도도 괜찮다.

우롱차나 홍차, 흑차 등 성숙한 잎으로 만들었거나 발효도가 높은 차는 찻물의 온도가 높아도 된다. 내가 사무실에서 보이 숙차를 먹는 것도 이런 이유다. 차를 우리는데 신경 쓸 수 없기 때문에 녹차를 끓였다가는 써서 먹을 수가 없다.

녹차 같은 차를 오랜 시간 우리면 진짜 쓰다. 대신 흑차 같은 경우 1아5엽, 6엽(여섯 번째 잎)까지도 따서 만들기도 하거니와 발효도가 워낙 높아서 이런 차는 보리차 끓이듯이 주전자에 넣고 팔팔 끓여 먹어도 된다.

물줄기 또한 중요한데 참으로 설명하기 애매하다. 보통 '흐르는 선이 경쾌하고 시원해야 한다'고 표현한다. 이게 무슨 건강한 오줌 줄기 같은 소린가 싶은데 그거 맞다. 물줄기는 잘 만들어진 다구, 우리는 사람의 정확한 동

개완(왼쪽)과 다 우려진 차(오른쪽)

작이 만났을 때 시원하고 경쾌하게 나온다.

다구 중 나는 화려한 자사호보다 수평호를 좋아한다. 수평호는 손잡이, 주둥이, 뚜껑과 호가 만나는 선이 수평을 이룬다. 그래서 물이 잘 빠진다. 반면 내가 가진, 장식이 화려한 매화 무늬 자사호는 겉모양에 비해 물이 잘 빠지지 않는다. 그리고 마음이 안정돼야 물이 시원스럽게 흐른다고 하니 차를 마시기 전에 마음을 가다듬고 우리기 바란다.

초보자들이 차를 마시면서 가장 어려워하는 부분이 물과 찻잎의 비율이다. 일단 감이 없기 때문에 얼마나 넣어야 할지 물을 얼마나 부어야 할지 모른다. 이런 사람들을 위해서 일반적인 비율을 소개해 보겠다.

절대적인 기준은 없지만, 차의 종류로 대략 나누면 녹차, 홍차, 백차, 황차는 대체로 찻잎과 물의 비율이 1:50이다. 대부분의 사람은 저울을 가지고 있지 않기 때문에 눈대중으로 익혀야 하는데 찻잎 3g당 150ml의 물을 넣으면 된다. 우롱차, 흑차는 찻잎과 물의 비율이 1:20 정도로, 찻잎의 양을 조금 많게 우린다.

찻잎을 다른 차들보다 많이 넣는 이유는 우롱차는 향기를 즐기기 때문에 향을 쫙 뽑아내기 위해서다.

또 흑차는 차나무 가지에서 위로부터 다섯 번째, 여섯 번째 잎까지 성숙도가 높은 잎을 채엽 기준으로 삼는 경우가 있어 차를 많이 넣어야 맛있게 우릴 수 있다. 일반적인 개완(150ml) 기준으로 7~8g 정도를 넣으면 맞다.

차를 우리는 시간도 차 맛을 좌우하는 중요한 요소이다. 대개 차가 쓰고 맛이 없다고 생각하게 되는 계기는 차를 우리는 시간을 길게 잡기 때문이다. 차는 보통 오래 우리면 쓰고 떫어질 가능성이 크다. 특히 한국에서 많이 마시는 녹차는 더 그렇다. 맛이 진한 샤관 차장의 퉈차인 샤관퉈차下关沱茶 (하관타차)같은 경우도 그냥 물을 투과시키기만 해도 향이 강하게 날 정도로 차가 강한 맛이 나는데 이런 차는 오래 우리면 맛이 없다.

반대로 차를 우리는 횟수가 증가할수록 차를 우리는 시간을 늘려주는 것이 좋다. 우롱차는 처음 우린 뒤 2, 3, 4번째 우릴 때는 횟수 당 15초씩 시간을 늘리는 것이 좋다. 그리고 평소 자신이 맛있게 먹은 찻물 색을 기억해 두는 것도 차를 우리는 중요한 요령이다.

보통 차를 우리다 보면 전화가 온다든지 아이가 부른다든지 각종 사건이 생기기 마련인데 차를 의도치 않게 오랜 시간 우려 버렸다면 평소 먹는 찻물 색을 기억했다가 맹물을 더 부어 색을 맞춘 뒤 마시면 어느 정도 본래 맛을 되찾을 수 있다.

마지막으로 우리는 횟수에 관해 이야기해 보자. 딱 정해진 기준은 없지만, 초보자들을 위해 간단히 설명하자면 발효도가 낮은 녹차는 우릴 수 있는 횟수가 적고, 발효도가 높고 성숙한 잎을 쓰는 우롱차와 흑차류는 우릴 수 있는 횟수가 많다. 보통 녹차는 3~4회, 우롱차와 흑차는 7~8회를 우린다.

백차, 황차, 홍차는 잎의 여리고 성숙한 상태를 봐서 우리는 횟수를 결정한다. 마시다 보면 차 맛이 약해져 찻잎이 수명을 다했다는 것을 알 수 있게 된다. 또 간단한 판별법으로는 건조된 잎이 쫙 펴지면 더는 우려지지 않는다는 뜻이다. 그러니 차를 우리면서 잎의 상태를 확인하면 된다. 단, 다홍파오大红袍(대홍포)는 잎이 다 펴지지 않아도 차가 다 우러난 경우가 있으니 모든 차가 이 기준에 맞는 것은 아니다.

지금까지 기본적인 차 우리는 법을 알아봤다. 앞으론 찻잎과 다구를 마주했을 때 당황하지 않고 조금 자신감을 가질 수 있을 것이다.

홍차의 원조, 우이산 명품 홍차 '정산샤오중'

홍차의 본고장이 어디일까. 바로 푸젠福建성 우이산武夷山이라는 곳이다. 영국에 홍차가 워낙 유명해 영국이 홍차의 본류라는 소문도 있지만 말도 안 되는 소리다. 이 낭설의 근거는 중국 동남부에서 나는 우롱차를 배로 실어 유럽으로 가져가면서 더 발효가 돼 녹차와 우롱차가 홍차가 됐다는 그럴싸한 이야기에서 나왔다. 그러나 우이산에 이미 아주 오래전부터 홍차가 있었다는 것이 고증되면서 이 낭설이 깨졌다. 우롱차는 요청(찻잎을 흔들어 상처를 내는 과정)을 거쳐 산화 발효를 시킨다. 발효 정도는 60~70% 정도다. 홍차는 찻잎에 물을 뿌려 가면서 발효를 완전히 시킨다. 발효도가 95%에 달한다. 둘의 차이라고 하면 우롱차는 적절히 찻잎이 발효됐을 때 발효를 정지시키고 건조해 버린다. 그래서 반발효차라고 한다. 반면 홍차는 완전 발효를 시키는 점이 우롱차와의 차이다.

우이산 홍차는 명품 중의 명품으로 웬만한 영국 홍차는 명함도 못 내밀 정도로 고급차다. 왜 맛집을 따질 때 '원조', '원조'하는 이유가 이런 것 때문 아닌가. 마치 원조 할머니 뼈해장국집처럼 진짜 원조의 맛을 따라가기란 무지 어려운 법이다. 그리고 그중에서도 정산샤오중正山小种(정산소종)이란 홍차에는 더 그럴 수 없는 이유가 있다. 우이산 홍차 중에서도 정산샤오중은 가장 하이클래스 홍차다. 정산샤오중은 유럽에서 랍상소우총Lapsang souchong이라 불린다. 둘 간에는 차이가 있지만, 혼용돼 쓰이고 있다.

이 차의 특징은 스모키한 향이 난다는 것. 이 향이 바로 영국 홍차가 정산샤오중을 따라갈 수 없는 이유다. 아니, 차에서 무슨 스모키한 향이 난다는 건가 생각할 수 있겠지만, 실제로 찻잎을 훈연하기 때문에 가능하다. 정산샤오중은 백송(흰 소나무)을 태워 찻잎을 열 건조시키기 때문에 강한 훈연 향이 나는 것이 특징이다. 한약재 향이라고 하는 사람도 있고, 혹자는 담뱃 재와 정산샤오중의 향을 비교하기도 한다. 이 독특한 향이 특징인 정산샤 오중은 우유나 설탕을 타 먹지 말고 그냥 차 그대로를 즐겨야 한다. 진짜 맛 난 식재료에 향신료를 넣지 않고 본연의 맛 그대로 먹는 것과 같은 이유다.

정산샤오중의 기원에 대해서는 여러 설이 있는데 그나마 조금 재밌는 설 은 다음과 같다. 청나라 때 정산샤오중의 본고장인 푸젠성 우이산 충안현 둥무촌洞木村에 군사들이 쳐들어와서 차를 만들던 사람들이 피난을 간 적이 있다고 한다. 군사들이 물러가고 다시 마을에 돌아왔을 때 이미 차가 완전 히 발효된 상태였고, 이를 버리기 아까웠던 마을 사람들이 이 고장에서 나 는 백송을 태워 차를 건조시켰는데 이것이 정산샤오중의 기원이 됐다는 이 야기다.

또 다른 설은 1840년 아편전쟁 이후 중국 내 정국이 혼란하자 제다製茶 기 술의 궁극이라 불리는 우롱차의 생산이 급감했다고 한다. 그러자 시장에는 가짜 우롱차가 나돌았고, 이에 영국 차시장에서는 충분히 산화발효된 홍차 에 수요가 집중됐다. 시장의 수요에 맞춰 완전히 발효된 차를 소나무를 태 워 중국 특유의 열 건조를 거쳐 만들었는데 이게 정산샤오중 홍차가 만들어 진 연원이 됐다는 설이 있다. 정산샤오중은 영국의 포트넘 앤드 메이슨 등 여러 고급 홍차 회사의 얼 그레이 블렌딩에 쓰이고 있다. 정산샤오중의 특 징인 훈연향은 오래가지 않기 때문에 장거리 유통 시 인위적으로 훈연향을 입히는 가공 과정을 거치기도 한다. 이런 정산샤오중을 랍상소우총立山小种 (입산소종)이라고 부른다.

랍상소우총이 무엇인지 이해하기 좋도록 일화 하나를 소개한다. 정산샤 오중은 몰라도 '얼 그레이' 홍차는 잘 알 것이다. 이 '얼 그레이'를 만든 제2

정산샤오중

대 그레이 백작 찰스 그레이Charles Grey, 2nd Earl Grey는 원래 정산샤오중을 주문해 판매하고자 했는데 유통의 어려움 때문에 실패했다. 대신 그 향을 모방하기 위해 비슷한 향이 나는 '베르가못 오일'을 첨가했다. 이것이 그 유명한 홍차 '얼 그레이'가 탄생한 배경이다.

정산샤오중의 일종인 진쥔메이金骏眉(금준미), 인쥔메이银骏眉(은준미)는 실제로 베르가못 향과 비슷한 향이 나는데 이를 '귤향'이라고 하는 사람들도 있다. 정산샤오중은 향이 실제로 차에서 나는 것이지 특정 향을 첨가하는 레시피를 통해 구현한 것이 아니기 때문에 매우 귀하다. 이제 왜 영국 홍차가 정산샤오중을 따라가기 어려운지 알겠는가?

우이산에서 나는 정산샤오중은 매우 소량이라서 진품을 만날 가능성은 적지만, 혹시 고급 호텔이나 레스토랑에 정산샤오중이 보이거든 꼭 챙겨 오기 바란다.

녹차 · 백차 · 황차

차 선생님 : 안녕하세요. 이제 차에 대해 어느 정도 알게 됐으니 차의 종류에 대해서 배워 볼까요?

김진방 : 네. 좋습니다. 그러면 본격적으로 항상 헷갈리던 차의 종류에 대해서 알아보겠습니다.

차 선생님 : 네. 시작해 보시죠.

김진방 : 일단 차 이름은 너무 어렵습니다. 뭐 녹차, 우롱차, 홍차, 흑차 등 종류가 엄청 많은데 좀 정리를 해주실까요?

차 선생님 : 크흡. 그렇게 간단치가 않지만 최선을 다해보겠습니다. 일단 이건 정말 거칠게 나눈 것이니 차를 잘 아시는 분은 감안해서 들어주세요. 차는 크게 6개 종류로 나뉩니다. 이를 6대 다류라고 하지요.

김진방 : 6대 다류? 뭔가 '○○가지, ○○대, ○○비법'이 판을 치는 대형 서점 자기 개발서 코너 같군요.

차 선생님 : 그러니까 감안하고 들어주시기 바랍니다. 차는 크게 6가지로 나뉩니다. 가장 기본이 되는 녹차를 중심으로 여기서 응용된 백차, 황차, 우롱차, 홍차, 흑차가 큰 줄기죠.

김진방 : 오호. 그럼 녹차부터 설명을 좀 부탁드립니다.

차 선생님 : 일단 차를 만드는 기본 과정은 5단계로 나뉩니다. 나중에 가면 여러 가지 변용이 있지만, 이 5단계가 기본입니다.

녹차 만드는 순서

① 찻잎 따기 → ② 시들리기(그늘 또는 햇볕에서 수분 빼기) → ③ 덖기 (찻잎을 솥에 굽는 과정) → ④ 비비기(유념. 찻잎 모양 만들기) → ⑤ 말리기(건조 과정)

차 선생님 : 이게 우리가 먹는 녹차가 만들어지는 과정입니다. 나머지 차들은 이 과정을 거치면서 우연히 만들어졌거나 지역적 특색과 문화적 배경에 의해 자연스럽게 생겨나기도 했습니다.

김진방 : 오호 흥미롭군요. 그러면 이제 홍차니 흑차니 백차니 이런 것을 다 구분할 수 있는 것인가요?

차 선생님 : 이게 처음 들으면 알 것처럼 '오~ 아항~' 이러는데 뒤돌아서면 쉽게 까먹어서 한 번에는 어려울 거예요.

김진방 : 그렇군요. 멀고도 험한 차의 세계. 그래도 배워 보죠. 일단 녹차 다음에 있는 백차에 대해서 좀 알려 주세요.

차 선생님 : 앞에서 말씀드린 대로 차의 기본은 녹차인데요. 녹차를 만드는 5개 과정에서 변형을 주면 다른 차가 만들어집니다. 백차도 마찬가지예요. 백차는 녹차와 달리 시들리기 단계에서 바로 말려 버리는 차입니다.

김진방 : 하오하오好好. 계속해 보세요.

차 선생님 : 이게 다예요. 끝.

김진방 : ….

차 선생님 : 하하하. 장난이구요. 이렇게 덖기와 비비기 과정을 생략하기 때문에 열이 없는, 차가운 성질이 있습니다. 백차는 중국어로 백성이라는 말인 '라오바이싱老百姓'의 차라고 불렸어요. 왜냐면 덖기나 비비기 과정을 생략하니 생산가가 낮고, 일반인들이 쉽게 접할 수 있는 차니까요.

김진방 : 그럼 가격이 저렴하겠군요?

차 선생님 : 안타깝게도 최근에 미세먼지에 좋다는 소문이 돌면서 가격이 엄청나 게 뛰었다고 합니다. 과학적 근거는 확인된 바 없습니다.

김진방 : 이 미세먼지 진짜.

차 선생님 : 백차는 6년씩 가지고 있다가 먹기도 하는데요. 오래 묵히면

한약재 같은 냄새가 나기도 하고, 차가운 성질이 있어 해열 기능이 있다고 하는데 이 또한 검증된 것은 아니니 너무 심각하게 받아들이진 마세요. 아, 또 소화에도 좋다고 합니다.

김진방 : 그럼 백차 중에서 유명한 차들은 뭐가 있나요?

차 선생님 : 지금 생각나는 것은 바이하오인전白毫银针(백호은침), 바이무단白牡丹(백목단) 정도가 있는데 나머지는 차 마니아분들 몫으로 남겨 두겠습니다.

김진방 : 이제 황차로 넘어가 보겠습니다.

차 선생님 : 벌써? 아직 한참인데요.

김진방 : 선생님, 독자들의 인내심을 너무 과대평가하지 마세요. 이미 여기까지 오는 동안 50%의 독자들은 "야, 가자 가자. 스벅이나 가자" 하고 떨어져 나갔습니다. 크흡.

차 선생님 : 그럼 황차로 넘어가 보겠습니다. 처음에 황차는 녹차를 만드는 과정에서 실수로 만들어졌다고 합니다.

김진방 : 아니. 차 만들다가 아기 기저귀라도 갈았단 말입니까?

차 선생님 : 그건 모르겠고, 뭔가 사정이 있어서 차가 방치가 돼서 중간에 발효가 살짝 되면서 탄생이 됐다고 합니다. 예를 들면, 시들리기를 하다가 차를 쌓아 뒀는데 그 단계에서 발효가 되어버릴 수도 있고, 덖기 과정에서 차의 양이 많을 경우 처음 덖은 찻잎이 마지막 것을 덖을 때까지 발효가 돼버린다거나 하는 겁니다. 차를 저렇게 쌓아두고 하는 과정을 나중에는 정식 과정으로 편입시켜 '민황闷黄'이라고 했습니다.

김진방 : 그게 가능한가요? 아니 차 만들다가 그렇게 딴짓이 가능한가요?

차 선생님 : 우리가 작은 차통에 있는 찻잎을 봐서 그렇지 차를 만드는 차창茶厂에서는 차의 양이 엄청나겠죠. 또 차를 덖고 옆에 두었다가 다시 덖고를 반복합니다. 그럴 경우 각 과정에서 찻잎을 쌓아두게 되는데 이 과정에

서 텀이 길어지면 차가 발효가 돼버리는 거예요.

　김진방 : 그럼 황차는 종류가 엄청 다양하겠네요. 어느 과정에서 얼마 정도 방치가 되느냐에 따라 맛이 다를 테니까요?

　차 선생님 : 그… 그렇게 또 도식화하시면…. 정말 도식 빌런이군요. 아무튼 차를 만드는 과정 어디서든 발효가 일어날 수 있습니다. 그렇게 따지면 종류가 많을 수도 있고 그렇습니다.

　김진방 : 그럼 발효가 되니 차가 아주 부드럽겠군요. 헤헤.

　차 선생님 : 이래서 복잡 미묘한 차를 도식화하지 말란 겁니다. 좋은 산지에서 난 좋은 황차는 차기가 센 녀석도 있습니다.

　김진방 : 뭐요? 기가 세다고요? 하…. 기센 아내 슬하에서 사는 것도 죽겠는데 차마저 기가 세다니 저는 황차를 마시지 않겠습니다. 그래도 혹시 궁금하실 분이 있으니 황차 중 유명한 차를 소개해 주신다면 뭐가 있을까요?

　차 선생님 : 워낙 많은 종류가 있지만 유명한 것은 쥔산인전君山银针(군산은침), 멍딩황야蒙顶黄牙(몽정황아)가 있습니다.

명차 열전

'이름이 5개?' 우롱차계 절세가인 '둥팡메이런'

우롱차 중 가장 섬세하고 향이 은은하고, 단아한 느낌이 나는 우롱차는 무엇일까. 아마도 대만의 명차 둥팡메이런东方美人(동방미인)이 아닐까. 둥팡메이런은 바이하오우롱차白毫乌龙茶라고도 불린다.

백호(흰 털 보송보송한 새싹)와 우롱이라는 이름을 보면 알듯이 새싹을 따서 만드는 반발효차다. 새싹을 따서 만드는 만큼 매우 고급 차라는 것을 알 수 있다. 우롱차 중에서는 발효도가 가장 커서 보통 발효도가 60%, 일부 차들은 75~85%에 달하기도 한다. 그럼에도 발효차 특유의 쿰쿰한 향이 나지 않으며, 떫거나 쓴맛이 나지 않는 것이 특징이다. 주로 대만 신주新竹와 먀오리苗栗 일대에서 재배되며, 최근에는 타이베이 핑린坪林구와 스딩石碇구 일대에서도 재배된다.

둥팡메이런은 여러 가지 이름을 가지고 있는데 그중 재미있는 사연을 가진 두 가지 이름인 둥팡메이런과 펑펑차膨风茶에 대해 소개해 본다. 둥팡메이런이라는 별칭은 이 차를 영국 빅토리아 여왕에게 진상했을 때 빅토리아 여왕이 차를 마시고 그 향기로운 맛에 입을 다물지 못했다는 데서 유래했다.

이때부터 동방 포르모사(대만의 옛 칭호)에서 온 향기로운 차라는 뜻에서 '둥팡메이런'이라는 이름이 붙었다고 한다. 이 이름은 차의 아름다운 향기와도 잘 어울려 현대에도 가장 대표적인 이름으로 쓰이고 있다. 또 하나 재미있는 이야기가 전해져 내려오는 이름이 바로 펑펑차이다.

펑펑은 한글로는 구분이 안 되지만, 중국어 발음으로는 'pengfeng'으로 'f' 발음에 주의해서 발음해야 한다. 펑펑은 대만 방언으로 '뻥을 치다'라는

뜻이다. 이 이름은 대만이 일본의 지배를 받던 시기에 붙여졌다.

당시 대만을 점령한 일본인들은 대만에서 나는 우롱차를 매우 좋아했는데 특히 웰빙라이프를 즐길 때 둥팡메이런 같은 고급 우롱차를 마셨다. 하루는 둥팡메이런을 재배하는 한 농민이 차에 벌레가 심하게 먹어 농사를 망쳤다. 손해가 막심해 실의에 빠진 농민은 도시로 가서 차를 직접 팔기로 했다. 그런데 뜻밖에 도시 사람들 이 벌레 먹은 차의 독특한 향을 좋아하고,

비싼 값에 사가는 것 아닌가. 이 일을 마을에 돌아와 이야기하자 마을 사람들이 "야! 뻥치지 마"라고 해서 붙은 이름이라는 설이 있다.

영국 홍차가 품귀현상이 일어나듯 당시 대만 둥팡메이런도 굉장히 비싼 가격에 거래됐다. 당시로 따지면 차 500g이 도정미 60㎏에 육박했다고 하니 요새로 치면 명품백 이상의 사치품이었다고 보면 된다.

둥팡메이런이 재배되는 환경은 매우 까다로운 것으로도 유명하다. 그만큼 생산량도 많지 않고, 좋은 품질의 둥팡메이런을 만나기도 그만큼 어렵다. 양질의 둥팡메이런이 나는 최적의 환경은 해발 300~400m로 대만의 유명 명차 산지인 둥딩산洞顶山이나 아리산阿里山보다 해발고도가 낮은 곳에서 재배된다.

둥팡메이런의 효능은 이름처럼 주로 미모에 좋다. 노화 방지, 미백, 다이어트 등이 주요 효능으로 알려졌다.

내가 가진 둥팡메이런은 차 선생님이 베이징 차 박람회에서 구매해 주셨다. 가격은 50g에 3만 원으로 할인을 많이 받으셨다고 하니 일제시대만큼은 아니지만 한국에서 구하려면 상당히 비쌀 가능성이 크다.

둥팡메이런은 우리기 전의 찻잎에서도 강하게 과일 향이 날 정도로 향기로웠다. 탕색도 우롱차의 노란빛이 영롱했다. 첫맛이 가벼운데 중반부터 바로 단맛이 치고 올라온 뒤 은은한 향이 끝까지 유지됐다. 윤차潤茶(우롱차를 마시기 전 찻잎을 물로 씻어내는 과정) 이후 마시는 첫물보다는 두 번째, 세 번째가 훨씬 향이 좋다. 우롱차답게 내포성도 좋아서 5~6번까지는 계속 향이 유지된다. 차에 아직 익숙하지 않다면 과일향 향긋한 둥팡메이런으로 차에 입문해 보는 것도 좋을 것 같다.

우롱차 · 홍차

김진방 : 선생님 안녕하세요. 이제 '제다製茶의 정수'라고 하는 우롱차에 대해 알아볼까 합니다. 제다의 정수라고 해서 무척 궁금증을 유발하는데 이게 어떤 의미인가요?

차 선생님 : 우롱차는 제다 기술의 꽃이라고 보면 됩니다. 중국의 모든 차 기술이 다 들어 있지요.

김진방 : 아니. 무슨 소리세욧! 차의 꽃은 보이차 아닙니까?

차 선생님 : 으휴, 이런 보이차 빌런 같으니. 차의 종류가 얼마나 많고, 다양한 제다법이 있는데요. 우롱차를 차의 꽃이라고 부르는 것도 맛이 최고다 이런 뜻보다는 차를 만드는 기술이 가장 정교하다는 의미입니다.

김진방 : 아. 제가 진짜 뭘 몰라서요. 그런데 왜 우롱차가 제다 기술의 극치라고 하시나요?

차 선생님 : 우롱차는 중엽종을 사용합니다. 중엽종은 잎이 튼실해서 우롱차를 만들기 좋습니다. 주로 싹 하나에 잎이 두세 개 달린 것을 사용합니다.

김진방 : 잠깐. 스톱. 잎이 부드러워야 좋은 거 아닌가요? 왜 튼실한 잎을 사용하는 것이죠?

차 선생님 : 그건 우롱차를 만드는 과정을 보면 이해가 가실 겁니다. 우롱차는 제다 과정에서 독특한 과정이 추가됩니다. 바로 대나무 채반에 찻잎을 놓고 막 흔드는 것이죠. 부순다고 해야 더 맞습니다.

김진방 : 아니. 비싼 찻잎을 가지고 왜 그런 짓을 하는 거죠?

차 선생님 : 하하하하. 비싼 찻잎을 더 비싸게 하려고 하는 것입니다. 비싸게 한다기 보다는 차를 더 맛있게 하려고 그러는 거예요. 이렇게 대나무에 받쳐서 흔들면 찻잎 세포 사이사이가 부서지면서 맛과 향이 극대화되거든요.

김진방 : 오. 쉐킷쉐킷 흔들어서 튼튼한 잎이 필요하군요. 그럼 보이차를 만드는 대엽종을 사용하면 안 되나요? 더 빡빡 문대서 맛나게 먹을 수 있게?

차 선생님 : 간만에 좋은 질문입니다. 실제로 푸젠성에서는 대엽종의 싹을 따서 우롱차를 만들기도 합니다.

김진방 : 아니. 그러면 몇 번이나 저런 세포를 '파.괴.한.다.' 과정을 반복해야 하나요?

차 선생님 : 하기 나름인데 절대적인 것은 없습니다. 파.괴.한.다.는 아니고 요청搖青이라 부르는 과정입니다. 요청을 3~4번 하기도 하고, 7~8번 하기도 합니다. 이 과정은 차를 만드는 분이 찻잎 상태를 봐가면서 하는 것이기 때문에 딱 정해진 것이 없지요. 그래서 차의 세계는 심오한 것입니다.

김진방 : 그런데 이런 요청은 누가 시작한 건가요?

차 선생님 : 전해지는 이야기로는 그냥 찻잎을 놓아두고 잤는데 다음날 찻잎 색이 변해서 얼른 우려먹어보니 맛이 더 좋아 그 뒤로 이렇게 찻잎을 산화 발효시켜 먹었다고 합니다.

김진방 : 잘 이해가 안 가는데 이렇게 한다고 찻잎 색이 어떻게 변하나요?

차 선생님 : 저렇게 찻잎을 부수고 둥글게 말고 하는 과정을 거치면서 떫은 맛이 나는 폴리페놀Polyphenol 성분이 산화효소인 폴리페놀 옥시다아제 Polyphenol oxidase에 의해 산화돼 색이 누렇게 변하는 겁니다. 이때 절반 정도 발효가 되면 발효 반응을 정지시키고 건조시켜 차를 완성합니다.

김진방 : 그렇군요. 그럼 찻잎 모양이 엉망이 되겠는데요? 막 부비부비하고 응? 홍대 클럽처럼 응?

차 선생님 : 홍대 클럽은 아니지만 실제로 유념 과정에서 동그랗게 말기도 하고, 길쭉하고 빳빳하게 펴기도 하고 그렇습니다.

김진방 : 그럼 우롱차로 유명한 차는 뭔가요?

차 선생님 : 이것도 뭐가 맛있다 그런 것은 없지만, 널리 알려진 것을 소개하자면 푸젠성 남쪽에서 나는 민남우롱 톄관인铁观音(철관음), 민북우롱인 다홍파오大红袍(대홍포), 수이셴水仙(수선), 러우구이肉桂(육계) 등 우이암차 등이 있습니다. 또 푸젠성에 인접한 대만의 둥팡메이런东方美人(동방미인), 둥딩우롱冻顶乌龙(동정우롱) 정도가 있을 것 같군요.

김진방 : 차의 세계는 알수록 신비하군요. 그럼 이제 홍차로 넘어가 보겠습니다. 홍차하면 영국 황실과 실론티가 생각나는데 아닌가요?

차 선생님 : 음료수가 나와서 널리 알려져서 그렇기도 하고, 실제로도 연관이 없는 것도 아닙니다. 홍차는 말 그대로 찻잎을 완전히 산화효소로 발효시켜서 찻물이 붉게 우러나는 차지요. 시들리기 과정에서부터 산화를 시키는 것입니다.

김진방 : 이것도 막 요청을 하고 그런 건가요?

차 선생님 : 그건 아니고 세게 비비는 과정을 거친 뒤 물에 젖은 천으로 덮고 습도를 맞추기 위해 물까지 뿌려가면서 발효를 시키죠. 봄 차는 2~3시간, 여름 차는 1시간 반쯤 걸린다고 합니다.

김진방 : 생각보다 많이 걸리지는 않는군요. 인도에서도 많이 먹던데요. 인도 건가요?

차 선생님 : 이건 또 차 무역의 역사와 관련이 있습니다. 긴데 들어 보실래요?

김진방 : 저는 사실 역덕… 아니 역사에 관심이 많습니다. 어서 어서, 하악하악.

차 선생님 : (정색) 더러워. 유럽인들은 처음에 중국의 차를 맛보고 깜짝 놀랐다고 합니다. 그래서 배로 우롱차를 많이 가져갔는데 문제는 중국에서 차를 싣고 인도양을 지나, 희망봉을 거쳐 유럽 대륙까지 가는 것이 너무 멀

었습니다. 녹차나 우롱차는 길어야 유통기한이 1년이 조금 넘는데 차 맛이 어땠겠어요?

김진방 : 마치 임진왜란 때 선조가 도루묵 맛을 보고 감탄했다가 나중에 궁궐에서 다시 먹었을 때 내다 버리라고 했던 것과 같은 이치군요.

차 선생님 : 의외로 똑똑한 구석도 있군요. 영국에는 포르투갈 출신 캐서린 왕비가 차 문화를 소개하면서 폭발적인 인기를 끌었다고 합니다. 당시 차는 무척 값이 나가는 사치품이었어요. 그래서 이 때문에 미국 독립의 계기가 된 보스턴 차 사건과 중국 아편전쟁이 일어나기도 했죠.

김진방 : 그런데 그게 인도 홍차와 무슨 관계가 있나요? 영국 상인들이 뭐 인도에다가 차밭이라도 만들었다는 건가요?

차 선생님 : (끄으덕 끄으덕) 차로 인해 중국으로 들어가는 은자가 많이 드니 1848년 영국 식물학자 로버트 포춘이 중국(또는 몽골) 상인(또는 고관)으로 변장해 3대 홍차(다르질링과 기문, 우바) 중 하나인 ‘치면祁门(기문)종’ 차 종자와 묘목을 훔쳐서 중국과 인도 접경 지역인 다르질링에 심었고 재배에 성공했죠. 당시 차가 얼마나 비싸고 사회적 문제가 됐으면 못 마시게 하려고 홍차가 몸에 안 좋다는 연구 논문도 많이 나왔다고 해요. 그래서 우유도 타먹고 그런 모양입니다.

김진방 : 근데 우롱차의 요청 과정하고 홍차의 산화 발효 과정이 비슷한데요? 그 차이가 무엇인가요?

차 선생님 : 좋은 질문을 연달아서! 맞아요. 우롱차는 완전히 발효를 시키는 게 아니라 반발효차라고 해서 발효도가 60~70% 정도입니다. 요청 과정에서 상한 잎이 적절히 색이 변했을 때 발효를 정지시키고 건조시킵니다. 홍차는 발효가 95% 이상 된 것을 가리킵니다.

김진방 : 중국 우롱차가 유럽으로 가면서 발효가 더 돼 홍차가 됐다는 이

야기도 있던데 그것은 사실인가요?

차 선생님 : 네. 낭설입니다. 이미 그 이전에 중국 우이산에서 생산되는 홍차가 있었습니다.

김진방 : 그럼 정리해 보면 발효 정도에 따라 녹차-우롱차-홍차로 구분할 수 있군요. 즉, 녹차는 산화발효 과정이 없고, 우롱차는 약간 산화발효(60~70%), 홍차는 완전 발효(80% 이상).

차 선생님 : 발효 정도에 따라서 차를 불발효차(녹차), 부분 발효차(백차 10~15%, 황차 15~25%, 우롱차 60~70%), 강발효차(홍차 95%), 후발효차(보이차) 등으로 나누기도 합니다.

김진방 : 그럼 홍차 중 유명한 것은 무엇인가요?

차 선생님 : 아까 말한 다르질링과 치먼, 우바를 세계 3대 홍차로 꼽습니다. 스리랑카(실론)에서 재배되는 아삼종 차나무가 있지만 이건 대량 재배돼서 아무래도 가격이 싸고 그래서 3대 홍차에는 못 들어간 것 같습니다.

김진방 : 정말 들을수록 뒷골이 땡기네요. 이미 많은 분들이 스벅으로 달려 간 것 같습니다. 저도 달달한 게 땡기네요.

차 선생님 : 흑차 해야지 어디가요?

김진방 : 흑차까지 하기에는 너무 길어서 흑차와 보이차는 역시 다음에 하시죠.

명차 열전
홍차 탑티어, 금빛눈썹의 '진쥔메이'

홍차의 본고장은 바로 푸젠福建성 우이산武夷山이라고 이미 수도 없이 이야기했지만, 그래도 다시 한번 짚고 넘어가 보자. 중국에는 엄청나게 많은 차 산지가 있고, 우리가 모르는 좋은 차들이 곳곳에 숨어 있다. 우리가 이 많은 차를 알기란 불가능하다. 그럼에도 상식적으로 널리 알려진 중국 차 산지 두 곳 정도는 알아두는 것이 좋다. 그 두 곳이 바로 보이차의 고장 윈난云南과 다홍파오大红包(대홍포)가 나는 우이산이 자리한 푸젠이다.

홍차하면 아름다운 찻잔에 또로록 고상하게 차를 따라 마시는 영국 황실이 먼저 떠오를 것이다. 그러나 항상 우리가 기억해야 할 것은 이 홍차의 원산지는 중국이라는 것이다. 전에도 말했다시피 1840년 아편전쟁이 발발한 이유도 다 이 차 때문 아닌가.

홍차가 귀하디귀하기 때문에 중국의 홍차의 향을 모방해 비슷한 향의 '베르가못 오일'을 가향加香한 것이 얼 그레이 같은 영국 차다. 이번엔 가향이 없이도 이런 영국 홍차와 같은 아니 더 훌륭한 맛을 내는 홍차 중의 홍차 '진쥔메이金骏眉(금준미)'를 소개해 본다.

차를 마시는 사람들은 차와 인연이 있어야 그 차를 마실 수 있다고 한다. 내가 진쥔메이를 처음 마신 건 798 예술구에 있는 민생은행 현대미술관에 갔다가 하필 휴관하는 바람에 헛헛한 마음을 달랠 겸 인근 지인의 사무실에 갔을 때다. 사무실로 들어서니 지인이 떡하니 이 귀한 차를 내놓았다. 그것도 짝퉁 진쥔메이가 난무하는 중국에서 진짜 중의 진짜 진쥔메이를 말이다.

이 진쥔메이에서는 베르가못향과 비슷한 향이 난다고 하는데 직접 마셔 보니 얼 그레이와는 상대가 안 될 정도로 첫 입에 매우 짙은 스모키향과 뒤

진쥔메이

이어 달큰하고, 귤처럼 향긋한 향이 났다. 찻물에서는 향긋한 향기와 달리 묵직한 우이암차 본연의 맛이 났다. 보통 '암운岩韵'이라고도 하는데 다훙파오를 비롯해 수이셴水仙(수선), 러우 구이肉桂(육계) 등 우이암차에서 나는 바위 맛을 암운이라고 말한다. 이게 말로 설명하기는 어려운데 차를 마시다 보면 딱 알 수 있다.

진쥔메이의 뜻을 풀어보면, 진金은 금처럼 귀하다 해서 붙었고, 준駿은 험준한 산령에서 나는 이 차가 이른 시일 내에 널리 사랑을 받길 바라는 마음에서 준마에서 중간자를 땄다. 메이眉는 찻잎의 모양이 눈썹과 같다 해서 마지막 자로 쓰였다.

진쥔메이는 앞에 소개한 정산샤오중의 일종으로 정산샤오중의 24대 계승자인 장위안쉰江元勛 선생이 2005년에 만든 차이다. 정산샤오중의 계승자답게 훌륭한 차를 만들어 냈는데 500g의 진쥔메이를 만드는 데 수만 번의 손이 갈 만큼 제다製茶기술을 총집합한 차다. 그러니 여타 정산샤오중과는 그 맛과 향을 비교하기 어렵다.

진쥔메이를 만드는 찻잎은 우이산 둥무촌洞木村에서 자란 고수古樹의 싹만을 이용한다. 이 차 나무들은 해발 1,200m 이상, 1년에 120일 이상 운무가 끼는 곳에서 자란 나무여야 한다. 또 평균 기온이 11~18도 내외여야 하고, 강수량도 2,000㎜ 안팎, 평균 습도 80%의 엄격한 환경에서 자란 찻잎을 써야 한다. 와인으로 따지면, 엄청나게 까다로운 테루아 조건을 가진 셈이다.

정산샤오중은 찻잎을 백송(흰 소나무)에 태워 열 건조하기 때문에 싱글몰트 위스키를 마시는 듯한 훈연향이 난다. 특히 진쥔메이는 정산샤오중 중에서도 가장 높은 등급에 속하는 차이다 보니 그 향이 더욱 진하다. 물론 이런 향을 싫어할 경우에는 호불호가 갈릴 수 있다.

흔히들 정산샤오중을 시가 향과 비교하기도 하는데 정말 차를 우리다가 뚜껑을 열고 있으면 고급스러운 향이 방안에 가득 퍼진다.

김진방 : 차 선생님, 드디어 마지막 다류인 흑차에 대해 알아보는군요. 그리고 고대하던 보이차까지 왔습니다.

차 선생님 : 네. 멀고 험난한 길이었습니다.

김진방 : 저는 영어 고자이지만, 이건 알아요. '블랙티=흑차' 겠지요?

차 선생님 : 역시 아주 가끔만 똑똑하군요. 블랙티는 아쉽게도 홍차입니다.

김진방 : 아니 선생님 제가 너무 모른다고 시작도 허기 전에 밑장을 빼 불면 안 되지. 오함마 가지고… 가 아니라 진정하고 다시 정리하면 블랙은 검은 것, 레드는 빨간 것일진데 블랙티가 홍차라구요?

차 선생님 : 정말 무식해서(한숨). 블랙티는 홍차입니다. 홍차를 우리면 색이 진한 빛을 띠기도 하는데 아마도 그래서 블랙티라고 불렀던 것 같습니다.

김진방 : 그럼 흑차는 도대체 무엇인가요?

차 선생님 : 설명에 앞서 상식 차원에서 말하자면 이미 홍차가 블랙티라고 불리니 흑차는 영어로 '다크티'라고 부릅니다. 흑차는 차를 만드는 기본과정에 '악퇴渥堆'라는 과정이 추가됩니다. 악퇴가 뭐냐면 시골에 가면 소 분변과 쌀겨를 섞어 만든 두엄자리를 본 적 있겠지요?

김진방 : 선생님, 저 스울 사람이거든요? 생긴 거 보면 모르겠습니까?

차 선생님 : 누가 봐도 시골 출신이네요. 아무튼, 그런 것처럼 찻잎을 쌓아두고 숙성 발효를 시키는 겁니다.

김진방 : 아니. 그럼 산화 발효하는 우롱차, 홍차랑 뭐가 다른가요?

차 선생님 : 좋은 질문입니다. 산화 발효하는 우롱차, 홍차와는 달리 흑차는 미생물을 이용합니다. 요새는 오래 묵혔던 찻잎에서 미생물을 추출해다가 새로 흑차를 만들 때 넣기도 하고 그렇죠. 자연 발효를 시키려면 시간이

오래 걸리기 때문에 하는 방법인데 맛에 엄청난 영향을 주는 것 같진 않습니다. 마치 집에서 수제 요거트 만들 때 시판 요거트 같은 것을 조금 넣어서 하룻밤 새 요거트를 만들 듯 그런 것으로 생각하세요.

김진방 : 그러니까 산화 발효를 시키는 홍차와 달리 흑차는 균을 주입해 발효를 일으키는 바이오 기법을 사용하는 그런 건가요?

차 선생님 : 그렇다고도 할 수 있겠네요.

김진방 : 그럼 푸얼차(보이차普洱茶, 이하 보이차) 숙차 같은 같은 거군요. 보이차가 따순 윈난 기후에 찻잎을 쌓아 두고 물을 뿌려가면서 온도를 맞춰 숙성시킨다 들었는데요.

차 선생님 : 그게 또 애매한 부분인데, 흑차가 나온 배경은 확실히 차마고도가 맞아요. 단, 차마고도는 여러 루트가 있습니다. 윈난에서 티베트로 가는 루트부터 쓰촨, 안후이 등에도 차마고도가 있죠.

김진방 : 그럼 처음 흑차를 만들게 된 사건 같은 것이 있나요?

차 선생님 : 차마고도에서는 말이나 당나귀 한 마리가 양쪽으로 30㎏씩 총 60㎏을 운반해 다녔다고 해요. 말이나 당나귀 한 마리가 지고 다닐 수 있는 적정 무게를 60㎏으로 설정하고 차의 모양과 크기를 만든 것이지요. 1통筒에는 7병餅의 차가 들어있는데 1병은 357g, 1통은 약 2.5㎏이 됩니다. 또 이 통을 12개 합치면 1건件이라고 합니다. 무게는 30㎏이지요. 즉 말 한 마리에 2건씩 60㎏을 메고 다닌 것입니다.

김진방 : 잠깐. 스톱! 뭐라고요? 1편이 7개 있으면, 1통, 1통이 12개 있으면 1건? 이 1건은 30㎏ 맞나요?

차 선생님 : 도식화 빌런답게 아주 잘 정리하는군요. 그런데 어쩌나요. 편이 우리가 보통 선물 받는 보이차의 그 덩어리를 가리키는데 이 편이라는 것이 단위가 또 여러 개입니다. 널리 알려진 것만 '병餅(빈대떡 모양,

357g)’, ‘타沱(밥그릇 모양, 250g)’, ‘전磚(벽돌 모양, 200~250g)’ 모양이 있고, 더 많은 형태로 만들어져요. 이렇게 모양을 만드는 것을 긴압緊壓이라고 합니다. 모양에 따라 무게도 다양해지겠죠?

김진방 : 똑똑, 저 문송인데요. 뭐라시는 건가요? 나중에 집에 가서 다시 검산해 보겠습니다. 주산 3급입니다, 저. 무시하지 마세욧!

차 선생님 : 이게 또 포장 방식도 다 달라요. 병으로 할 때는 7개씩 넣어 1통에 약 2.5㎏, 타는 4개씩 1통에 1㎏, 전은 4개씩 1㎏입니다. 전 같은 벽돌 모양은 나중에 생겨난 것인데 네모지게 하면 유통할 때 좀 편하겠죠?

김진방 : 그런데 왜 1통에 7개의 병을 넣는 겁니까?

차 선생님 : 7은 중국에서 ‘많다’는 의미입니다. 특히 칠자병차七子餅茶의 ‘칠자七子’는 아들이 일곱, 즉 아들이 많다는 의미이죠. 옛날에 아들은 생산력을 의미하기 때문에 바로 칠자병차는 부를 상징한다고 합니다.

김진방 : 아. 그렇다고 치고, 그런데 저런 이야길 왜 하시는 거예요?

차 선생님 : 그게 흑차가 나오게 된 계기가 되거든요. 이렇게 차를 포장하는 것은 알겠죠? ‘병’ 모양으로 포장해서 7개씩 담은 것을 우리는 1통이라고 합니다. 이건 대나무 잎으로 둘둘 싸서 꼭 묶어서 통을 만들고 통 12개를 포장해 1건으로 만드는 거죠. 이게 요새도 전해져 내려오고 있습니다.

김진방 : 대나무 잎이요? 거기 대나무가 있나요? 아, 쓰촨이나 윈난 쪽이니 있겠군요. 쓰촨엔 판다가 사니까.

차 선생님 : 그렇습니다. 어쨌든 그 차마고도를 넘어가다가 차 통 속에 물이 스미고, 마르고, 스미고, 마르고 이런 과정이 반복됐겠죠? 목적지에 다다라 차 통을 열어보니 차의 색이 이상하고, 그런 겁니다. 찻잎이 거무튀튀해서 말에요. 아무튼 그래도 버릴 수도 없고 마셔 보니 맛이 쿰쿰한데 아주 매력적인 거죠. 마치 홍어처럼.

김진방 : 홍어하니까 삼합 너무 땡깁니다.

차 선생님 : 집중하세욧! 그래서 사람들이 이렇게 차를 발효하면 더 맛있구나 하는 생각을 한 겁니다.

김진방 : 근데 차는 왜 대나무 잎에 싸서 보관하나요? 요새 포장지 좋은 거 많은데?

차 선생님 : 좋은 질문입니다. 대나무 잎만큼 습기를 막아주고, 공기가 통하는 포장지는 없습니다.

김진방 : 그렇군요. 그럼 흑차 같은 것은 미생물이 있으니 요거트처럼 냉장고에 보관하면 되나요?

차 선생님 : 노노노, 네버. 차는 냉장고에 넣으면 큰일 나요! 차는 흡향제와 같다고 생각하면 됩니다. 주변의 모든 향기를 스펀지처럼 흡수하거든요.

김진방 : 주변의 모든 음식을 흡수하는 저와 같군요. 그럼 보이차는 흑차인 건가요?

차 선생님 : 하…. 6대 다류는 그냥 차를 이해하기 편하게 분류한 거지 거기에 모든 차를 맞추려 하면 굉장히 머리가 아파집니다.

김진방 : 그럼 보이차는 무슨 차인가요? 하이브리드 차인가요?

차 선생님 : 일단 악퇴 과정을 거치는 보이 숙차熟茶는 흑차로도 볼 수 있습니다. 보이 숙차의 모차毛茶는 흑차 제조 과정과 유사하게 만들기 때문입니다. 하지만 악퇴 과정을 거치지 않는 보이 생차生茶는 흑차로 보기 어렵습니다. 보이 생차의 모차는 쇄청녹차晒青绿茶로 굳이 분류하자면 녹차에 가깝습니다. 약간 복잡하죠. 그래서 중국에서도 보이차는 6대 다류 분류에 넣기보다는 그냥 '보이차'로 분류하기도 합니다. 보이차는 대부분 병차 형태로 가공합니다. 이렇게 가공이 된 보이차는 엄밀히 산업 분류상 따지면 '가공차'로 분류되기도 합니다. 우리의 직관과는 좀 거리가 있는 분류법이죠.

이런 혼란이 생기는 이유는 최초의 차라고 알려진 보이차가 6대 다류 분류법이 정립된 명말청초 시기에 중국 대륙 전역에 퍼지지 않았기 때문이기도 합니다.

김진방 : 가공차? 그건 또 뭔가요?

차 선생님 : 설명하자면 긴데 간단히 설명해 드리죠. 차가 흡향제라고 했죠. 이런 특성을 이용해 요새 보면 찻잎에 찹쌀향, 귤향, 자스민향 등을 입히는 가공차들이 많이 나오고 있습니다. 이런 차들처럼 가공 과정이 들어간 차를 가공차라고 합니다.

김진방 : 아. 그렇군요. 이제 어디 가서 차를 보면 대충 무슨 차인지는 알아볼 수 있을 것 같아요. 긴 시간 설명해 주셔서 감사합니다.

차 선생님 : 저도 즐거웠습니다.

녹차인가? 백차인가? '안지 바이차'

우연히 지인의 사무실에 놀러 갔다가 안지 바이차安吉白茶를 얻어 왔다. 이름은 많이 들어 봤지만 안지 바이차를 마시는 것은 이번이 처음이었다. 안지 바이차가 어떤 차인지 알아보기 전에 백차와 녹차의 차이를 알 필요가 있다.

백차와 녹차를 구분하는 것은 무엇일까? 모든 차의 가장 기본형은 녹차다. 녹차를 만드는 과정에서 시들리기 이후 덖기와 비비기 과정을 생략한 채 바로 말리는 차를 백차라고 한다. 덖기를 생략하기 때문에 발효가 이뤄지지만, 자연 발효로 두기 때문에 요청을 하는 우롱차나 균을 집어넣는 보이 숙차 같이 발효도가 높지 않아 부분 발효차라고 한다.

백차의 특징은 덖기와 비비기 과정이 없기 때문에 찻잎 모양이 온전히 보전되며 싹으로 만든 바이하오인전白毫银针(백호은침) 같은 차는 찻잎 겉에 있는 보송보송한 솜털이 그대로 보이는 특징이 있다. 안지 바이차를 소개한다고 해놓고 무슨 사설이 이리 긴가 싶겠지만, 녹차와 백차의 차이를 알아야 안지 바이차가 무엇인지 정확히 이해할 수 있다.

안지 바이차는 이름에 '백차'가 들어가지만, 녹차다. 아니 그러면 왜 백차라는 이름을 붙였을까? 이유는 바로 안지 바이차의 찻잎 모양을 보면 알 수 있다. 자세히 안지 바이차의 잎을 보면 찻잎 중 가장 안쪽에 있는 잎에 솜털이 보송보송하게 남아 있는 것을 볼 수 있다.

안지 바이차가 섭씨 23도 이하에서 하얀 잎이 나는 바이예이하오白叶一号(백엽일호)라는 백차 수종에서 채엽하기 때문에 백호白毫(싹)가 남아 있는 것이다. 찻잎 색은 비취색으로 녹차와 같고, 우리고 나서도 향과 색이 녹차인데

안지 바이차

살짝 말린 찻잎 안을 보면 솜털 같은 백호가 있다.

안지 바이차는 우렸을 때 청아한 향이 특징이다. 명녹차인 시후룽징西湖
龙井과 비교하면 구수한 향은 덜한데 입안이 더 상쾌하다고 해야 할까? 아마
도 덖는 과정에서 백호가 남아 있는 것으로 봤을 때 조금 덜 태우기 때문에
구수한 맛은 줄고 생차처럼 맑은 향이 더 강하게 남아서인 것 같다.

안지 바이차는 후저우湖州에서 재배되고 있다. 녹차 중에 으뜸으로 꼽히
는 시후룽징이 나는 저장浙江성 항저우杭州에서 북쪽으로 70㎞ 떨어진 곳이

다. 안지 바이차가 명차인 이유는 지리적인 요인도 크게 작용한다. 시후룽징이 시후西湖 인근에서 나듯이 안지 바이차차는 시후보다 수십 배 큰 타이후太湖 인근에서 난다.

명차가 나는 지리적 요건을 보면 고산지대, 바닷가, 호숫가라는 특징이 있다. 안지 바이차는 역사가 그리 깊지는 않다. 안지 바이차가 처음 기록된 문서에 따르면 1930년 후저우 라오펑老丰진 마링펑马铃风에서 발견된 수십 그루의 백차 나무(이후 바이예이하오가 된다)에서 딴 잎을 가지고 현지 진광쓰金光寺(금광사)에서 생산했다고 한다.

이 나무는 봄이 되면 하얀 찻잎이 나오고, 늦봄에 백색과 녹색 사이의 색이 나고, 여름이 되면 완전히 녹색 잎이 난다. 그러나 문서 기록에만 있을 뿐 안지 바이차 나무는 발견되지 않았는데 후에 1982년 저장성 당국이 농업자원 조사 과정에서 해발 800m 고산에 수령이 100년이 넘은 백차 나무를 발견했다. 1996년이 됐을 때는 백차 나무를 육종해 재배에 성공했지만, 이때도 잎을 채취할 수 있는 나무는 13만㎡에 불과했고, 한 해 생산량은 1,000근(500㎏)에 못 미쳤다.

안지현은 사계절이 뚜렷하고 연간 강수량이 2,000㎜가 넘고, 평균 기온 17도의 온난다습한 기후를 가지고 있다. 안지 바이차는 중국에서도 인기 있는 고급 녹차 품종으로 2017년 기준 한 해 생산량은 1,860t, 매출액은 4,130억 원에 달한다. 지인에게 얻은 안지 바이차는 그중에서도 꽤 고급 라인이었다.

포장을 뜯으면 채엽한 시기가 표시된 달력이 동봉되어 있는데 녹차 중에 최고로 친다는 청명절(4월 5일경) 전에 딴 명전차明前茶였다. 이 안지 바이차도 그 맛이 청아하고 싱그러운 봄 향기가 가득했다. 명차답게 녹차 치고는 내포성도 훌륭했는데 4회까지는 향을 즐기며 마실 만했다. 요즘 코로나

19 때문에 제대로 된 녹차를 마시지 못했었는데 안지 바이차로 그간 서운한 마음을 한 번에 보상받은 기분이다.

'현지보다 싼 차 도매시장' 新차마고도 마롄다오

차에서 만큼은 중국보다 앞서는 나라는 없다. 중국인에게 차는 하나의 문화이며 자랑스러운 유산이자 바람이 불고 비가 내리는 일상과도 같은 것이다. 중국에 와서 차를 마시면서 정말 세상에 좋은 차는 다 중국에 있구나 하는 생각이 들었다. 이 넓은 영토에서 나오는 각양각색의 차들을 보고 있노라면 그 천태만상이 술은 비할 바가 아니라는 생각이 들 정도다.

베이징 유명 호텔이나 큰 쇼핑몰, 동네 마트, 전통시장 어딜 가든 차를 시음하고 판매하는 다관茶館을 마주할 수 있다. 그만큼 차는 중국인에게 없어서는 안 될 기호품, 아니 일상 생활용품이다. 중국에서도 스타벅스와 루이싱瑞幸(루킨) 커피 등 유명 프랜차이즈 커피숍이 생겨나면서 매년 25%씩 급성장하고 있지만, 중국인들의 1인당 연간 커피 소비량은 4잔에 그치고 있다. 한국이 230잔인 것과 비교하면 중국 음료 시장에서 차의 위상이 어떤지 실감할 수 있을 것이다.

차의 종류와 가격은 커피값의 1/10,000도 안 될 만큼 저렴한 것부터 몇억을 호가하는 명차까지 천차만별이다. 최근 한국에서도 중국차를 파는 전문 매장이 속속들이 생겨나고 중국차에 대한 관심이 빠르게 늘고 있다. 차에 흥미가 있는 사람들에게 베이징은 천국과도 같은 곳이다. 아니 중국 차 하면 푸젠福建성이나 윈난云南이 유명한 거 아닌가? 라는 생각이 들 수도 있다.

그러나 베이징이 어딘가. 바로 중국의 수도이자 모든 물자가 몰리는 중국 정치와 교육의 중심 아닌가. 당연히 베이징에는 전국 각지의 유명한 차를 살 수 있는 차 도매상가가 있다. 그것도 중국 특유의 스케일이 반영돼 엄청나게 규모가 크다. 베이징에 있는 차 도매상가의 이름은 바로 마롄다

마롄다오 차위안(茶缘) 입구

오马连道다. 마롄다오라는 이름은 '말이 줄지어 걸어가는 길'이라는 뜻인데 윈난에서 보이차 상인들이 말을 타고 이곳으로 몰려오는 모습을 따서 지었다는 설이 있다.

왜 차 상인들은 마롄다오에 몰려들었을까? 여러 설이 있지만 마롄다오가 중국 서북부와 시안西安 등 베이징 서편으로 차가 이동하는 길목이기 때문이라는 설명이 가장 신빙성이 크다. 마롄다오는 베이징 서역에서 남쪽으로 2~3㎞ 떨어진 곳에서 시작해 강남 테헤란로처럼 길게 남쪽으로 쭉 뻗어 있다. 전체 면적이 69,000㎡에 달해 한국의 웬만한 동洞 정도 크기를 자랑한다.

베이징 서역은 네이멍구內蒙古를 비롯해 산시陕西, 산시山西, 허베이河北 지역으로 향하는 철도 노선을 주로 운행하는 역이다. 그러니까 예부터 푸젠이나 윈난 지역의 차 상인들이 이곳으로 차를 가져온 다음에 여기를 기점으로 중국 서북부 지역에 공급했던 것이다. 윈난과 쓰촨, 티베트 지역 차마고도의 또 다른 버전이라고 보면 된다.

마롄다오에 처음 오면 어느 찻집에 들어가야 할지 판단이 안 서는데, 한 가지 팁을 주자면 매장이 화려할수록 바가지를 쓸 확률이 높다는 것이다. 도매상가의 특징 중 하나인 '호갱 양성'이 이곳에서도 그대로 적용된다. 특히 상인商人의 후예라는 중국 상인들에게 어설픈 중국어로 외국인 티를 팍팍 내다가 잘못 걸리면 눈탱이를 맞는 것은 명약관화明若觀火다.

그럼 어떻게 해야 이런 바가지를 피할 수 있을까. 방법은 딱 두 가지인데 마롄다오를 잘 아는 중국인이나 지인을 통해 상가를 찾는 거의 실현 불가능한 방법과 여러 찻집을 다니며 가격 흥정과 비교를 통해 최대한 합리적인 소비를 하는 방법이다. 관광객이라면 구경 삼아 이 집 저 집 다니는 두 번째 방법이 가장 실현 가능성이 큰 방법이다.

마롄다오에는 정말 좋은 차가 많은데 그도 그럴 것이 90년대 초반부터 하나둘 몰려들기 시작한 전국 유명 10대 명차 산지 700여 곳의 차장茶庄이 여기에 입점해 있다. 오히려 너무 커서 어떤 물건이 좋은지 판단이 안 설 정도로 중국 전역의 차가 이곳에 모여 있다. 중국 최고의 명차 산지인 푸젠 지역 차 같은 경우는 차 수요가 큰 푸젠 현지보다 오히려 마롄다오의 찻값이 더 싸다고 한다.

내가 찾아간 도매 찻집은 녹차부터 백차, 황차, 우롱차, 보이차까지 정말 좋은 차들이 많았다. 톈허차예天禾茶业라는 이 찻집은 도매 전문이지만 소량도 판매한다.

푸젠에서 차 농사를 짓는 집안에서 운영하는 도매상점으로 유명 기업과

마렌다오 차위안차청马连道茶缘茶城
주소 : 北京宣武区马连道与红莲南路交叉
口东南200米
전화 : +86 010-84895010

기관 등이 주 고객이다. 그래서 차를 믿고 살 수 있다. 특히 아주 잘 생긴 주인의 고향인 푸젠 푸저우福州 산속에서 자란 유기농 차들이 정말 좋다.

그중에서도 최근 중국에서 인기를 끌고 있는 우롱차인 빙셴톄관인冰鲜铁观音(빙선철관음)은 꼭 맛보길 바란다. 이 톄관인은 찻잎을 채엽해 요청하는 과정을 거친 뒤 건조 과정을 최대한 축약해 영하 30도 이하로 급속 냉동시켜 30일간 숙성시킨 차다. 급속 냉동을 하는 것이 이 집만의 비기인데 이렇게 하면 찻잎이 수분을 많이 머금어 안 그래도 향이 좋은 톄관인이 마치 현지에서 막 잎을 따 차를 우린 것 같은 싱그러운 맛이 난다. 정말 이름 그대로 신선한 톄관인을 즐길 수 있을 것이다. 보관 역시 냉동으로 해야 하는 게 조금 불편하지만, 화려하고 풍부한 향은 역대 내가 마셨던 톄관인 중 단연 최고였다.

마렌다오에서 차를 사고 싶다면 아래와 같은 방법을 따르면 좋다. 중국에서는 어느 찻집이든 시음이 가능하기 때문에 특별히 찾는 차가 없다면 주인에게 부탁해 여러 종류를 시음한 뒤 구매하는 것이 좋다. 물론 찻집에 들어서면 말도 꺼내기 전에 주인장들이 자연스럽게 차를 우려 권할 것이다. 그럼 전혀 부담 가질 필요 없이 마셔보고 좋으면 사면 된다. 이곳의 찻값은 일반 차관에서 소매로 사는 것보다 내 체감상 2~3배 쌌다. 특히 최근 가격이 많이 오른 백차 같은 경우는 거품을 쪽 뺀 가격으로 판매하고 있었다.

마렌다오에는 차뿐만 아니라 다양한 다구와 차 공예품을 팔고, 차 교육 프로그램도 운영한다. 차도 차지만 아기자기한 다구를 둘러보고 마음에 드는 것은 몇 개 기념으로 구매해 보길 권하고 싶다. 가격은 놀라울 정도로 저렴하니 걱정 말고 이참에 다구 세트를 장만해 차 생활을 즐겨 보길 권한다.

찻집에 앉아서 주인에게 이것저것 중국차에 관해서 물어보면서 차도 마시고, 선물용 차와 다구도 산다면 의미 없이 이리저리 끌려다니며 유명 관광지를 구경하는 것보다 훨씬 재미와 즐거움을 느낄 수 있다.

워낙 넓은 지역이기 때문에 차를 마시며 천천히 둘러보는 맛도 있고, 관광객이 거의 찾지 않는 도매시장이다 보니 현지인들이 자주 가는 식당들도 많아 현지 중국 음식 체험을 하기도 좋다. 베이징 서역 근처에 있기 때문에 대중교통을 이용해도 쉽게 찾을 수 있으니 중국차가 궁금하다면 꼭 한 번 방문해 보길 바란다.

8장
향에 취하고, 맛에 취하고!
중국술을 만나다

"중국 술에 대해 얼마나 아시나요?"

모두가 지레짐작으로 중국 술이라면 한마디씩 거들지만, 사실 우리는 중국 술에 대해 잘 모른다. 중국 여행을 다녀온 누군가 호기롭게 말하는 진짜 '마오타이茅台'를 마신 경험담이라든가 중국 술은 역시 거기서 거기니 옌타이구냥烟台古酿이 최고라든가 하는 이야기는 누구나 한 번쯤 들어봤을 거다. 정확히는 모르겠지만 왠지 잘 아는 것 같은 착각이 드는 절친의 친구 같은 느낌이랄까.

유학 생활까지 합쳐 대략 중국에서 5년 가까이 생활했지만, 내가 맛본 중국 술은 십수 가지를 겨우 채울 정도다. 생각해 보면 중국같이 넓은 곳에 얼마나 많은 술이 있을까. 우리가 이따금 듣고 마시는 중국 술은 그야말로 빙산의 일각에 불과하다.

그래서일까, 중국에는 '4대 명주', '8대 명주' 뭐 이런 말이 참 많다. 일종의 마케팅 수법이기도 한데 너무 많은 선택권이 주어지면 소비자가 고르기가 무척 어려울 테니 일면 이해가 가기도 한다. 실제로 중국 술의 한 종류인 백주, 중국 말로 '바이주白酒'는 종류가 엄청나다. 기본적으로 특정 지역에 가면 그 지역을 대표하는 바이주가 있고, 작게는 현县급 도시에도 자기 고장을 대표하는 술이 있다.

너무 많은 중국 술을 함부로 규정하고, 평가하기 어려우니 범위를 일단 좁혀 보자. 중국에서 가장 많이 알려진 것은 '4대 명주'다. 4대 명주에서 한국인이 알 만한 술은 중국의 국주라 불리는 마오타이 정도가 전부다. 그 수많은 중국 술 중에서 대표로 4개의 술을 뽑았는데도 우리가 아는 것은 마오타이가 전부라니 이웃에 살면서도 서로를 잘 모르는 독한 무신경함이 한편으로는 재미있기도 하다.

다시 4대 명주 이야기를 해보면, 구이저우贵州 마오타이茅台주, 산시山西

펀汾주, 쓰촨四川 루저우라오자오泸州老窖주, 산시陕西 시펑西凤주가 바로 중국의 4대 명주다. '뭐야, 진짜 마오타이 빼곤 잘 모르겠는데?'라는 생각이 들지 않나? 그러면 이참에 잘 보면 된다. 4대 명주니 8대 명주니 하는 것은 누가 정하는 것일까? 웬만한 고수여도 여기까지 가면 '모르겠는데'라는 생각이 절로 든다. 이런 명칭은 대부분 어떤 인물 또는 오랜 역사를 거치며 자연스레 정해진 것들이다.

가장 유명한 4대 명주는 누가 정했느냐면 신중국 최고의 덕장이자 외교관이자 꽃미남이자 중국인이 가장 사랑하고 존경하는 지도자로 매번 꼽히는 저우언라이周恩来(1898~1976) 전 총리다.

4대 명주는 중화인민공화국이 막 건국된 지 3년이 지났을 때인 1952년 9월 30일 건국절 전야에 열린 제1회 전국평주회(전국주류품평회)에서 정해졌다.

저우언라이 총리가 기획한 이 행사에서 바이주 종류별로 각각 하나씩 대표 술을 정했다. 신중국 건국 이후 열린 첫 주류품평회에는 중국의 103개 명주가 출전했고, 주류 전문가와 중국 지도자들이 술을 직접 맛보고 8대 명주를 택했다. 여기에 바이주 4개가 뽑혔는데 이 술들이 앞서 언급한 술 들이다.

이후 주류 품평회는 1963년, 1978년, 1983년, 1988년에도 열렸고, 그때마다 위 네 술은 상위권에 입상했다. 시펑주만 3회 대회에서 잠시 미끄러졌을 뿐이다.

바이주는 마오타이주 특유의 간장향이 나는 장향醬香, 짙은 향이 매력적인 위스키 같은 농향濃香, 소주같이 맑고 깨끗한 청향清香, 시펑주가 독자적인 지평을 열어 자신만의 향과 정취를 이뤄 만든 봉향鳳香 등 4종류의 향을 가지고 있다.

이미 눈치챈 사람도 있겠지만, 4대 명주는 각 바이주 종류의 대표 술이다. 마오타이는 장향, 루저우라오자오는 농향, 펀주는 청향, 시펑주는 봉향을 대표한다. 이 4가지 술은 중국에서도 꽤 비싼 가격에 팔리고, 중국인의 사랑을 받는 술이다.

마오타이 그룹은 술을 만드는 기업이지만 자본 규모나 수익이 어마어마한 편이다. 시진핑习近平 중국 국가주석이 집권한 뒤로 반부패 운동이 일어나 잠시 주춤하긴 했지만, 마오타이는 중국 주식시장 시가총액 1위 자리를 굳건히 지키고 있다.

4가지 술 모두 가짜가 많이 유통되기도 하고, 유사 상표를 달고 나오는 술도 많다. 마오타이 같은 경우는 사실상 일반인이 진짜를 구하기가 하늘의 별 따기 만큼 어렵다. 매해 나오는 마오타이는 이미 주인이 다 정해져 있다는 소문이 있을 정도다. 그만큼 귀하다는 뜻이다. 반대로 세계 시장에서 중국 술이 인정을 못 받는 이유이기도 하다.

이미 설명한 대로 중국 술은 워낙 가지 수가 많기 때문에 총괄해서 소개한다거나 일반화해서 설명하기는 어렵다. 대신, 중국인이라면 대부분 알고 있는 혹은 중국 식당에 가거나 면세점에 가서 책을 뒤적이며 그 술의 가치 정도는 알아볼 수 있도록 중국 술, 특히 바이주에 대해 소개해 볼까 한다.

중국 8대 명주 시음기

한국인의 중국 술, 특히 바이주白酒에 대한 이해 수준은 굉장히 단편적이다. 맥주에서는 칭다오 맥주를 알아주고, 바이주는 마오타이, 얼궈터우二锅头(이과두), 옌타이구냥烟台古酿(연태고량)이 유명하다. 조금 더 안다고 하면 바이주 라인에서는 수이징팡水井坊(수정방)이나 궁푸자주孔府家酒(공부가주) 정도가 전부다.

중국에는 넓은 대륙만큼이나 다양한 술이 있다. 평생을 한 잔씩만 마셔도 못 먹을 정도로 맛도 다 다르고, 같은 술 안에서도 가격대별로 술 종류가 천차만별이다. 그래서인지 기가 막힌 술을 맛볼 때면 한국인의 단편적인 중국술에 대한 인식이 안타까웠다. 이런 차에 지인의 환송회 자리에서 8대 명주 시음회를 열었다. 이 기회를 빌어 중국 술을 소개해 볼까 한다.

시음기를 쓰기에 앞서 왜 8대 명주를 선정했는지 먼저 설명하자면, 중국에는 4대 명주를 시작으로 8대 명주, 10대 명주 등등 온갖 '○○대 명주' 목록이 난무한다.

'○○대 명주'가 다 무슨 소용 있겠느냐마는 대중의 이목이 '○○대'에 쏠리는 것은 무시하기 어려우니 마케팅 측면에서도 이런 표현을 사용하는 것은 나쁘지 않아 보인다. 그중 8대 명주를 선택한 것은 4대 명주는 너무 종류가 적어 중국 술에 대한 개괄적인 설명을 담기 어렵고, 10대는 조금 많은 감이 있었기 때문이다. 공자의 나라답게 중용사상을 적용해 8대 명주가 좋을 것 같았다.

중국 8대 명주는 중국 정부가 1963년 제2회 주류 품평회에서 선정한 바이주 8개를 지칭하기 때문에 공신력이 있다. 8대 명주에 대해서도 여러 버전이 있고 논란이 많지만, 그중 가장 대중적인 라인업을 선정했다. 그 목록은 마오타이주茅台酒, 우량예五粮液, 루저우라오자오泸州老窖, 펀주汾酒, 시펑주西凤酒, 구징궁주古井贡酒, 둥주董酒, 젠난춘剑南春이다.

이번에 선정한 8대 명주는 중국 명주 산지를 대부분 포함하고 있고, 대중적인 사랑과 전문가들의 인정을 받는 술들이다. 황주黄酒나 다른 과실주는 포함하지 않고 바이주만을 선정했다. 또 술에 대한 평가도 개인적인 취향에 근거했기 때문에 술의 우열을 나타내는 것이 아니라는 점을 미리 밝혀둔다.

'바이주의 황제' 마오타이주

바이주의 황제로 불리는 구이저우贵州 명주 마오타이주의 명성이야 이미 전 세계에 자자하기 때문에 마오타이주에 대해서 누구나 한 번씩은 들어봤을 가능성이 크다. 중국과 관련된 지인이 있는 사람이라면 '진짜' 마오타이주를 마셨다는 무용담도 한 번쯤은 들어봤을 것이다. 물론 내가 마신 마오타이주가 진짜인지 가짜인지에 대해서는 다시 한번 생각해 봐야 하는 지점이지만 말이다.

워낙 인기 있는 술이기 때문에 공항 면세점에도 가짜가 즐비한 것이 현실이다. 나 역시 그 수많은 술자리에서 진짜 마오타이라고 할 만한 술은 4차례 정도 만난 게 전부다. 이마저 진짜일지 가짜일지는 누구도 알 수 없다.

바이주는 종류에 따라 크게 간장향이 나는 장향醬香, 짙은 향이 매력적인 위스키 같은 농향濃香, 소주같이 맑고 깨끗한 청향淸香, 시펑주의 독특한 향인 봉향鳳香으로 나뉜다. 여기에 쌀로 만든 바이주인 구이린 싼화주三花酒의 미향米香과 둥주처럼 독자적인 둥향董香으로 불리는 술도 있다. 그러니까 큰 카테고리로 4종류의 바이주가 있다고 보면 된다.

마오타이주는 그중에서도 장향 바이주다. 마오타이주가 인기가 많은 이유는 특유의 간장향이 나는 장향 때문이다. 처음에는 입맛에 안 맞을 수 있지만, 마시다 보면 이만한 술이 없다는 생각을 하게 된다. 특히 아무리 많이 마셔도 다음날 숙취가 없다는 점과 조그마한 전용 잔에 따라 마셔도 입안 가득 차는 향기와 목으로 넘겼을 때 정수리까지 화~하게 올라오는 술기운은 다른 술에서 찾아볼 수 없는 마오타이주만의 특징이다.

마오타이주의 기원을 알아보자. 츠수이허赤水河(적수하) 일대에서 제조된 간장 맛 술까지 거슬러 올라가면 한무제 때인 기원전 135년부터이고, 우리가 현재 마시는 마오타이주의 형태를 갖춘 것은 800년 정도 됐다고 알려졌다.

마오타이주의 도수는 여러 종류가 있지만, 가장 널리 마시는 마오타이는 53%다. 보통 바이주의 도수는 52%이지만, 마오타이주만 53%를 고수한다. 이를 가리켜 '1% 자존심'이라고 부르기도 한다.

마오타이주를 만드는 방법은 한국 홍삼과 비슷한데 7번 술을 받고, 8번 발효하고, 9번 찌는 독특한 양조 방법을 취한다. 주원료는 고원지대의 고량 (수수)과 밀, 마오타이진茅台镇의 물인데 간장향이 어찌 나는지는 철저히 비밀에 싸여 있다. 마오타이주의 재료 중 나머지는 둘째치고 가장 중요한 것은 바로 물이다. 일설에 의하면 마오타이주의 독특한 향은 구이저우 츠수이허의 물과 마오타이진 공기 중에 있는 독특한 미생물이 만들어 내는 천연 효모의 영향 때문이라고 한다. 이 물과 독특한 환경이 없다면 특유의 향을 낼 수 없기 때문에 주조법을 아무리 알려줘도 마오타이진에서만 마오타

마오타이주

이라는 명주가 탄생하는 것이다. 참고로 츠수이허는 마오타이주 뿐만 아니라 쓰촨四川 명주인 랑주郞酒, 둥주, 루저우라오자오 등 명주를 주조하는 데도 쓰이는 중국 명주의 젖줄이다.

실제로 나에게 마오타이주와 다른 어떤 술을 놓고 선택하라 한다면 열이

면 열 마오타이주를 선택할 것이다. 귀한 몸인 만큼 오래된 마오타이주의 경우 2억 원을 호가하기도 한다. 시진핑 주석이 중국을 방문한 김정은 북한 국무위원장에게 환영 만찬 때 2억 원짜리 마오타이를 대접한 것은 유명한 일화다.

마오타이는 이 8대 명주 중에서도 왕 중의 왕이라 불리는 술이다. 외형은 그 명성에 비해 정말 촌스러운 소비에트 미학적 디자인으로 꾸며졌다. 하지만 실력이 좋은 운동선수는 아무리 못생겨도 멋져 보이듯 마오타이의 붉은색 병은 자꾸 보면 남다른 포스가 느껴진다.

마오타이는 짝퉁이 워낙 많기 때문에 그나마 약간의 구별 방법을 숙지하는 것이 좋다. 역시 가장 기본적인 감별법은 겉모양으로 확인하는 것이다. 진짜 마오타이 술병에는 '구이저우마오타이주'라는 상표가 찍혀있다. 그 위의 로마자 표기는 'KWEICHOW MOUTAI'로 돼 있다. 요즘 우리가 사용하는 표기법은 병음 자모 표기법으로, 신중국 시대에 들어와서 중국어 교육을 위해 만들어진 것이다. 마오타이에 써진 로마자는 웨이드-자일스 식 표기법으로 현재는 사용되지 않는 방식이다. 왜 이렇게 쓰냐면 '우리는 오래됐다. 어디 신중국 이후에 나온 술들이 감히, 엣헴'이라고 있는 척을 하기 위해서다.

그리고 가짜 마오타이를 구별하는 데 가장 중요한 것은 바로 '페이톈飛天(비천)'이 있는가 여부다. 페이톈은 '날으는 천사'라는 뜻이다. 마오타이주 술병 왼쪽 위 모서리를 보면 두 천사가 중국 고대 술잔을 들고 승천하는 마크가 그려져 있다. 마오타이주 중에서 가장 대중적인 라인은 바로 이 페이톈이 그려진 마오타이주(2019년도 시가 30~40만 원)다. 이런 표식조차 없다면 그 짝퉁 마오타이는 최소한의 성의조차 없는 것이니 먹지도 말자.

또 하나는 뚜껑에 붙은 홀로그램이다. 이는 마오타이 회사에서 마오타이주를 식별할 수 있도록 특별히 만든 것이다. 박스 포장된 마오타이주를 사면 식별기가 들어 있다고 하는데 타오바오에서 별도로 팔기도 한다. 물론 있어봐야 홀로그램 정도야 짝퉁 천국 중국에선 우습게 복제가 가능하다.

마오타이는 중국에서 국주國酒로 불린다. 맛도 맛이지만 여기에는 중국공산당과 얽힌 스토리가 숨어 있다. 중국공산당은 대장정 시기 국민당과의 처절한 전투에서 다치거나 상처가 나면 마오타이주로 소독을 했다고 한다. 물론 그때야 지금처럼 값이 비싸지 않았으니 가능한 일이었을 거다.

공산당이 베이징에 입성했을 때 축하주로 마셨던 것도 바로 이 마오타이주였다고 하니 전우 같은 술이랄까. 그래서 신중국을 건설한 마오쩌둥 주석은 이 술을 무척 사랑했다고 한다. 실제로도 맛이 엄청나니 국주로서 충분한 자격이 있다.

앞선 설명만 볼 때 마오타이주가 중국에서만 인기가 있는 술이라고 생각할 수 있지만, 파나마 운하 개통을 축하하기 위해 열린 1915년 '파나마-태평양 국제 박람회'에서 금상을 받은 전력이 있다. 그만큼 세계적으로 대중성이 있는 술임을 잘 보여 주는 사례다. 이때 금상을 받은 이야기도 흥미롭다. 파나마 박람회에서 마오타이주는 처음에는 주목을 받지 못했다고 한다. 그러다 우연한 사건이 마오타이주를 세계 무대에 데뷔시켰다. 한 중국 직원이 항아리에 든 마오타이주를 옮기던 중 바닥에 떨어뜨렸고, 그 향을 맡은 서양인들이 향에 취해 호기심에 맛을 보게 됐다. 아마 서양인들은 이 꼬냑 같기도 위스키 같기도 한 술에 깜짝 놀랐을 것이다. 맛을 본 서양인들은 샴페인보다 낫다는 평을 내렸다고 한다. 그만큼 입안에 머금은 순간부터 목넘김, 그리고 나중에 뱃속에서부터 올라오는 향기까지 과연 중국 최고의 술이구나 하는 생각이 들게 한다.

'농향형 국가대표' 우량예

장향 바이주에 마오타이주가 있다면, 농향 바이주 중에서는 우량예가 국가대표로서 손색이 없다. 쓰촨성 이빈宜賓시에서 생산되는 우량예는 수수, 쌀, 찹쌀, 소맥(밀), 옥수수 등 다섯 가지 곡식이 들어간다 해서 '우량예'로 불린다. 우량예 역시 기원을 거슬러 올라가면 수천 년의 역사를 갖고 있지만, 현재의 형태를 갖춘 것은 명나라 때로 600년이 넘는 전통을 가지고 있다.

이빈시는 중국 술 문화의 발원지라고도 불리는데 역시 물이 좋기 때문이다. 명산인 민산岷山 남쪽 기슭에서 발원한 갈래가 600여 개에 달하는 수원을 사용한다. 이 수원에서는 우량예뿐 아니라 우량춘五粮春, 진탄위예金潭玉液 같은 명주가 생산되기도 한다.

이빈시는 평균 강수량이 1200㎜로 기후가 온난해 술 발효에 적합하다. 또 미네랄이 풍부한 황토를 발효 과정에서 사용하는데 이 또한 술맛을 결정하는 중요한 비결이다. 우량예 역시 술을 발효하는 효모가 독특한데 우량예를 발효시키는 효모를 파오파오취包包曲이라 부른다. 우량예 역시 가격이 다양하며 시중에서 가장 많이 팔리는 52% 우량예 기준으로 20만 원 안팎에 판매된다.

우량예는 농향 바이주답게 처음에 강렬한 향이 치고 들어오지만 은은하게 향이 오랫동안 감돈다. 마오타이주와 비교하면 강렬함은 약하지만, 은은한 부드러움은 더 강하다. 마오타이주가 황제의 면모를 갖췄다면, 우량예는 황후의 기품을 갖춘 술이다. 농향형임에도 맑은 느낌을 주는 것이 특징이고, 좋은 우량예를 마시면 뒷맛이 깔끔해 입안에 떨떠름한 느낌이 없다. 기호에 따라서 마오타이주보다 더 좋아하는 사람이 있을 정도로 명주다.

우량예 역시 파나마 국제 박람회에서 금상을 받았고, 이후 39차례나 국제 박람회 금상을 차지했다. 가짜 술이 많은 마오타이보다는 초심자에게는

우량예

우량예가 더 구매하기에는 부담스럽지 않다. 인터넷 쇼핑몰 같은 곳이 아니라 공항 면세점 정도면 진짜 우량예를 살 수 있다. 우량예도 마오타이의 명성에 가려서 그렇지 웬만한 세계적인 술도 따라가지 못할 향과 맛을 가지고 있다.

'국보급 바이주' 루저우라오자오

루저우라오자오는 한국인에게 그다지 인지도가 높지 않은 술이다. 그러나 루저우라오자오는 저우언라이周恩来(1898~1976) 총리가 1952년 주최한 제1회 전국 주류 품평회에서 4대 명주(바이주 기준)로 선정됐을 정도로 중국에서는 명성이 자자하다. 당시 4대 명주에는 마오타이주와 루저우라오자오, 펀주, 시펑주 등이 뽑혔다.

루저우라오자오는 이름 그대로 루저우가 있는 쓰촨성 남부 지역에서 생산된다. 술을 만드는 수원은 마오타이주와 같은 '바이주의 젖줄' 츠수이허赤水河(적수하)로, 명대부터 주조법이 이어져 내려와 400여 년의 역사를 자랑한다. 루저우는 특히 술의 재료가 되는 찹쌀과 고량(수수)이 좋기로 유명한 지역이어서 물과 재료 모두 술을 빚기 좋은 조건을 갖췄다.

농향 바이주 중에는 우량예와 함께 1, 2등을 다투고 있다. 우량예보다는 좀 더 거친 느낌이 나는 것이 특징이다. 루저우라오자오의 생산공장은 명나라 시기부터 양조장으로 사용되던 곳으로 현재도 국보로 지정된 당시 저장창고를 그대로 사용하고 있다. 2006년에는 그 주조법이 국가무형문화재로 지정되기도 했다. 중국 TV에서 흔히 볼 수 있는 '궈자오国窖 1573' 광고가 바로 이 루저우라오자오의 한 브랜드다.

루저우라오자오는 농향 바이주답게 강한 향을 지니고 있다. 향이 강하지만 느낌 상으로는 강함보다는 깔끔한 맛이 나는 것이 루저우라오자오의 특징이다. 그리고 끝까지 강하고, 시원한 향을 유지하는 뒷심이 많은 애호가를 거느린 비결이라 할 수 있겠다. 특유의 간장향이 나는 마오타이주나 우

루저우라오자오

량예처럼 은은한 향을 좋아하는 사람보다는 강렬하면서도 깔끔한 맛을 즐기는 애주가들이 즐겨 찾는 술이다.

'4천년 역사' 최고_{最古}의 바이주, 펀주

중국에서 가장 오랜 역사를 가진 술이 무엇일까? 바이주의 황제 마오타이주라고 생각할 수도 있으나 정답은 펀주汾酒다. 대부분의 명주가 물이 좋은 구이저우, 쓰촨 등 중국 서남부에서 나지만, 산시山西성 펀양汾阳시 싱화杏花촌에서 주조되는 펀주는 중국 중원을 대표한다.

오랜 역사만큼이나 얽힌 사연도 많다. 남북조 시대에는 궁중에서 황제가 마시는 어주御酒로 사용됐다. 펀주 역시 좋은 물로 만들어지는데 생산지인 싱화촌에는 좋은 샘이 많다. 펀주의 수원이 되는 마파오선취안马刨神泉과 구징취안古井泉은 '신의 샘'이라고 불렸다. 이 샘을 이용해 술을 만들면 술에서 '꽃내음'이 난다는 시구가 있을 정도로 물의 맛이 좋았다고 한다.

그 역사만큼 에피소드도 많다. 그중 마오타이주와 얽힌 이야기가 아주 재밌다. 도수가 높은 바이주는 북방에서 발달했다. 당연히 펀주는 모든 바이주의 기준이 됐다. 마오타이주의 기원에 대해서는 여러 설이 있는데 펀주와 관계가 깊다는 이야기도 이런 맥락에서 전해져 내려온다.

산시에는 소금 상인들이 많았다. 소금 상인들은 마오타이주가 나는 구이저우 지역으로 소금을 팔러 다니곤 했는데 거리가 멀어 펀주를 들고 다니기가 어려웠다고 한다. 소금 상인들은 펀주를 무겁게 들고 가는 대신 구이저우 지역의 물로 펀주와 똑같은 양조법에 따라 술을 만들었고, 이 술이 바로 마오타이주가 됐다는 이야기다. 그래서 "마오타이주의 고향은 산시다"라는 말이 있다. 마오타이가 유명해서 그렇지 이외에도 루저우라오자오, 시펑주 등등 많은 술이 펀주의 주조법을 기초로 하고 있다.

펀주는 여러 항아리에서 증류해 원료를 배합하는 방식으로 만든다. 거기에 보리와 완두로 만든 누룩을 이용해 발효시킨다. 이 제조법은 당연히 무형 문화재로 지정돼 있다. 청향형 바이주인 펀주는 농향 바이주보다 향이

좀 덜 강하다. 입 안에 넣었을 때도 강한 느낌보다는 한국 소주 정도의 느낌이 난다. 시원하고, 쌉싸름한 맛이 쑤욱 올라왔다가 깔끔하게 사라진다. 마오쩌둥 전 국가 주석은 펀주를 즐겨 마셨는데 펀주의 순수한 맛을 좋아했다고 한다.

명성대로 펀주는 1915년 파나마 국제박람회에서 금상을 받았고, 제1회 전국 주류 품평회에서도 4대 명주로 선정됐다. 맛이나 제조방법 모두 바이주의 조상님인 셈이다.

'천상천하 유아독존' 시펑주

시펑주를 뭐라고 하면 좋으려나. 바이주계의 스라소니라고 하면 맞겠다. 한마디로 '독고다이'로 자신만의 스타일을 추구하는 바이주라 하겠다. 독고다이 스타일을 추구하는 물건들이야 세상에 지천으로 널렸지만, 시펑주처럼 자신만의 독자적인 영역을 개척한 경우는 드물다. 바이주는 향에 따라 종류가 나뉜다. 대부분 농향, 청향, 장향에 속한다. 그런데 시펑주는 이 분류에 속하지 않고 봉향이라는 독자적인 분류 체계를 만들어 냈다. 말 그대로 일가一家를 이룬 것이다.

고대 진秦나라가 있던 산시陝西성 대표술인 시펑주는 과거에는 지역적 특색 때문에 진주秦酒로 불리기도 했다. 산시성 바오지宝鸡시 펑샹凤翔현 류린柳林진에서 난다고 해서 '버들주'라고 불리기도 한다. 시펑주는 명성대로 제1회 주류 품평회에서 중국의 4대 명주로 선정됐다.

시펑주의 역사는 은殷나라까지 거슬러 올라가고, 현재 형태의 주조법이 완성된 것은 당, 송 시대다. 역사로만 따지면 2600년을 자랑하니 바이주의 시조새라 불리는 펀주와도 비등비등한 유일한 바이주라 하겠다.

송나라 문인 소동파는 펑샹현을 방문했을 때 시펑주를 맛보고 이런 시구를 썼다고 한다.

"꽃이 피니 좋은 술로 취하지 않을 수 없네, 남산을 바라보니 고요하고 푸르스름한 빛깔이로다(花開酒美曷不醉, 來看南山冷翠微)."

시펑주가 생산되는 류린진은 국가에서 지정한 상품 보호구역으로 설정돼

시펑주

있다. 술의 독특한 특성을 부여하는 주조 환경을 보호해 주기 위한 조치다.

시펑주는 포장 역시 기품이 있다. 30년산은 화병 모양의 노란색 자기에 담겨 나오고, 20년산은 시안의 명산인 화산華山 모양에 신필 김용 선생의 소설에 나오는 천하제일 무술대회인 '화산논검' 문구가 새겨져 나온다.

시펑주는 무색에 청량하고 투명한 색깔이 특징으로 맛 역시 외양대로 청아하고 담백하다. 향이 농후하지만 짙지 않고, 끝 맛에 특유의 봉향이 올라온다. 이질적인 것을 접할 때 사람은 거부감이 들기 마련인데 시펑주의 봉향은 거부감이 전혀 들지 않는다. 중국인들은 시펑주의 맛을 이렇게 표현한다.

'누룩향이 정갈하면서 단아하고, 감칠맛과 함께 부드럽고 상쾌하며, 여러 맛이 어우러져 조화를 이루고, 끝 맛의 여운이 길게 남는다'

중국인들이 약간 오버를 하는 경향이 있기 때문에 곧이곧대로 받아들일 수는 없지만, 실제로 30년 이상의 시펑주를 마시면 저런 맛과 향이 어렴풋이 느껴진다.

'누룩향 은은한' 구징궁주

명주 산지를 보면 항상 따라오는 기본 조건이 있다. 바로 물이 좋다는 것이다. 술이 물로 빚는 것이기 때문에 어쩌면 당연한 이치일 수 있다. 그래서 산지를 쭉 나열해 보면 중국의 명차 산지와 겹치는 곳이 많다. 독특한 향으로 마니아층을 형성하고 있는 구징궁주 역시 명차 황산마오펑黃山毛峰(황산모봉)의 산지인 안후이安徽성에서 나는 술이다. 황산과는 거리가 떨어져 있기는 하지만, 그래도 안후이성 서북 평원의 좋은 물을 이용해 만드는 것임에는 틀림없다.

구징궁주의 기원은 『삼국지』 영웅 중 하나인 조조와도 관련이 깊다. 조조의 고향이기도 한 보저우亳州에서 생산되는 구징궁주는 당시 조조가 한나라 헌제에게 진상한 주원춘주九醞春酒에서 기원했다. 시기를 따져보면 약 1800년의 유구한 역사를 자랑한다.

남북조 시기에 보저우에서 한 우물이 발견됐는데 이 우물의 물이 맑고 단

구징궁주

맛이 나 사람들이 술을 만들고 차를 우려 마셨다고 한다. 후에 전쟁에서 패하게 된 군대가 항복하기 전에 병기를 모두 우물에 버렸는데 물맛이 더 좋아져 술을 빚으면 향이 10리 밖까지 퍼졌다고 한다. 구징궁주의 이름을 풀이해 보면 이런 스토리가 그대로 담겨 있다.

'옛 우물古井의 물로 빚어 황제에게 진상贡하던 술酒'

구징궁주가 좋은 맛을 내는 데는 안후이성 화북 평원에서 나는 밀과 찰기가 강한 수수, 또 가장 중요한 보저우 구징현의 지하수의 공이 8할을 차지한다. 구징현에서 발견되는 미생물 역시 구징궁주를 주조하는 데 중요한 역할을 한다. 구징궁주에는 술을 발효하는 미생물이 80여 종에 달해 보통 바이주보다 15~30종이 더 많다. 구징궁주는 특히 향을 내는 물질을 다른 바이주보다 2~3배 많이 함유하고 있어서 특유의 향을 구현해 낸다고 한다.

농향형 바이주인 구징궁주는 그 색이 수정처럼 맑고, 향은 순수하면서도 유려하고, 달짝지근한 첫맛에 이어 누룩향이 마지막에 치고 올라오며 은은하게 입 안에 퍼지는 맛이다. 바이주 중 독특한 맛과 향을 가진 술을 꼽아 보자면 마오타이주, 시펑주, 둥주, 구징궁주 네 가지를 들 수 있을 정도로 독특한 맛을 자랑한다. 시음을 했을 때 여덟 가지 술 중에서 마오타이주를 제외하고는 개인적인 취향으로는 가장 좋았던 술이다.

'독특함의 정수' 둥주

둥주董酒는 한국에 거의 알려지지 않은 명주다. 워낙 기라성 같은 술들이 많아서도 그렇고, 한국 사람들이 중국 술에 대한 이해가 얕아서도 그렇다. 또 하나 더 말을 보태면 중국에서도 둥주가 굉장히 독특하고 희귀하기 때문에 쉽게 접하기 어렵기도 하다. 실제로 시음회를 준비하면서 가장 구하기 어려웠던 것이 바로 둥주였다.

8대 명주 중에서 가장 독특한 술을 고르라면 단연 둥주를 고르겠다. 일단 제조법부터가 특이하고, 맛도 역시 오묘한 맛이 난다. 구징궁주가 끝 맛에 누룩 향이 향긋하고 구수하게 올라온다면, 둥주는 조금 더 강하고 투박하게 누룩의 쿰쿰한 향과 약초의 쌉쌀한 향이 올라온다.

둥주

　둥주의 이름을 파자破字 해보면, 풀 초草와 무거울 중重을 합쳐 둥주가 됐다. 둥주에 130여 종의 약초가 들어간다 해서 이름을 풀草이 많이重 들어가는 술이란 뜻으로 지은 것이다. 시음할 때도 시음자의 기호에 따라 향이 독특한 구징궁주와 둥주에 대한 선호도가 갈렸다.

둥주의 독특함은 여기서 그치지 않는다. 둥주 역시 농향, 청향, 장향의 큰 분류로 나뉘지 않고, 시펑주와 마찬가지로 자신만의 향인 동향董香을 가지고 있다. 맛이 어떻길래 독자적인 일가一家를 이뤘을까? 이 의문은 둥주를 한 잔 마셔보면 바로 알 수 있다.

8대 명주는 대부분 대곡大曲주다. 대곡주가 무엇인고 하면, 중국은 술을 빚을 때 쓰는 누룩을 종류에 따라 대곡, 소곡, 쾌곡으로 나눈다. 대곡은 보리, 밀, 완두, 콩 등으로 만든 벽돌 모양의 누룩을 사용하고, 소곡은 쌀가루에 곰팡이를 첨가해 만든 누룩을 사용한다. 쾌곡은 밀을 원료로 하는 누룩을 사용해 만든 술을 일컫는다. 각자의 특징은 이름에서 느껴지는 바와 같이 대곡이 만드는 시간도 오래 걸리고, 맛과 향이 강하고 짙은 특성이 있다. 또 제조 단가가 높고, 만들기도 어려워 대부분 고가의 술이다.

소곡은 쌀을 이용하는 만큼 중국 남부나 한국에도 많이 있다. 맛은 대곡주에 비해 부드럽지만, 맛과 향이 가볍고, 원가가 적게 들어가는 특징이 있다. 쾌곡은 밀로 만든 누룩을 사용해 양조 기간이 짧아 쾌快라는 이름이 붙었다. 곡물이나 고구마로 백주를 만들 때 사용하며 가격이 저렴하다.

둥주는 대곡과 소곡을 혼합해 만든다. 소곡주와 같은 방법으로 주액을 만들고, 대곡주의 방식으로 향을 입힌다. 이 둘을 혼합해 만드는 것이 바로 둥주다. 맛 역시 소곡주처럼 달큰하고 부드러우면서도 끝 맛에 대곡주의 묵직한 향이 치고 나오는 하이브리드식이다. 다만 스타일이 대곡주의 형태를 띠고 있어 대곡주로 분류된다. 둥주는 마오타이주 산지인 구이저우 쭌이遵義시에서 생산된다. 마오타이주처럼 역시 천혜의 환경을 바탕으로 독특한 미생물이 누룩에 함유돼 특유의 향을 가진다. 수원은 다러우大婁 산맥 지하수를 사용하며, 품질 좋은 수수를 사용해 빚는다. 도수는 54%, 46%, 38%로 분류해 생산된다. 중국에서는 제조방식, 맛과 향, 스타일 세 가지가 모두 독특하다 해서 둥주를 '삼독특三獨特'이라고 칭한다. 둥주의 기원이 언제인지는 불확실한데, 명맥이 끊어졌다가 1957년 주조법이 복원됐다.

'당나라 국주' 젠난춘

중국에서 가성비가 가장 좋은 술을 꼽으라면 나는 젠난춘을 선택할 것이다. 쓰촨성 몐주绵竹시에서 생산되는 젠난춘은 당대 유일의 황실주로서 명망 있는 술이다. 몐주시는 여름에 덥지 않고, 겨울에 춥지 않은 기후로 일조량이 풍부하고, 산수와 토양이 좋아 완벽한 주조 환경을 가지고 있다. 예로부터 술의 고향이라 불렸으며, 쓰촨 술의 발원지 중 하나다.

당대부터 전해져 내려온 젠난춘은 1천 년이 넘는 역사를 자랑한다. 젠난춘이라는 이름은 쓰촨 몐주 젠산剑山 남쪽에 위치한 데서 '젠난剑南'을 따오고, '춘春'은 당나라 때에 술이라는 뜻으로 쓰였다. 그래서 이름이 젠산 남쪽에 있는 술이라는 뜻에서 젠난춘이 됐다. 젠난춘은 중국의 유명 샘인 위페이玉妃의 광물질이 풍부한 물을 사용하며, 쓰촨 평원의 수수, 쌀, 찹쌀, 밀, 옥수수 등 '오량'을 원료로 사용한다.

중국에는 8대 명주 외에도 명주를 일컫는 말 중 '마오우젠茅五剑'이 있는데, 이는 마오타이주, 우량예, 젠난춘을 가리킨다.

구이저우 못지않게 명주가 많은 쓰촨 지역에서 젠난춘은 당당히 한자리를 차지하고 있다. 쓰촨 지역에는 젠난춘을 비롯해 우량예, 루저우라오자오, 수이징팡水井坊, 랑주郎酒 등의 명주가 난다. 중국에서 가장 문화적 발전을 이뤘다는 당나라 때 황실주로 이름을 날린 술답게 맛 역시 훌륭하다.

농향 바이주인 젠난춘은 스타일만 놓고 보면 우량예와 루저우라오자오의 중간쯤이라고 할 수 있다. 수수만을 사용하는 루저우라오자오가 단출하고 깔끔한 맛을 낸다면, 5가지 곡식을 사용하는 우량예는 부드럽고 다채로

젠난춘

운 맛을 낸다. 젠난춘 역시 오량으로 만들기 때문에 우량예와 비슷할 것 같지만, 산시陝西에서 내려온 주조사들의 영향으로 북방의 거친 기상을 물려받아서인지 우량예보다는 루저우라오자오쪽에 가까운 시원한 맛이 난다.

젠난춘은 목 넘김이 깔끔한 것이 특징이고, 농향 바이주답게 농후한 향이 입안에 오래 감돌면서, 찰기가 많은 수수 덕에 끝 맛에 단맛이 느껴진다. 마시고 나면 약간 시원하다는 느낌을 받을 수 있는데 부드러운 바이주를 좋아하는 사람은 다소 거칠게 느껴질 수도 있다.

8대 명주 시음기를 마치며

중국 8대 명주 시음기를 쓰면서 중국 술에 대해서 많은 공부를 하게 되어 개인적으로 매우 즐거웠다.

중국에도 명맥이 끊어진 명주가 많았다. 8대 명주 중 하나인 둥주도 명맥이 끊어졌었지만, 1957년 중국 정부가 주조법을 복원해 다시 맥을 이어가고 있다.

잊어버린 전통을 복원하고 지켜나가려는 노력은 중국의 가장 큰 장점이 아닌가 싶다. 외세 침입, 국공내전, 공산혁명, 대약진 운동, 문화혁명 등 풍파를 많이 겪어 소실된 전통이 많은 탓도 있지만, 이런 상태를 방치하지 않고 복원하려는 노력은 본받을 만하다.

우리에게 중국은 비판의 대상으로, 힐난의 대상으로 익숙해져 있다. 하지만 이런 장점들은 배워볼 만하지 않을까. 혹시 중국을 여행할 기회가 있다면 그 지역의 명주를 찾아 맛보는 즐거움을 놓치지 말기 바란다.

'바이주의 황제' 마오타이를 찾아서

1. 프롤로그

중국에 대해서 조금이라도 관심 있는 사람이라면 한 번쯤 들어봤을 '마오타이'. 마치 전설처럼 술에 얽힌 이야기가 '구전'되는 신비의 술 마오타이

는 중국은 물론 세계 각국 애주가들의 술상에 늘 오르내리는 술안주다. 처음 보는 사람도 중국에 살고 있다는 말을 건네면 가장 먼저 '진짜 마오타이를 마셔봤느냐'는 물음이 돌아온다. 현지에서 보고 경험한 중국인의 마오타이 사랑은 남다르다. 중국인이 아니더라도 마오타이를 한 번이라도 마셔본 사람이라면 마오타이에 대한 애정은 그에 못지않다. 과장된 수사로 치장한 무협소설 같은 마오타이 이야기들을 듣고 있노라면 이게 과연 사실일까 하는 생각이 들었다.

그럼에도 여러 사람이 또 여러 지역에서 마오타이의 전설은 끝 모르게 흘러나왔다. 이런 궁금증에 대한 해소는 마오타이를 마시는 것만으로 해결되지 않았다. 진짜 마오타이라는 이야기를 백 번 듣고 술을 마셔도 과연 이게 진짜 마오타이일까? 그 귀한 술이 나 같은 필부의 입에도 닿을 수 있을까? 하는 의문이 남는 것이었다. 의문이 가시지 않자 마오타이 전문 서적을 뒤적거리는 날들이 이어졌다.

마오타이의 장향醬香의 비결이라는 '12987'의 비밀을 풀어보려 책과 씨름할수록 의문은 더 쌓여만 갔다. 12987이란 마오타이를 빚는 비법을 가리키는 암호와 같은 숫자다. 뜻을 풀이해 보면, '일 년에 두 번 재료를 투입해 아홉 번 찌고, 여덟 번 발효하고, 일곱 번 술을 받는다'(일이구증팔효칠취. 一二九蒸八酵七取)

글로 아무리 봐야 이해가 갈 리 없다. 비결이야 어찌 됐든 간혹 술자리에서 만나는 마오타이의 맛은 내 혀를 매혹했다. 마오타이를 마신 지 6년째 되는 올해 고심 끝에 마오타이에 가기로 했다. 마오타이가 고향인 중국인 친구는 자신의 할아버지가 마오타이 현에서 전통 기법 그대로 술을 빚으신다고 이야기한 적이 있다. 마오타이에 대해 아주 관심이 있다는 말에 선뜻 고향으로 나를 초대했다. 하지만 코로나19가 터지고 중국 내에서도 이동이 쉽지 않은 시간이 앞길을 막아섰다. 그렇게 3년이 흘렀다. 2022년 특파원 귀임을 앞두고 더는 기다릴 수 없다는 생각이 들었다. 돌아와 격리하든 현지 격리 시설에 붙잡히든 마오타이에 가야겠다고 결심했다.

마오타이로 가는 길은 생각보다 험난했다. 그렇게 도착한 마오타이는 생각보다 더 신비로웠다. 신비의 술 마오타이를 빚는 사람들은 생각보다 더 경이로웠다. 항아리에 담겨 있는 마오타이는 생각보다 더 향기로웠다. 친구의 조부는 마오타이그룹의 전신 화마오花茅의 마지막 계승자인 주조사 장즈윈张支云 대사셨다. 운이 좋게도 친구 가족들의 환대를 받아 외부인으로서는 처음으로 마오타이 노주를 보관하는 창고에 들어갈 수 있었다. 1972년에 빚은 마오타이 노주를 맛보는 소중한 경험과 마오타이가 만들어지는 과정을 눈으로 직접 확인할 수 있었다. 츠수이허 하류 양쪽으로 빽빽이 늘어선 마오타이 주창酒厂 사이를 달릴 때 차창을 넘어들어오는 장향에 취했던 시간은 인생에 손꼽히는 순간이었다.

2. 험난한 마오타이 입성길

마오타이라는 말은 중국에서 두 가지 의미로 쓰인다. 하나는 그 유명한 마오타이주, 즉 술이다. 또 하나는 마오타이진鎮 즉, 지명이다. 마오타이. 마오타이. 쉽게 부르지만 막상 마오타이를 가본 사람은 그리 많지 않다. 외국인은 물론이고 중국인들도 그렇게 마오타이를 찬양하면서도 직접 마오타이에 가본 사람은 주변에서 쉽게 찾아볼 수 없다. 그도 그럴 것이 마오타이의 행정구역은 '진'이다. 중국의 행정구역은 성省 급, 시市 급, 현县 급, 진镇 급, 향乡 급, 촌村 급으로 나뉜다. 진은 그중에서 상당히 낮은 급의 지명이라는 것을 알 수 있다. 게다가 중국에서도 가장 가난하고, 오지로 취급받는 구이저우성에 있는 진 급 지역이니 쉽게 발길이 닿지 않을 법도 하다. 마오타이에 가려면 일단 교통수단이 간단치가 않다. 물론 마오타이진에는 마오타이를 통해 쌓은 엄청난 부로 별도의 마오타이 공항이 있지만, 산 중턱에 있는 데다가 기상 문제로 자주 항공편이 취소되기 때문에 안정적으로 이용하기는 어렵다. 그래서 가장 좋은 루트는 마오타이 동쪽에 있는 시급 도시인 쭌이遵义시까지 항공편이나 기차를 이용하고 쭌이시에서 차를 이용해 마오타이로 가는 것이다. 내 경우는 지인을 통해 왔기 때문에 쭌이시에서 지인의 회사 직원을 만나 차를 타고 마오타이로 이동하기로 했다. 베이징 다싱大兴 공항에서 비행기를 타고 3시간가량 가면 쭌이 신저우新舟 공항에 도착한다.

쭌이에는 쭌이 공항과 새로 지은 신저우 공항 두 곳이 있다. 쭌이 공항이 시내에서 훨씬 가깝기는 하지만, 비행깃값은 신저우 공항이 저렴한 편이다.

마오타이진 입구

나는 비행 스케줄에 맞춰 신저우 공항을 택했다. 공항에 내리면 호객을 하는 택시 운전사들이 관광객을 맞는다. 이 택시를 이용해도 되지만, 공항에서 쭌이시까지 운행하는 셔틀버스를 이용하면 15위안에 쭌이시 시내까지 쉽게 이동할 수 있다. 이후 쭌이시에서 차량을 빌리는 것도 방법이다. 신저우 공항에서 내려 직원을 만나기 위해 쭌이시로 가는 셔틀버스에 올랐다. 약 40분 정도 달리니 쭌이시 시내에 도착했다. 일단 장시간 비행으로 허기진 배를 달래러 근처 맛집을 검색해 들어갔다. 꽤 오래된 노포였는데 구이저우 음식의 특징인 고추를 잘 쓰는 맛집이었다. 이번 여행에서 마오타이, 구이양을 돌아다녔지만, 쭌이시가 이 지역에서는 그래도 손맛이 좋다는 것을 나중에서야 알았다. 마오타이에 갈 일이 있다면 꼭 쭌이시에 들러 식사

쭌이시 신정우 공항 앞

한 끼 하는 것을 추천한다.

배를 어느 정도 채우고 이제 다시 마오타이로 가는 여정을 시작했다. 넘겨받은 직원의 번호로 전화를 걸어 식당 앞에서 만나기로 약속을 정했다. 기다리는 동안 쭌이시 시내를 잠시 걸었다. 햇살이 강한 지역이라 그런지 양지는 더웠지만, 그늘은 시원했다. 베이징과 비교해서 남쪽에 있으니 당연히 기온은 4~5도가량 높았다. 잠시 뒤 도요타 캠리를 끌고 나타난 직원이 식당 앞에 차를 세우고 나를 불렀다. 베이징에서 출발한 지 5시간 만의 조우였다.

쭌이시에서 외곽 도로를 올라타 마오타이로 향했다. 가는 길은 잘 포장이 돼 있었다. 직원에게 물으니 마오타이를 중심으로 경제가 발전하면서 인프라 역시 좋아졌다고 한다. 두 시간을 더 달려서 마오타이로 가는 초입인 런화이시仁怀市에 도착했다. 런화이시 초입에는 나를 초대한 친구의 할아버지 동상이 서 있었다. 알고 보니 지인의 할아버지는 마오타이 그룹 전신 중 하나인 화마오花茅주창의 마지막 계승자이자 마오타이 그룹 1대 주조사인 장즈윈张支云 대사셨다. 친구의 조부가 대단한 사람이라는 생각은 했지만, 동상이 세워졌을 정도라고는 생각하지 못했다. 뜻밖의 친구 집안의 명성 덕에 이번 마오타이 여행이 순탄할 것이란 예감이 들었다.

마오타이진은 런화이시 하위 행정구역으로 런화이시에서 마오타이까지는 차로 약 30분이 더 걸렸다. 일단 런화이시 호텔에 행랑을 풀고 잠시 숨을 돌렸다. 한 시간쯤 쉰 뒤 직원의 호출에 호텔 로비로 내려가 다시 캠리에 올라탔다. 한참을 달리자 '마오타이'라 적힌 이정표가 나왔다. 드디어 마오타이진에 도착한 것이다. 마오타이진은 1915년 파나마 만국박람회 금상 수상을 기념하기 위해 만든 1915광장을 중심으로 관광지가 형성돼 있다. 첫날은 도착 시간이 늦어 마오타이의 젖줄인 츠수이허赤水河 하류 주변의 주창酒厂을 방문할 수가 없어 1915광장을 돌아봤다. 광장에 도착하자마자 마오타이의 장향이 은은하게 코로 들어왔다. 장향에 취해 차에서 내리자 바닥의 열기가 훅하고 온몸을 감쌌다. 밤 9시가 다 된 시간인데도 지열이 식지 않고 열기가 상당했다. 직원에게 물어보니 본래 1915광장을 비롯해 분지 지형인 마오타이는 다른 지역보다 기온이 4~5도가 높다고 했다. 츠수이허 인근의 습한 기후와 다른 지역보다 4~5도가량 높은 기온이 마오타이를 만들 때 필요한 미생물을 풍성하게 해주는 원천이라고 한다.

뜨거운 열기를 식히려 관광객들이 가장 많이 묵는 마오타이그룹의 마오타이 국제대주점茅台国际大酒店을 둘러봤다. 운 좋게 호텔에서 요즘 중국에서 가장 인기 있는 마오타이 아이스크림을 맛볼 수 있었다. 이 아이스크림은 마오타이 장향이 나는 아이스크림으로 중국 유명 유제품 기업인 멍니우蒙

장즈윈 동상

4와 마오타이그룹이 협력해 만든 인기 상품이다. 호텔 로비 한쪽에 마련된 마오타이 아이스크림 부스와 마오타이 몇 곳에서만 판매가 된다고 한다. 아이스크림은 제법 완성도가 있었다. 아이스크림에서 마오타이 특유의 장향

츠수이허

이 나는데 달달하고 부드러운 아이스크림에서 생각보다 짙은 향과 알코올 도수가 느껴지는 게 이색적이었다. 관광객이 많이 몰릴 때는 두 시간 정도 줄을 서야 맛볼 수 있다고 하는데 그 정도까지 가치가 있어 보이지는 않지만, 웨이팅에 강한 중국인들에게는 색다른 경험이 두 시간 대기보다 클 테니 그 인기가 이해가 가기도 했다.

호텔을 나와 마오타이를 가로지르는 츠수이허 주변을 거닐었다. 여전히 후끈거리는 지열에 공기 중에 떠도는 츠수이허의 습기가 몸에 엉겨 붙어 땀이 살짝 올랐다. 어느새 코가 장향이 무뎌졌는지 더는 장향이 느껴지지 않았다. 살짝 취기가 도는 것이 열기 때문인지 술향에 취한 것인지 가늠이 되지 않았다. 강변에서 보는 마오타이의 야경은 화려했다. 뭔가 상업화된 모습에 약간은 실망하기도 했지만, 이곳도 사람 사는 곳 아닌가. 중국에서 가

츠수이허

장 빈곤하다는 구이저우성에 관광지 상업화 문제를 지적하는 것은 너무 가혹한 일이다. 1915광장 산책을 마치고 숙소로 돌아와 마오타이를 직접 만드는 주창을 방문할 기대감에 잠을 청했다.

3. 술향 가득한 바이주의 젖줄 '츠수이허'

긴 여정 탓인지 마오타이에 도착해 기절한 듯 잠이 들었고, 금세 이튿날이 밝았다. 본격적인 마오타이 여행은 오늘부터가 시작이었다. 친구가 운영하는 즈윈주창支云酒厂의 공장장인 천융이 안내를 맡았다. 마오타이의 주창이 모여 있는 츠수이허赤水河 하류는 관광객이 가는 1915 광장을 왼쪽에 끼고 40분을 차로 달려야 도착할 수 있다. 츠수이허를 따라 40분을 가다 보면 츠수이허 강변을 따라 쭉 늘어선 건물들을 눈에 들어온다. 이 건물들이 바로 마오타이를 생산하는 주창이다.

　주창들은 마오타이 그룹과는 별개로 자신만의 마오타이주를 빚고 있다. 대부분 주창이 규모가 크지 않지만, 전통 주조법을 지키며 저만의 마오타이주를 만들고 있었다. 이런 주창만 마오타이에 약 3천 개가 있다고 천융은 설명했다. 각 주창에서 만들어내는 바이주 제품 종류가 평균 30개 정도라고 하니 단순히 계산해 봐도 중국 시중에 풀린 마오타이주의 종류는 10만 개에 육박한다. 이렇다 보니 유사 마오타이 제품이 그렇게 많은 것이고, 이와 별개로 짝퉁 마오타이도 판을 치는 것이다. 그래서 믿을 수 있는 마오타이그룹의 페이톈飞天 가격이 매해 천정부지로 치솟는 것이다.

　차로 달리면서 내려다보이는 츠수이허 하류는 내가 생각한 것보다 폭이 넓고 물이 맑았다. 츠수이허는 윈난에서 발원해 구이저우를 거쳐 쓰촨을 통해 창장长江(장강)으로 합류한다. 총 길이는 500㎞에 달하며 구이저우성에 전체 구간 중 300㎞가 포함돼 있다. 그중 마오타이가 있는 런화이시 구간이 119㎞에 달한다. 천융의 차를 타고 한참을 달리면서 본 츠수이허는 이름과 달리 붉은색을 띠지 않았다. 츠수이허의 ‘츠’赤는 붉다는 뜻으로 츠수이허 주변의 토사가 강물로 흘러내려 강물을 붉게 물들이는 데서 유래했다. 츠수이허는 매년 단오절(음력 5월 5일)부터 중양절(음력 9월 9일) 우기가 오면 흘러드는 토사량이 늘면서 붉게 물든다.

　청나라 건륭제 통치 시기인 1736~1795년에 츠수이허를 준설했다는 기록이 남아 있는 것을 보면 강에 토사가 흘러든 시점은 아주 오래전인 것으로 추정된다. 실제 츠수이허를 가보면 V자 협곡에 가까울 정도로 양쪽으로 경사가 급하다. 중국 제일의 바이주 생산지로 이름이 났기 때문에 이곳의 수원은 철저히 중국 정부의 감시 아래 보호되고 있다. 그 덕에 개발의 바람을 피해 아직도 깨끗한 수질을 유지하고 있다.

마오타이

츠수이허가 바이주의 젖줄로 불리는 이유는 츠수이허 500㎞ 구간에 마오타이 외에도 중국의 수많은 명주 생산지가 집결해 있기 때문이다. 일단 최고의 바이주라는 마오타이주가 츠수이허 물로 만들어지고, 쓰촨의 명주인 랑주郎酒, 쭌이시의 시주习酒, 동향형 바이주인 둥주董酒가 이곳에서 난다. 또 창장과 이어지는 북부 유역에는 농향형 바이주의 대표격인 우량예五粮液와 루저우라오자오泸州老窖가 나고, 쓰촨의 명주인 퉈파이취주沱牌曲酒, 젠난춘劍南春도 츠수이허 강변에서 나는 술이다. 한국에서 널리 알려진 수이징팡水井坊(수정방) 역시 츠수이허의 물로 만들어진다. 중국에서 명주로 불리는 술의 60%가 츠수이허의 강물로 빚어지니 바이주의 젖줄이라는 별칭이 허명은 아니다.

엄청난 주창이 늘어서 있는 츠수이허의 강물은 엄격하게 정부의 통제를 받아 술의 원료로 사용된다. 주창마다 강물의 사용량이 제한되고, 런화이 시의 허가 없이는 강물을 함부로 끌어다 쓸 수도 없다. 내가 방문한 8월 말에는 이미 츠수이허의 강물이 맑게 변해 있었다. 천융에게 물어보니 중양절을 기점으로 마오타이주의 하사下沙(원료 투입)가 이뤄지는데 이 시기쯤부터 츠수이허의 물이 맑아진다고 한다. 올해는 비가 좀 내려서인지 맑아지는 시기가 빨라졌다고 했다. 츠수이허의 강변도로 양측에는 정말 끝도 없이 주창이 늘어서 있었다. 하류 초입부터 이미 마오타이주의 원료인 홍량红粮(붉은 수수)을 삶는 냄새가 기분 좋게 코를 자극하며 여기저기서 피어올랐다. 마오타이주의 재료인 붉은 수수 역시 마오타이진 주변에서 유기농 방식으로 재배된다. 냄새만 맡으면 시골집에서 삶던 여물 냄새와도 비슷하고, 한편으로는 홍삼의 냄새와도 비슷하다. 아마도 9번 찌고, 8번 발효를 하는 공정이 홍삼의 제조 과정과 닮아 있어서 일 것이다.

츠수이허의 강변을 따라 한참을 달려서 도착한 즈윈주창에서는 츠수이허가 내려다보였다. 수많은 주창에 둘러싸여 적막하게 흐르는 츠수이허의 강물을 바라보니 금방이라도 강물이 말라버릴 것 같았다. 하지만 츠수이허는 이미 2천 년도 전부터 이곳에 드나들던 쓰촨 소금 상인들의 목을 축일 마오타이주를 만들기 위해 자신의 혈액과도 같은 강물을 나누어 주었다. 사막의 카라반 행렬처럼 끝도 없는 주창 건물이 강물을 따라 이어졌지만, 츠수이허는 바이주의 어머니처럼 넉넉한 품으로 주창을 품고 도도한 물결의 흐름을 멈추지 않고 있다.

4. 신비한 맛의 비결은 장인의 숨결

1915광장을 지나쳐 츠수이허를 따라 40여 분을 달려 도착한 즈윈주창支云酒厂에서는 마오타이를 만드는 작업이 한창이었다. 주창에 처음 발을 디디

자 누룩 분진과 술의 재료인 홍량(붉은수수)을 주재료로 한 주배酒醅(술원료) 향이 코를 강하게 자극했다. 그리고 뒤따라오는 찌는 듯한 열기가 얼굴을 훅 치고 감쌌다. 주창 전체에 가득한 냄새는 흡사 시골 축사에서 나는 것과 같기도 하고, 구수한 된장 띄우는 냄새와도 비슷했다. 무엇보다 예상했던 것보다 실내 온도가 엄청나게 높았다. 체감 온도는 40도를 넘어 마치 온실이나 비닐하우스에 들어와 있는 것 같은 기분이었다.

주창에서는 두 개조로 나뉜 작업반이 반장의 지휘 아래 일 년 내내 7번 술을 받아내는 주배를 쌓는 작업을 하고 있었다. 마오타이주만의 특별한 공법인 회사回沙 공법을 눈으로 직접 보는 것은 개인적으로는 '큰 영광'이었다. 회사 공법은 중양절(음력 9월 9일)을 전후해 투입한 주배를 한 해 내내 사용하는 공법으로 마오타이만의 특별한 주조 방식이다. 마오타이의 주배는 붉은색 수수인 홍량을 주원료로 한다. 이 홍량은 마오타이 지역에서 나는 붉은수수를 이용하는 데 주요 성분이 아밀로스인 홍량은 호화糊化가 잘 이뤄지며 전분 함량이 맵수수보다 낮지만 출수율은 훨씬 높다. 쪄낸 홍량은 만

져보면 약간 뻑뻑한 질감이 느껴진다.

홍량을 주재료로 만든 주배는 9번 찌고, 8번 발효하고, 7번 술을 받는 공정을 1년 내내 묵묵히 견뎌낸다. 발효 횟수가 뒤로 갈수록 전분 함량이 줄기는 하지만, 모든 과정을 마쳐도 전분 함량은 10%를 유지한다. 다른 지역의 붉은수수나 다른 곡물로 주배를 만들면 회사 공법을 견디지 못한다. 그야말로 영혼까지 뽑아내는 회사 공법이다. 중국의 다른 명주가 술을 받을 때마다 새롭게 원료를 투입하는 것과 달리 마오타이는 한 번 투입한 원료를 재사용하는 방식으로 7번 술을 받아내 이 술들을 가지고 블렌딩을 해 그 해의 술을 만든다.

주창의 장인들은 중양절 즈음 파쇄율 20%의 곤사坤沙를 쪄내 누룩을 섞어 퇴적 발효를 시킨 뒤 발효조에 넣는다. 이를 생사生沙라 부른다. 같은 과정을 반복해 두 번째 원료를 생사가 있는 발효조에 추가 투입하는 것을 조사造沙라 칭한다. 주배를 만들 때는 전년도에 만든 주배를 같이 섞어 주는데 이를 모조母糟라고 한다. 이 모든 과정을 총칭해 중양하사中阳下沙라고 일컫는다. 이렇게 두 번의 재료 투입과 7번의 술을 받는 과정에서 원료를 쪄내기 때문에 '2+7'번 원료를 찌게 된다. 이 부분을 이해해야 9번 찐다는 마오타이의 제조 과정을 이해할 수 있다. 첫 재료를 투입을 두 번 나눠 하기 때문에 발효 횟수보다 찌는 횟수가 하나 더 많아지게 되는 것이다. 처음에 9증8효7취 공법을 이해하려 할 때 찌기와 발효가 왜 한 회가 차이 나는지 도저히 이해가 가지 않았는데 직접 제조 과정을 보니 확실하게 이해가 갔다.

주배는 매회 취주를 한 뒤 넓게 펴서 누룩과 이미 증류해 얻은 술의 일부를 뿌려 다시 4~5일 정도 퇴적 발효를 시킨다. 가축 분뇨를 쌓아둔 것 같은 두엄자리 모양의 주배가 바로 퇴적 발효를 하는 모습이다. 마오타이 제조에는 이 퇴적 발효와 발효조 발효 과정에 누룩을 다량 투입하기 때문에 누룩과 원료의 비율이 1대1에 달할 정도로 누룩이 많이 필요하다. 또 앞서 받은 술의 일부를 주배를 재발효할 때 뿌려주는 회주回酒 공법도 마오타이만의 특징이다.

퇴적 발효를 마친 주배는 작업장 한편에 있는 발효조에 넣어 보름에서 한 달 가량 발효를 거쳐 다시 술을 받아낸다. 이 모든 과정은 장인의 반열에 오른 주창 직원들의 감각과 경험에 의존해 이뤄진다. 퇴적 발효를 하는 과정을 지켜보다가 한 가지 특이한 점을 발견했다.

작업장의 모든 직원이 맨발로 주배를 넓게 펴고 쌓는 작업을 하고 있었다. 직원에게 이유를 물으니 발로 온도를 체크해 적정한 시기에 홍량을 쌓고 흩트리는 작업을 하는 것이라고 했다. 발효조에서 주배를 꺼내는 타이밍도 반장의 감각과 경험에 의존해 이뤄진다. 이날은 올해 6번째 술을 받는 날로 한쪽에서는 증류가 이뤄지고 있었다. 커다란 증류기에 주배와 왕겨를 넣은 뒤 고온으로 쪄내 술을 받는 모습은 명절 백설기 시루를 보는 것 같았다. 직접 마오타이 주조 과정을 보면 볼수록 왜 마오타이 제조가 자동화가 어려운지 알 수 있었다.

주조 과정의 상당 부분은 인간의 감각에 의존할 수밖에 없었다. 당해 연도의 기후, 원료의 상태, 그해 누룩의 완성도 등이 복합적으로 작용해 마오타이라는 신비의 술을 만들어 내는 것이다. 마오타이는 첫 번째 받은 술을 '조사주'造沙酒라 부르고, 두 번째 술을 '회사주'回沙酒, 3, 4, 5차 술을 '대회주'大回酒, 6차 '소회주'小回酒, 7차 '고조주'枯造酒라 부른다. 7번 받아낸 술은 각각 맛이 다르고 질감도 다르다.

누룩 역시 마오타이 주조 과정에서 중요한 한 축이다. 누룩의 사용량이 유난히 많은 만큼 누룩을 만드는 주사酒師도 따로 있다. 마오타이가 중양절에 주조를 시작하지만 사실 누룩을 만들기 시작하는 단오절(음력 5월 5일)부터 술 빚기가 시작된다고 봐야 맞다. 주창에는 누룩만 보관하는 대형 창고가 있다. 누룩은 젊은 여성 직공들이 직접 발로 밟아 만드는 데 상당한 육체노동이라고 한다. 누룩은 네모난 틀에 맞춰 만드는 데 가운데를 부풀어 오르게 하는 게 특징이다.

마치 보이차 병餠을 만들 때 발효가 잘 되도록 가운데를 움푹 파는 것과 같은 원리다. 누룩을 젊은 여성이 밟아 만드는 이유 역시 이 모양에 있는데 누룩을 너무 세게 밟으면 숨통이 트이지 않아 발효가 잘 이뤄지지 않는다.

체격이 건장한 남성 직공이 누룩을 밟으면 이런 모양이 제대로 만들어지지 않는다. 단오절부터 중양절까지 누룩 제조, 발효 과정이 이뤄지는데 다 만들어진 누룩은 분쇄해 주배를 만들 때 사용한다. 자동화가 상당히 이뤄진 마오타이 그룹 역시 누룩 만들기만큼은 아직도 여성 직원들을 투입해 직접 만든다고 한다. 그만큼 예민하고 사람의 감각이 필요한 과정이다.

제조 과정을 보면 신비의 술이라 불리는 마오타이가 장인匠人의 손끝, 발끝, 숨결로 이뤄진 것이라는 것을 절절히 느낄 수 있다. 주창의 직원들은 더운 날씨와 고된 노동 탓에 오전 6시에 출근해 오전 11시면 일을 마친다. 처음 일을 시작한 직원의 월급은 한 달에 8천~9천 위안(160만~180만 원)으로 베이징의 식당 종업원의 초임이 3천 위안(60만 원 상당)인 것을 고려하면 상당히 고임금이다. 그만큼 마오타이에서 술을 빚는 사람의 감각과 손길이 중요한 요소임을 알 수 있는 대목이다.

주창 견학을 마친 뒤 이 과정을 직접 보고 느낄 기회를 준 친구에게 감사 인사를 전했다. 이전에도 마오타이에 대해 많은 이야기를 했지만, 책이나 인터넷에 있는 지식으로는 절대 알 수 없는 마오타이의 비밀을 직접 본 것은 개인적으로 큰 자산으로 남았다.

5. 50년 된 마오타이 노주老酒를 맛보다

전통 방식으로 마오타이를 만드는 즈윈주창에서 제조 과정 견학을 마치자 공장장인 천융은 주창에서 차로 5분가량 떨어진 곳으로 나를 안내했다. 어디로 가느냐는 질문에도 천융은 장난기 어린 미소만 지을 뿐 아무런 답도 하지 않았다. 그렇게 주창에서 조금 떨어진 창고 같은 건물에 도착했다. 차에서 내리자마자 습하고 뜨거운 지열이 다시 온몸에 풍겨왔다. 허름하게 생긴 일 층짜리 건물로 우릴 안내하는 천융은 마치 어린아이같이 발걸음에 신이 나 있었다. 잠시 뒤 건물 안으로 들어가 층계를 하나 내려가자 온도계와 습도계가 달린 자주색 커다란 문이 우리를 맞았다.

이곳이 어디냐고 묻자 천융은 "마오타이 맛의 비밀이 이곳에 있다"라는 아리송한 답을 내놨다. 안내인으로 보이는 사람이 나와 한눈에 봐도 튼튼해 보이는 문의 열쇠를 열자 지하실 특유의 공기가 몸을 감쌌다. 약간 어두운 조명 아래 언뜻언뜻 보이는 것은 일렬로 도열한 항아리 단지였다. 온도와 습도가 엄격하게 통제되는 이곳은 아직 즈윈주창 가족과 직원 외에 외부인은 한 번도 와본 적 없다는 술 창고였다.

술 창고에는 지난해 생산된 술과 배합을 마친 제품용 술, 추후에 쓸 보관용 술 등 엄청난 양의 마오타이가 보관돼 있었다. 총 3개의 보관 창고에 연도별로 나뉘어 보관된 술들은 허름해 보이는 겉과는 달리 파이프 시스템으

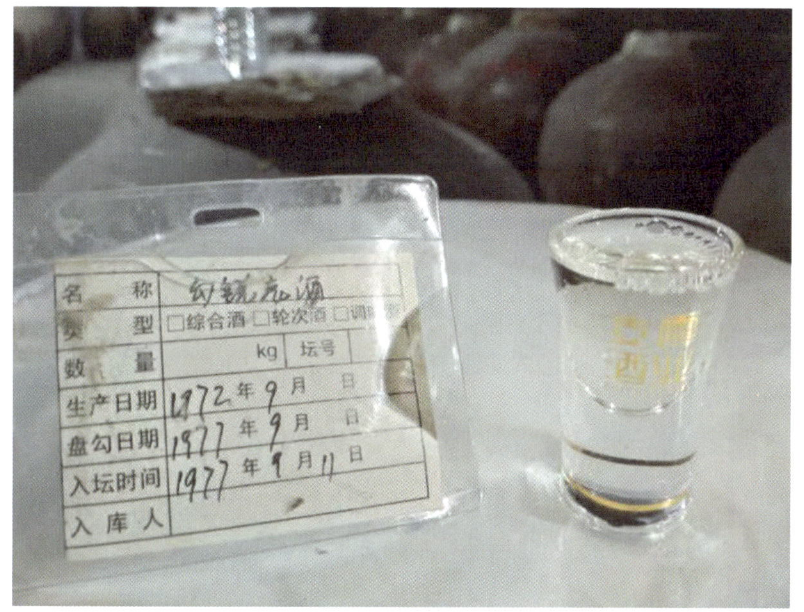

노주

로 술 배합을 위해 즉시 지상으로 옮겨질 수 있도록 체계적으로 관리가 되고 있었다.

최근 연도의 술은 항아리 하나당 1천 근(중국 기준 500kg) 또는 2천 근(1t)씩 나누어 담는다. 가장 최근 담은 술의 한 항아리당 가격을 계산해 봐도 대략 7억 원 상당. 지하 창고의 보안을 엄격히 하는 이유가 이해가 됐다. 어두컴컴한 지하에 내 키만 한 항아리가 도열해 있는 모습을 보고 있노라니 살갗에 살짝 소름이 돋았다. 항아리 안에 담긴 것이 신비의 술이라 불리는 마오타이라는 사실이 더 그런 묘한 느낌을 자극했다. 천융은 올해 술이 담긴 항아리를 보여주며 아직은 술이 순화하지 않아 지금 마시면 거친 맛이 난다고 설명했다.

5년이 지나면 점차 마오타이 본연의 맛이 되며, 술상에 오를 준비를 마

마오타이 창고

치게 된다.

천융은 잠시 뒤 더 깊숙한 곳으로 나를 안내했다. 그곳에는 작은 항아리
에 담긴 노주老酒가 있었다. 노주란 마오타이를 블렌딩할 때 마치 요리를 다
한 뒤 마지막에 첨가하는 조미료처럼 마오타이의 맛을 잡아주는 역할을 하
는 오래된 술을 일컫는다. 모든 주창의 가치는 이 노주를 얼마나 보유하고
있느냐에 달려 있다.

이 창고에서 가장 오래된 노주는 1992년에 만든 술로 벌써 30년을 창고

노주

에서 묵었다. 천융은 창고 한편에 마련된 블렌딩실로 나를 이끌었다. 이곳은 장즈윈 대사와 그의 계승자인 셋째 아들 장푸창張富强이 그 해 술과 신제품을 위한 배합을 하는 곳이다.

천융은 1992년에 만든 노주를 따라 내게 내밀었다. 그간 상당한 양의 마오타이주를 마셔봤다고 자부했지만, 이런 술은 여태껏 마셔본 적이 없었다. 입술에 닿는 순간부터 화하지만 혀에 닿았을 때는 부드러운 질감과 향, 그리고 단전까지 쭉 타고 흐르는 듯한 속도감, 잠시 뒤 묵직하게 올라오는 뜨거운 기운까지 완전히 다른 차원의 마오타이였다. 이 술은 장즈위 대사가 마오타이그룹에서 주조사로 일하던 시절부터 저장해온 노주로 현재 즈윈 주창의 든든한 자산이다.

천융에게 이 술독의 가치를 물었다. 그는 웃으면서 "아마 가치를 매길 수 없을 것이다. 굳이 가치를 매기자면 100억 원은 넘을 것"이라고 답했다. 노주를 보며 너무 기뻐하자 천융은 다른 술 창고에 가보지 않겠느냐고 제안했다. 외국인이 노주를 보고 너무 어린아이처럼 기뻐하는 모습을 보자 흥이 난 모양이었다. 우리는 창고를 나와 다시 차를 타고 10분 정도 달려 또 다른 창고에 도착했다.

이곳은 장즈위 대사의 첫째 아들이 운영하는 주창이었다. 천융은 이곳에 즈윈주창이 보유한 가장 오래된 노주가 있다고 말했다. 창고 1층에서는 출하를 기다리는 마오타이의 포장이 한창이었다. 직원들을 지나쳐 사무실 한쪽에 도착하자 철창으로 된 문이 나왔다. 딱 봐도 조금 전에 보았던 창고보다 훨씬 보안 장치가 견고해 보였다. 이곳이 어떤 곳이냐고 묻자 천융은 또 어린아이 같은 미소를 지으며 지하로 나를 안내했다. 지하에는 총 3층 규모로 술 창고가 마련돼 있었다. 천융이 지하 2층으로 내려가 한 창고의 문을 열자 아까보다 더 작은 술독이 눈에 들어왔다. 창고의 온도는 30도 내외, 습도는 55%를 유지하고 있었다. 가만히 있어도 땀이 등줄기를 타고 흐르는 이곳에 즈윈주창의 자존심이자 핵심인 노주가 잠자고 있었다. 창고 가장 안쪽으로 가자 작은 항아리 위에 한 팻말이 보였다.

'생산연도 1972년 9월'

무려 50년이 된 마오타이가 창고에 똬리를 틀고 있었다. 천융은 직원을 부르더니 술을 뜰 국자와 잔을 가져오라고 했다. 밀봉해 둔 항아리 뚜껑을 열자 마오타이 향이 확 퍼져 나왔다. 그 향긋하고 눅진한 냄새는 내 코를 자

즈원주업

극했다. 술을 국자로 퍼 올려 따르자 향은 몇 배 더 주위로 퍼져나갔다. 잠시 뒤 잔을 받아 들고 향을 음미했다. 그리고 입술을 잔에 조심스럽게 대자 콧속으로 마오타이의 장향이 밀고 들어왔다. 곧이어 혀에 닿는 마오타이의 감촉은 비단같이 부드러웠다. 한입 머금고 향을 즐긴 뒤 목뒤로 술을 집어 삼켰다. 묵직하면서도 빠르게 내려가는 마오타이에 위장이 상쾌해지는 기분이 들었다. 잠시 텀을 두고 올라오는 장향과 뜨거운 기운이 나를 황홀경에 빠뜨렸다. 마오타이가 가진 힘은 여기서 오는 것이구나, 하고 누가 가르쳐 줄 것도 없이 스스로 깨닫는 순간이었다.

50년 노주는 철저한 관리 속에 술의 기운을 잃지 않고, 새롭게 출하되는 마오타이의 맛의 밸런스를 잡아주는 '키' 역할을 해내고 있었다. 한동안 노주의 여운을 즐긴 나는 창고를 빠져나와 천융에게 감사의 뜻을 표했다. 천융은 대표님의 친구는 나의 친구라는 중국인이 으레 하는 말로 감사 인사를 받았다. 노주의 맛을 보고 나니 이런 행운을 내가 이렇게 가져도 되나 싶었다. 창고를 나와 츠수이허를 내려다보며 땀을 식혔다. 맑게 흐르는 츠수이허를 보며 감동했던 순간이 떠올랐다. 츠수이허 못지않게 전통을 계승하고 지켜가는 마오타이 사람들이 마오타이를 만들어내는 것이라는 생각이 들었다.

6. 마오타이의 계승자들

사실 이번 여행을 할 수 있게 된 것은 베이징에서 사귄 친구인 장양张炀의 덕이다. 장양은 CCTV 기자 출신으로 현재는 가업인 즈윈주업支云酒业을 이어받아 대표를 맡고 있다. 그가 마오타이 여행을 제안했을 때만 해도 자신의 할아버지가 어떤 사람인지 정확하게 설명하지 않았다. 나는 그의 할아버지가 그저 마오타이에서 마오타이주를 만드는 여러 장인 중 하나겠거니 생각했다. 막상 마오타이로 진입하기 위해 런화이시에 도착했을 때 조부인 장즈윈 대사의 동상을 보는 순간 '아. 단순히 그런 분이 아니구나'하는 느낌이 들었다.

우리를 안내하는 공장장 천융에게 물어보니 장양은 장즈윈 대사의 손자로 3대째 가업을 이어받을 장문인이었다. 현재 장양은 즈윈주업의 마케팅과 영업을 담당하고 있고, 그의 삼촌이자 2대 장문인인 장푸창张富强 주조사가 술의 블렌딩과 생산을 담당한다. 장즈윈 대사는 마오타이그룹의 전신 중 하나인 화마오花茅주창의 마지막 주조사로 마오타이그룹으로 화마오가 합병된 이후에 1대 주조사로 마오타이그룹의 블렌딩을 책임졌다. 현재 활동하는 마오타이그룹의 주조사는 대부분 그의 제자이며, 마오타이에서도 그의 명성은 대단했다.

장즈윈 대사는 91세로 노환을 겪고 있어 거동을 거의 할 수 없다. 장양은 3년 전 내게 장즈윈 대사를 인터뷰할 기회를 준다고 약속한 바 있다. 이번 참에 그 약속이 여전히 유효한지 다시 한번 그에게 물었다. 아쉽게도 장즈윈 대사는 건강이 악화해 일부 가족 외에는 거의 만날 수가 없는 상태였다. 장양은 대신 장즈윈 대사가 아주 어린 나이부터 혹독하게 후계자 교육을 해 2대 장문인으로 삼은 장푸창 주조사를 인터뷰하도록 배려해 줬다. 즈윈주업의 시설을 돌아보는 동안 장푸창 주조사를 본 적은 없지만, 그의 작업실과 주조를 하는 주조실을 둘러볼 수 있었다. 외부 행사 때문에 공장을 비웠다는 게 천융의 설명이었다. 평소에는 공장을 비우는 일이 거의 없다는 장푸창 주조사는 아버지의 명성을 이어 마오타이에서도 인정받는 주조사로 평가받고 있다. 그는 15세부터 마오타이그룹에서 일하는 아버지를 도우며 후계자 수업을 받았다고 한다. 마오타이 업계에 발을 담근 지 벌써 30년이 넘은 셈이다. 아버지의 명성에 가려져서 그렇지 그 역시 장인의 반열에 오른 지 오래다. 일정 마지막 날 런화이시에 있는 그의 응접실에서 인터뷰 기회를 얻었다.

아래는 장푸창 주조사와 일문일답

▲ 즈원주업은 마오타이그룹의 초대 주조사인 장즈원 대사의 비법으로 마오타이를 만든다. 마오타이의 스탠더드라 불리는 마오타이그룹의 페이텐 마오타이와 차이점은 무엇인가?

- 우리 술과 페이텐을 비교해 우열을 가린다는 것은 어려운 일이다. 다만, 자동화가 이뤄진 마오타이그룹의 공장과 달리 우리는 아직도 대부분 공정을 수작업으로 하고 있다. 그렇다 보니 노주老酒의 맛이 좀 더 강하다는 평가를 받는다. 그러니까 약간 더 토속적인 맛이 강하다고 할 수 있다. 어떤 사람에게는 더 좋은 맛으로 느껴질 수도 있고, 어떤 사람에게는 오히려 페이텐 마오타이가 더 맞을 수 있다.

▲ 공장을 둘러보다가 작업장에서 직원들을 봤다. 그들은 상당한 숙련공으로 보이던데 전통 방식을 고집해도 직원들이 이를 구현하지 못한다면 즈원주업의 제품을 유지하기 힘들 것 같다.

- 직원들의 노하우가 없다면 마오타이를 만들기 어렵다. 물론 장즈원 대사가 모든 노하우를 가지고 있지만, 실제로 한 사람이 술을 빚는 모든 공정을 다 할 수는 없는 법이다. 직원들의 임금도 중국 내 평균 임금보다 훨씬 높은 이유가 여기에 있다.

▲ 마오타이를 빚는 과정에 관해 설명을 들었다. 거의 1년 내내 술을 만드는 것 같은데 첫 시작은 언제인가?

- 단오절(음력 5월 5일)쯤 누룩을 빚는 것이 시작이라 할 수 있다. 이때부터 중양절에 하사하기 전까지 누룩을 잘 만들어 내는 것이 중요하다. 누룩은 전년도에 띄운 것을 섞어서 사용한다. 재료를 넣는 하사를 마치고 나

면 퇴적 발효와 발효조 관리가 핵심이다. 술을 받는 시점과 퇴적 발효를 마치는 시점, 발효조 발효를 마치는 시점 등은 작업조 반장들의 지휘로 이뤄진다. 그렇게 회사 공법을 거쳐 일 년 내내 술을 받는다. 마지막 술을 받는 것은 1월 말 때쯤이다.

▲ 술을 빚는 것도 중요하지만, 마오타이의 맛을 결정하는 것은 배합이라고 들었다. 주조사로서 가장 중점에 두는 것이 무엇인가.

- 마오타이는 술을 빚는 것이 70%, 배합하는 것이 30%다. 다만, 아무리 술을 잘 만든다 한들 배합을 못 하면 마오타이의 맛을 유지할 수가 없다. 그래서 아버지로부터 술 배합을 전수받은 내가 2대 장문인이 된 것이다. 사실 큰형이 나보다 오래전부터 술을 만들었다. 우리 가문의 50년 된 노주는 형

장부창

님이 가지고 있다. 문제는 구슬이 서 말 이어도 꿰어야 보배라는 말처럼 그해 술과 노주를 이용해 블렌딩을 하지 못하면 상품을 출하할 수 없다는 것이다. 이게 마오타이가 만들기 어려운 이유 중 하나다.

내가 주조를 하면서 가장 중점에 두는 것은 맛의 전통을 유지하면서 새로운 세대에게 맞는 술을 내놓는 것이다. 시대가 변하면 술의 맛도 변한다. 반대로 세대가 변해도 변하지 않는 맛도 있다. 두 지점 사이에서 균형을 맞추는 것이 중요하다고 생각한다.

즈원주업도 노주 확보를 위해 생산된 술의 상당 부분을 창고에 보관하고 있다. 보관량은 그해 술의 상태를 보고 내가 결정하고 있다.

▲ 마오타이의 인기가 갈수록 치솟고 있다. 앞으로 마오타이 업계를 어떻게 전망하나.

- 마오타이는 오랜 전통을 자랑하는 술이다. 어려서부터 마오타이를 만드는 것을 보며 자랐고, 또 만들었다. 마오타이의 진가는 세월이 쌓일수록 더 진귀해진다는 점이다. 오래 숙성할 수 있는 술은 세계에도 흔치 않다. 그래서 마오타이가 인기가 있는 것이다. 실제로 홍량의 가격이 매년 오르고 있고, 소규모 주창은 재료 확보 때문에 운영이 어려워지기도 한다. 우리처럼 노주를 많이 확보하지 않은 곳은 앞으로 더 어려움을 겪을 수 있다.

마오타이그룹을 중심으로 마오타이 시장은 더 커질 것으로 보인다. 그러나 5년을 숙성한 뒤 시장에 출시되는 마오타이의 특성상 수요 증가에 따른 공급량 맞추기는 사실상 어렵다. 올해 주조하는 술은 4년 전에 빚은 술이다. 이런 수요와 공급 불균형은 마오타이의 희소성을 더 강화할 것이고, 마오타이의 수요는 계속해서 커질 것이다.

7. 마오타이를 떠나며

마오타이를 떠날 채비를 하고 사흘간 우릴 안내해 준 천용 공장장과 장푸창 주조사와 작별 인사를 나눴다. 마오타이에 처음 들어왔을 때의 설렘은 마지막 날이 되자 장인들의 숭고함에 대한 존경으로 바뀌어 있었다. 중국인이든 주류 전문가든 흔히 '마오타이에서만 마오타이를 만들 수 있다'라는 이야기를 하곤 한다. 혹자는 마오타이에서만 나는 특별한 곰팡이가 마오타이를 만드는 비결이기 때문이라고 이유를 설명한다. 약간 과장되게 마오타이진을 담 하나만 벗어나도 그 맛이 안 난다는 말을 하기도 한다.

실제로 마오쩌둥(毛澤東·1893~1976) 전 국가 주석이 1960년대부터 1970년대까지 마오타이 1만 톤 생산 목표를 제시했을 때 마오타이 다른 지역에서 생산하려는 시도가 있었다.

이 실험은 마오타이 인근 쭌이시 북쪽 교외의 스즈푸十字铺 일대에서 진행됐다. 마오타이진에서 130여㎞ 떨어진 스즈푸는 산으로 둘러싸여 마오타이의 협곡 지형과 매우 유사했다. 장즈윈 대사도 당시 이 실험에 참여했다. 역지易地 실험안이라고 불린 이 프로젝트는 마오타이 기술자, 관리자, 마오타이의 미생물, 지표면의 흙먼지까지 고스란히 옮겨서 진행됐지만, 그러나 완벽히 마오타이를 복제해 내지는 못했다. 당시 역지에서 생산된 술에 '술 중의 보배'酒中珍宝라는 기념 문구가 붙었고, 이를 따서 이 복제품 마오타이를 '전주'珍酒라 칭했다. 이 실험을 보자면 마오타이진의 담 하나 사이를 두고 마오타이의 맛이 달라진다는 말이 어느 정도 신빙성이 있게 느껴질 것이다.

그러나 내가 마오타이에서 직접 눈으로 본 비결은 마오타이의 비결은 바로 '사람'이었다. 츠수이허라는 천혜의 자연환경, 그 속에 사는 미생물들, 따뜻한 기후 모든 것이 마오타이를 위한 필수 요소이지만, 이에 못지않게 장인이라 불리는 사람들의 정성이 마오타이를 만들어 내고 있었다. 마오타이는 술을 빚을 때 쓸 누룩을 만드는 단오절부터 한 해의 술 농사가 시작된다. 그리고 중양절에 술 재료를 하사하고, 이듬해 2월까지 7번 술을 받아 낸다. 술을 배합하는 과정까지 합하면 1년 내내 술을 빚는 셈이다.

마오타이의 라이프타임은 술에 맞춰져 있다 해도 과언이 아니다. 이 시간을 채우고, 술을 직접 손으로 빚는 사람들. 그들이 있기에 바이주의 황제라 불리는 마오타이가 있는 것이다.

이런 무형의 문화와 이를 실행하는 인적 자산이 마오타이에서만 마오타이를 만들 수 있는 바탕이 된다. 천융의 배웅을 받아 쭌이역으로 향했다. 베이징으로 돌아가는 비행편이 있는 구이양贵阳으로 가는 여정을 위해서다. 오는 길이 멀었던 만큼 가는 길 역시 멀었다. 마오타이를 빠져나와 런화이시를 지나 두 시간 남짓 떨어진 쭌이역에 도착했다. 쭌이역에서 도착해 천융에게 준비해 간 홍삼과 한국 전통 부채를 건넸다. 작은 선물에도 천융은 아이처럼 기뻐했다. 사흘간의 안내를 받은 것에 비하면 너무 소박한 선물인데도 그는 연신 포장된 홍삼을 이리저리 돌려보며 감사를 표했다. 차에서 내려 작별 인사를 하는 천융에게 한국에 진짜 마오타이가 어떤 것인지 자세히 소개하겠다고 약속했다. 그리고 외부인인 내게 노주 창고를 공개해 준 데 대해 재차 감사 인사를 건넸다.

황홀경을 보는 듯한 사흘간의 시간이 주마등처럼 스쳤다. 이번 마오타이 여행은 중국에서 겪었던 경험 중 가장 기쁘고, 놀랍고, 신비로웠던 경험이었다. 이제는 마오타이에 대해 다른 사람보다 한 뼘 더 알게 된 게 아닐까 하는 자신감이 샘솟았다. 구이양으로 향하는 기차에 올라타자 마오타이를 떠난다는 실감이 들었다. 다음에 기회가 또 있다면 좀 더 오래 머물며 술을 빚는 사람들과 마오타이진에 사는 원주민의 이야기를 들어 봐야겠다고 생각했다. 생각에 잠겨 있는 틈에 구이양으로 가는 기차가 용트림을 하며 철로를 지치고 나갔다. 창밖 풍경이 흐려지자 마오타이 츠수이허 협곡에 처음 들어설 때 양쪽으로 늘어선 주창에서 뿜어내던 장향酱香이 다시 코끝에 서리는 것 같았다. 그렇게 마오타이와 점점 멀어지며 이번 여행이 서서히 막을 내렸다.

9. 에필로그

마오타이로의 여행은 사실 즉흥적으로 이뤄졌다. 늘 바쁜 일상에서 시간을 내 오지에 가까운 마오타이에 가는 것은 쉬운 일이 아니다. 더욱이 외국인이 마오타이에 찾아가 주창을 둘러보고 노주의 맛을 본다는 것은 하늘의 별 따기와 같다. 우연히 만난 마오타이 친구, 또 우연히 그 친구의 조부가 장즈윈 대사였던 것은 어쩌면 내 생에 몇 안 되는 행운이었다. 나는 그저 나에게 굴러들어 온 행운을 주웠을 뿐이다. 이번 여행을 마치면서 이런 자문을 해봤다.

이제는 마오타이에 대해 조금은 안다고 말할 수 있을까? 내 대답은 '아니오'였다.

일 년에 두 번 재료를 투입해 아홉 번 찌고, 여덟 번 발효하고, 일곱 번 술을 받는다(一二九蒸八酵七取)는 마오타이를 직접 눈으로 보고 느꼈지만, 여전히 그 신비한 제조 과정을 안다고 하기엔 턱없이 부족했다. 그래도 어느 술자리에서 마오타이를 마시며 마오타이 이야기를 나눌 기회가 있다면 함께 하는 사람들에게 마오타이에 다녀온 여행기를 들려줄 수는 있겠다 싶었다. 흙더미처럼 높게 쌓인 주배를 만졌던 그 감촉, 주창에 들어설 때 훅하고 코를 찌르던 누룩 냄새, 구슬땀을 흘리며 주배를 발로 지치던 장인들의 몸짓. 마오타이를 떠난 지 한 달이 되어가지만, 아직도 눈에 그려질 듯 선하다. 노주 창고에 들어가 30년 된 마오타이와 50년 된 마오타이를 마시던 순간은 특히나 나의 중국 생활 중 잊지 못할 한 장면으로 남았다.

여정은 끝이 났지만, 마오타이는 언제나 그곳에서 중국의 국주国酒를 빚어낼 것이다. 주창을 양편에 병풍으로 두르고 흐르는 츠수이허는 언제까지나 그 자리를 흐르고 또 흐를 것이다. 붉게 물든 츠수이허가 맑아지는 중양절이 되면 술을 빚는 마오타이 사람들의 손길은 바삐 움직일 것이다. 붉은

수수밭이 넘실대는 물결처럼 일렁일 때면 수확을 앞둔 농부는 흐뭇한 눈빛으로 알곡을 바라볼 것이다. 푹푹 찌는 주창에서 누룩을 빚는 여공들의 발길은 분주하고, 술을 섞는 주조사의 미간에는 술맛에 집중하는 주름이 잡힐 것이다. 마오타이를 사 가는 단골들의 혀는 장인들이 애써 만든 술로 적셔질 것이다. 그리고 술상에 오른 마오타이는 또 하나의 이야기를 만들 것이다. 술 위에 흐르는 인생은 그렇게 지나가리라.

중국 명주는 어떻게 만들어지는가?

향을 결정하는 '움'

중국의 명주와 다른 술의 큰 차이가 무엇일까? 바로 '향香'이다. 중국에서 '술맛이 참 좋다'라는 말은 "저주헌샹这酒很香"이라고 한다. 한국말로는 '향기가 좋다'라는 뜻이다. 이렇듯 중국에서는 술맛을 향기로 표현한다.

중국인들은 왜 술을 향기롭다고 할까? 답은 간단하다. 정말 술에서 향이 나고, 술마다 향이 다 다르기 때문이다. 술을 향에 따라 구분하는 것도 이런 이유에서다. 이 향은 각양각색의 술에 아이덴티티를 부여하는 역할을 한다.

중국술의 향은 어디서부터 오는 것일까? 중국술에 향을 어떻게 입히는지에 대해서 알려면 둥주董酒의 주조법을 살펴보는 것이 좋다. 둥주는 술을 발효하는 누룩을 대곡과 소곡 두 가지를 사용해, 이를 혼합하여 빚어낸다. 소곡으로는 술의 '바디'를 만들고, 대곡으로는 술의 '향'을 입히는 방식이다.

아니 이게 무슨 소린가 어리둥절해질 수 있다. 술에 향을 입힌다니? 누룩으로 향을 넣는 것인가?라는 의문이 생길 것이다. 그렇다면 이해를 돕기 위해 8대 명주 중 하나인 루저우라오자오泸州老窖를 살펴보자. 루저우라오자오를 주조하는 데 있어서 가장 중요한 것은 바로 '자오窖'다. 이 자오는 대곡주에 들어가는 메주 모양의 누룩을 뜨는 웅덩이를 말한다. 한국어로 하면 '움'이라고 표현한다. '움막' 할 때 그 움이다.

명주마다 움이 다 다르고, 각자의 움에는 그곳에서만 생겨나는 미생물이 있다. 이 미생물이 술을 발효시키는 누룩의 특징을 규정하는 것이다. 이 미생물은 그 장소가 아니면 생겨나지 않기 때문에 아무리 똑같은 재료와 주조법을 사용하더라도 움이 다르면 그 맛과 향을 재현해 낼 수 없다. 마오타이주茅台酒가 나는 마오타이진에서도 같은 물과 재료를 사용해 술을 빚어도 주창마다 술맛이 달라진다.

술에 정체성을 부여하는 '움'

움이 없는 술이 명주가 될 수 없는 이유가 바로 여기에 있다. 움이 없으면 아이덴티티, 즉 술의 정체성이 계승되지 않기 때문이다. 중국인들이 가장 대중적으로 즐기는 술인 얼궈터우二锅头(이과두)와 뉴란산牛栏山이 움이 없는 술의 전형적인 예다. 이 술들은 움이 없기 때문에 정체성을 규정하는 어떤 특정한 향을 고수하는 것이 아니라 농향 얼궈터우, 청향 얼궈터우, 장향 얼궈터우 등 모든 유형의 술로 생산된다. 예를 들어 장향 얼궈터우를 생산하기 위해서는 얼궈터우의 재료를 장향 바이주의 고장인 구이저우 마오타이진에 보내서 현지에서 주조해 장향을 입힌다고 한다. 이런 술들이 대중적인 술이 될 수는 있지만, 명주가 못 되는 이유는 딱 하나다. 바로 술에 정체성을 부여해 주는 움이 없기 때문이다. 움이 얼마나 오랜 시간 전해 내려오느냐가 명주를 결정하는 중요한 요소다. 과거 바이주의 도수는 현재처럼 50도를 넘을 정도로 높지 않았다. 높은 도수의 술이 전해진 것은 원나라 시기 몽골족의 증류법이 전해지고 나서부터다. 혹자는 이런 이유를 들어 중국술의 역사성을 부정하곤 한다. 하지만 그것은 중국술에 대해 제대로 알지 못하기 때문이다. 술의 도수가 달라졌다고 4천 년, 3천 년 하는 술의 역사가 부정되는 것일까? 절대 아니다. 술을 빚는 물과 재료 그리고 움만 대대로 전해져 내려왔다면 특유한 맛과 향이 이어져 내려온 것이기 때문에 술의 정체성은 유지된 것이다. 당연히 현재 마시는 높은 도수의 술은 아니지만, 그 향만큼은 그대로 전수돼 내려온 것이다. 이를 근거로 중국인들은 펀주의 4천 년 역사, 시펑주의 2,600년 역사를 주장하는 것이다.

시펑주의 주조장

움은 바이주의 테루아

8대 명주 중 향이 가장 독특한 구징궁주古井贡酒를 보면 미생물의 종류가 80여 종으로 다른 술보다 15~30종이 더 많다. 이 차이 때문에 구징궁주만의 독특한 향을 낼 수 있다. 중국 명주에 대한 문헌 자료를 찾아보면 '움'의 중요성을 강조하고 또 강조하고 있다.

루저우라오자오도 '라오자오老窖' 즉, 오래된 움을 이름에 사용하는 것이다. 한마디로 명나라 때부터 사용해오던 저장창고를 그대로 보존해 이곳에서 누룩을 만들어 술맛을 전승해 간다는 의미다. 루저우라오자오의 명품 브랜드인 '궈자오1573'도 국보급 움이라는 뜻에서 지어진 이름이다.

마오타이주 특유의 장향을 다른 곳에서 재현해 내지 못하는 이유 역시 마오타이진에 떠다니는 이 미생물이 다른 곳에는 없기 때문이다. 기본적인 맛을 좋은 물과 술의 원료인 수수, 쌀, 찹쌀, 보리, 옥수수 등으로 구현한다면, 술의 향은 바로 이런 미생물들이 만들어 내는 누룩이 결정하는 것이다.

와인이 테루아Terroir에 따라 같은 품종의 포도라도 맛이 달라지듯 중국의 바이주도 이 누룩이 만들어지는 환경에 따라서 향이 달라진다. 중국 정부가 8대 명주가 생산되는 움을 모두 국가 보존 구역으로 정해 관리하는 이유도 바로 움의 중요성을 알기 때문이다.

물론 움만 있다고 해서 모두가 명주를 만들 수 있는 것도 아니다. 중국은 세계 최고의 국력을 오랜 시간 동안 유지해 온 강대국이다. 그러니 대곡주처럼 시간이 많이 들고, 재료 값도 비싼 술을 만들어 낸 것이다. 술마다 차이가 있지만, 대곡주는 보통 전년도 9월에 빚어 다음 해 7월에 입병을 한다. 쌀가루로 누룩을 만들어 빚는 소곡주와 비교하면 무척이나 긴 시간이다. 중국의 풍부한 자원과 국력은 명주를 만들어 낸 또 하나의 테루아다.

개정판을 내며 이 책이 세상에 나오게 된 과정을 다시 한번 떠올려 보았다. 수많은 우연과 인연이 맞닿아 있다는 것을 새삼 느꼈다. 개정판이 나왔지만, 책의 연대기를 기록하는 차원에서 또 한번 그 과정을 되짚어 본다.

2017년 베이징 특파원으로 부임한 뒤 중국에서 맛 기행을 다니면서 막연하게 중국 음식에 관한 책을 하나 냈으면 좋겠다는 생각을 했다. 언제가 될지 모르는 중국 맛 기행 책을 집필하기 위해서 손님을 모셔 갈 만한 좋은 식당, 나만 아는 비밀 맛집, 특이한 음식, 좋은 술과 명차를 만나면 될 수 있으면 날을 넘기지 않고 글을 써 개인 공간에 차곡차곡 모았다.

그렇게 3년이라는 시간이 지났고, 원고도 수북이 쌓이게 됐다. 원고 한 장 없을 때는 의욕이 충만하더니 막상 원고가 산처럼 쌓이자 급격히 의욕을 잃었다. 다르게 말하면 정리할 엄두가 나지 않았다. 워낙 바쁜 일과에다가 집에서도 가족들과 시간을 보내야 하니 임기를 마치고 한국에 돌아가서 천천히 정리해 보자는 생각이었다.

그렇게 원고를 한쪽 구석에 박아두고 서너 달이 지났을 때 베이징 맛 기행에 관한 책을 내보고 싶다는 출판사의 연락을 받았다. 2019년 11월 한국에 건강검진 차 들어가서 짬을 내 출판 계약을 했다. 생애 첫 책을 계약하고 베이징에 돌아와 원고 더미를 마주하고 앉았다. 이리저리 손을 대보려고 했지만, 역시 무리였다. 구두 계약이긴 하지만 5월 언저리쯤에는 책을 내기로 약속했는데 마음이 급했다. 사정을 아는지 모르는지 중국을 둘러싼 국제 이슈는 늘 그렇듯 장마철 장대비가 쏟아지듯 내리쳤다. 업무에 치여 원고에 손을 댈 짬은 아무리 짜봐야 나지 않았다.

속절없이 시간만 흐르는 와중에 2020년 1월 16일 출판사로부터 책의 목차가 도착했다. 더는 늦춰선 안 되겠다 싶어 일과가 끝나고 한두 시간씩이라도 책을 쓰기 시작했다. 그동안 다녔던 식당을 정리하고, 책에 꼭 넣고 싶은 중국의 음식과 재미난 이야기들을 추렸다. 어느새 책의 윤곽이 드러나고 최종 목차가 내 손에 들어왔다. 목차가 나오면서 작업 속도는 더 빨라졌다.

그러는 와중에 중국 후베이湖北성 우한武汉에서 신종 코로나바이러스 감염증 COVID-19이 시작됐다. 도로가 막히고, 위험 지역은 아예 봉쇄됐다. 우한뿐 아니라 대부분 지역이 공장 가동과 업무를 멈춰 중국 내 모든 사람은 두문불출했다. 설을 쇠러 한국에 갔던 아내와 두 아들은 안전을 위해 한국에 남았다. 신종 코로나가 발생해 회사 일은 늘었지만 재택근무를 해야 했다.

홀로 있는 시간. 외롭고 힘든 생활이 이어졌지만, 책을 쓰기에는 더없이 좋은 환경이 만들어졌다. 언제나 끝을 볼까 싶었는데 일을 마치고 아무도 없는 집 식탁에 앉아 자판을 두드리다 보니 한 달여 만에 끝이 보였다. 미리 만들어둔 목차에 따라 전에 써두었던 글을 정리하고, 또 새로 쓰고, 자료를 찾고 하다 보니 그럴싸한 중국 미식 에세이가 한편 만들어졌다.

생각지도 못한 우연들이 겹쳐 계약한 지 석 달 만에 책을 다 쓰고 나니 일에는 다 때가 있다는 말이 전처럼 허투루 들리지 않았다.

첫 책이다 보니 이 책에 대한 나의 애정은 각별했다. 베이징 생활에서 유일한 낙이었던 맛 기행을 다니며, 이런 소중한 곳들을 꼭 다른 사람들과 나누고 싶었다. '더럽고 시끄러운 나라'라는 오명을 뒤집어쓴 채 묻혀 있기에는 아까운 음식과 식당들이 내 손을 거쳐 세상에 드러난다는 생각을 하니 벌써 가슴이 뛴다. 책이 나온 지 6년. 누구도 알아주지 않지만, 나의 작은 노력이 한국의 중식 열풍에 조금이나마 기여했다고 믿고 싶다.

개정판을 쓰다 보니 욕심이 생겨 처음 계획했던 것보다 분량이 엄청나게 불어났다. 이 책에 넣지 못한 보석 같은 식당과 음식이 훨씬 많을 정도로 베이징은 식도락을 즐기는 사람들에겐 보물창고 같은 곳이란 점을 다시 한번 느꼈다.

물론 책에 나온 식당과 음식들은 지극히 개인적인 입맛과 개인적인 기준을 적용해 선정한 것들이니 모두의 입맛을 만족시킬 수는 없을 것이다. 다만, 마지막 책장을 넘겼을 때 '중국에 한번 가볼까'라는 생각이 들면 이 책은 소임을 다한 셈이다. 책 첫머리에 적은 것처럼 이 책을 통해 중국에 대한 편견이 조금이나마 바뀔 수 있다면 작가로서 매우 뿌듯하고 보람된 일이 될 것이다.

마지막으로 이 책이 나오기까지 도움을 주신 분들에 대한 감사의 뜻을 표하고 싶다. 먼저 가장 큰 도움을 주고, 맛 기행에 동행해 주었던 CBS 전 베이징 특파원 김중호 선배, 주중대사관 전 상무관 윤선민 선배, 코트라 베이징 무역관 김정태 전 부관장님께 감사 인사를 전하고 싶다. 지금도 한국 곳곳의 맛집을 찾아다니는 미식 모임을 하고 있지만, 이때만큼 마음이 맞는 멤버들을 만나지는 못했다.

또 초심자인 나를 잘 타일러 가며 중국차에 입문시켜 준 능력 있는 통번역가이자 차 선생님인 김진영 선배와 베이징덕 특집을 함께 한 안현민 셰프님, 베이징 곳곳에 숨겨진 맛집을 소개해 준 베이징 형님들께도 감사드린다.

그리고 좌초할 뻔한 개정판 기획을 기꺼이 되살려준 마르코폴로 김효진 대표님과 교열 보느라 애써주신 손광석 국장님, 임한나 편집장님께도 감사의 마음을 전한다.

마지막으로 맛 기행에 빠져 주변을 돌보지 못했던 나를 지지해 주고, 응원해 준 사랑하는 사람들에게 이 책을 바친다.

중식에 빠지다

1판 1쇄   2026년 4월 20일

지은이   김진방
삽화   홍종원
편집   김효진, 이정현
교열   손광석, 임한나
디자인   최주호
펴낸곳   마르코폴로
등록   제2021-000005호
주소   세종시 다솜1로9
이메일   laissez@gmail.com
인스타그램 instagram.com/marcopolopress

ISBN   979-11-24110-19-5

책 값은 뒤표지에 있습니다. 잘못된 책은 교환하여 드립니다.